万新华 著

閱讀傅抱石

江苏凤凰美术出版社

图书在版编目（CIP）数据

阅读傅抱石 / 万新华著. —南京：江苏凤凰美术出版社，2018.2
ISBN 978-7-5580-0657-9

Ⅰ.① 阅… Ⅱ.① 万… Ⅲ.① 傅抱石（1904—1965）—生平事迹
②傅抱石（1904—1965）—山水画—绘画评论 Ⅳ.① K825.72 ② J212.052

中国版本图书馆CIP数据核字（2018）第033102号

责任编辑	郭　渊	
	孙雅惠	
特约编辑	费明燕	
封面设计	郭　凡	
排版制作	徐苏莉	
出版发行	江苏凤凰美术出版社	
	（南京市中央路165号　邮编：210009）	
网　　址	www.jsmscbs.com.cn	
经　　销	凤凰出版传媒股份有限公司	
印　　刷	南京精艺印刷有限公司	
版　　次	2018年3月第1版　2018年3月第1次印刷	
开　　本	635毫米×965毫米　1/16　印张 19.5	
字　　数	155千字　图200幅	
印　　数	0001-3000册	
定　　价	58.00元	
营销部电话	025-68155677　025-68155673	
营销部地址	南京市中央路165号	

江苏凤凰美术出版社图书　凡印装错误可向承印厂调换

序

　　新华兄的书即将出版，邀我作序，自觉不适，再三推辞。他一再坚持，说行文以真诚最重要。如谈真诚，我想我当仁不让！

　　近两年，我因工作关系常往来于中日两国之间，得契机鉴赏了大批日本老辈藏家的收藏遗物，得见19世纪末20世纪初日本洋画家、日本画画家、日本南画家的大批作品，进而联系到同时期中国美术生赴日留学的相关情况，选择在此领域深耕，尤以成就最为突出的傅抱石先生作为研究个案。中国与日本，一衣带水，自古交往频繁，公元7世纪日本向中国派出遣唐使以来，千年文脉交融不断。而中国学生留学日本分为前留日的中国文化输出阶段和后留日的日本文化输入阶段。明治维新后，日本开始接触西洋美术，西洋文化与日本传统的碰触，结合出了不同以往的日本格调。之后，甲午战争、日俄战争的爆发，让中国的有识之士意识到这位邻邦有太多值得学习的理由，各个门类的中国学生开始拥入日本，由此形成一股潮流，开启了后留日的日本文化输入阶段。傅抱石先生留学日本（1932.9—1935.6），受到当时多元文化交融创新的社会思潮的影响，从中汲取营养，以极高的悟性博采众长，特别借鉴当时日本画坛领袖竹内栖凤、桥本关雪等人的绘画风格，结合中国绘画要素，以卓越的画技对中日绘画的传统进行诠释，创造出极富个人色彩的艺术风貌，奠定了其在20世纪中国美术史上不可逾越的地位。

　　新华兄是国内研究傅抱石的中青年学人中的集大成者，所著《傅抱石绘画研究（1949—1965）》从社会文化史的角度对傅氏创作进行了学理性的梳理与讨论，运用图像学最新的研究方式，还原了傅氏1949—

1965年绘画创作的立体面目。为磨这一剑，他倾注了近十年光阴，走访傅氏故交、收集文献资料、查找历史档案，形成最新、最可靠的研究成果数十万言，一经发表即为学术界所关注。

细论与新华兄之神交，岁月匆匆，已十年有余。当年，我初出茅庐，为加强学习，常在网络上阅读他的博客。这些文章神采飞扬、深入浅出地谈论了美术史上的人和事，给我留下深刻印象，获益匪浅。偶尔，我们会就文章中的若干见解展开讨论，海阔天空，每谈到妙处总是会心一笑，如棋逢对手、乐逢知音。直至2014年底，我应邀赴江苏昆山侯北人美术馆参加建馆十周年活动暨"随心赋彩——中国泼彩画艺术名家展"，在学术讨论会上与新华兄晤谈，这份神交之谊方才落地。此后，他数度邀我到南京博物院观展、读画；再或是北上讲学、南下工作，我们总要相约畅谈，分享研究心得，成为现实中的知己好友。

一年前，新华兄来京谈及近年艺术市场屡现傅氏作品，拍卖公司约他撰文阐释，陆续已成稿二十余篇，设想结集成册。我想，这样刻苦且有建树的年轻学者，理应将研究成果公之于众，方便读者深入了解傅抱石先生作为20世纪中国艺术大师的创作历程，从傅氏的创作思考出发，为当下的艺术创作提供新的思考方式，以利于中国画创作与鉴赏的发展。

现大集告成，付梓在即，我真诚地祝福他得偿所愿，学术探索之路更上新的台阶！

王一竹

丁酉清和于黄江邻庄

目录

下辑

上辑

携手大笑菊花丛，众观书画江海空。……主人
本是再来人，每于醉里见天真。……拈秃笔，
向君笑，忽起舞，发大叫。大叫一声天宇宽，
团团明月空中小。

其命维新

——傅抱石的艺术人生

傅抱石，是20世纪中国最杰出的美术家之一。青年时代，他擅长篆刻，以秦篆汉印为根本，转习多师，自创风格，不失大家风范。留学归国后，长期从事中国美术史教学、研究工作，勉于思考，著书立说，写下两百多万字的论著，或钩沉于古籍，或考证于文物，析义解疑，深刻阐述了中国美术精神。他对自然、社会、人生、艺术抱有满腔热情，致力于中国画的传承、改革和创新，勇于探索，勤于创作，留下了许多精彩的画作。他的绘画，或元气淋漓，或清新细腻，影响深远。他一生倡导"笔墨当随时代"的艺术原则，发扬"其命维新"的艺术精神，开辟了中国画创作的新时代，其艺术实践及成就，在中国现代美术史上具有里程碑式的意义。

一、青少年时代：南昌一隅和东渡日本

傅抱石，1904年10月出生于江西南昌的一个贫苦家庭，自幼对篆刻、绘画产生浓厚兴趣。1921年，傅抱石入江西省立第一师范学校，将年幼时对艺术的兴趣扩大到一种更为专业的方式，为未来的职业选择确定了一个基本的方向。他异常勤奋地阅读各种书籍，初步体会了中国文化的传统，为后来的艺术生涯奠定了扎实的基础。1926年，傅抱石受聘执教于江西省立第一师范学校附属小学，任艺术科教员，开始了六年的中小学教学生涯。他边教边学，教学相长，进入了美术史学研究的发端期。

傅抱石与篆刻结缘，从《康熙字典》入门，再探各种前贤印谱，体会印中真意，自号"印痴"，以"抱石斋主人"名噪南昌。1926年，他

傅抱石 采芳洲兮杜若 寿山石 朱文
22 mm×22 mm×44 mm 1928年 南京博物院藏

编写《摹印学》，对篆刻历史、理论做了初步的讨论，将多年来治印的体会融于其中。1933年，他辑历年所刻印章编成《抱石自造印稿》。傅抱石篆刻取法陈鸿寿、赵之谦等人，刀法爽利劲健，风格率真雅正，有"篆刻神手"之誉。

1932年9月，傅抱石东渡日本，考察研究工艺美术。1934年4月，傅抱石入帝国美术学校研究科，师从日本美术史家金原省吾，开展中国美术史研究。在日本，傅抱石学到了许多东西方的美术史知识和现代艺术理论，掌握了日本画、西洋画的特征，以及现代美术史的研究方法。这一切，都使他对中国传统绘画做出深刻的反思，并引发了他美术观念、治学态度等方面的诸多变化。

师从金原省吾，对傅抱石来说是十分幸运的。金原氏，1917年毕业于早稻田大学，拥有扎实的古文献阅读和研究能力，又具有宏观的抽象思辨能力，专事东洋美学、东洋美术史研究，对傅抱石产生了莫大的影响。从导师身上，傅抱石不仅学到了治学方法，而且深刻领悟到无形的学术精神。留学期间，他一方面专于理论的学习和训练，另一方面广泛涉猎日本的各种中国美术史学著作，并发挥精通语言的特长，有选择地翻译相关著作或论文，将日本学者的研究成果引荐至中国。他的译介活动主要有两类：其一，对工艺、美术技法的编译；其二，对中国美术史研究成果的翻译。这些翻译成果，是傅抱石作为中国美术史家的一个重要组成部分。

1935年5月，"傅抱石氏书画篆刻个展"在金原省吾、郭沫若的帮助下于东京银座松板屋举行，著名画家横山大观、篆刻家河井仙郎、书法家中村不折和日本帝国美术院院长正木直彦等人都前来参观，取得了一定的反响，也对傅抱石后来的艺术生涯产生了比较重要的影响。

1925年，傅抱石无师自通地以史学的眼光和方法系统研究古代画学，撰写了《国画源流述概》，表现出非凡的才华。1929年，傅抱石因教学之需改写完成《中国绘画变迁史纲》，夹叙夹议，对中国古代绘画史做了系统梳理，展示出独特的研究视角和思考方式，成为中国现代美术史学史上名副其实的开拓者。留学日本后，他从基础史料入手，以现代化的学术眼光重新考察中国古代画学，编成《中国绘画理论》《中国美术年表》，皆为中国美术史学史上的首创之作。

1935年9月，傅抱石执教中央大学师范学院，讲授"中国美术史"课程，开始了二十余年的中国美术史教学与研究生涯。

二、中年时期：抗战洪流与金刚坡下

1938年4月，傅抱石奔赴武汉，担任国民政府军事委员会政治部第三厅厅长郭沫若的秘书，投身抗战洪流。他跟随郭沫若往来株洲、衡阳、东安、桂林等地，经历武汉保卫战、长沙大火、桂林大轰炸"等，从事抗战宣传工作，著文立说，激发国人的战斗热情。

1937年11月，傅抱石据日人山本悌二郎、纪成虎一《宋元明清书画名贤详传》，罗列明亡不与清廷合作遗民46人，编译《明末民族艺人传》，不意成为激发国人抗日战斗热情的利器。抗战时期，文天祥及《正气歌》体现出的中华民族精神，成为激励全国民众奋勇抗战的精神动力。1939年10月，傅抱石参稽《文山先生全集》等书，编撰完成《文天祥年述》，传述文天祥之忠节，传扬民族主义。后来，傅抱石专门创作《文天祥像》，进一步弘扬其民族气节。

1939年9月，傅抱石重返中央大学，讲授"中国美术史"等课程，两年后转升"专任副教授"，完成个人事业上的一个重大转折。此后，他的教学、研究、生活逐渐稳定，学术思想日益成熟。他一而再、再而三地写下若干热情洋溢的史论文字，从绘画史的角度阐明了中华民族文化的辉煌成果。

在学术上，傅抱石深入研究顾恺之和石涛，完成了一般的通史式的著书立说向深入个案研究的自觉转变。他历十数年寒暑广为搜集资料，矜慎考证，对石涛的生平和艺术进行深入钻研。《苦瓜和尚年表》《石涛年谱稿》《石涛生卒考》《石涛丛考》《石涛再考》《石涛三考》

傅抱石 水木清华之居 轴 纸本墨笔
135.2cm×54cm 1932年7月23日
日本东京武藏野美术大学美术资料图书馆藏

《石涛画论之研究》和《大涤子题画诗跋校补》相继脱稿或发表。1941年，他综合多年研究成果，仔细梳理，著成《石涛上人年谱》，第一次比较清晰地显现出石涛真实的历史面目，被"评论家咸推为我国空前之作"。1940年2月，傅抱石开始深入解释顾恺之《画云台山记图》，写成《晋顾恺之〈画云台山记〉之研究》，纠正衍脱的字句，大体恢复其本来面目，引发了对中国山水画产生及发展的思考。稍后，他撰写《唐张彦远以来之中国古代山水画史观》《中国古代山水画史的考察》，组成《中国古代山水画史的研究》，解决了千年来美术史上的疑难问题，勾勒出中国山水画发展的基本框架。也正是关于顾恺之和石涛的研究，奠定了傅抱石在中国近现代美术史学史上的地位。

在教学与研究的同时，傅抱石开始了大量的绘画实践，孜孜不倦地钻研笔墨，探索风格。他继承宋人的宏伟章法，取法元人的水墨逸趣，畅写山水之神情，用散锋乱笔表现山石的结构，创造了独特的绘画风格。1942年10月，他在重庆夫子池举办个人画展，反响热烈，画家身份得以确立。当时，他镌刻了"寄乐于

傅抱石　携琴行旅图　镜心　设色　纸本　63 cm×41 cm　1940年代

画""其命维新""踪迹大化""往往醉后"等系列闲章，表达了自己的思想观念和美学趣味。在感受自然与生命的情感体悟之时，傅抱石以自由洒脱的绘画方式抒发着对民族、国家的忧虑，传递出深邃细腻的中国文化品格。

石涛是傅抱石心目中的偶像。他崇拜石涛、景仰石涛，学习石涛的艺术道路，也具有石涛般激昂的诗情。1943年3月18日，傅抱石得见石涛《游华阳山图》，临抚而作《仿石涛游华阳山图》，印证了其效仿石涛的创作痕迹。他以极其流畅的笔法画山、瀑布、流泉、点树、流云。山石以方硬细挺、转折分明的线条勾勒皴擦，略施淡彩渲染，水墨淋漓，滋润浑厚；近景以浓墨破笔点出，郁郁苍苍，枝叶纷披；丛树之后，屋宇掩映，高士读书，诗意昂扬。

傅抱石强调创新，主张中国画要"动"要"变"，认为"艺术的真正要素乃在于有生命"。几年间，他就地取材，驾轻就熟地演绎这种技法，惯用长锋山马笔，笔头、笔锋、笔根并用，结合山形、山脉的分坡走向，皴擦、勾斫、渲染并施，大胆落墨，细心收拾，使水、墨、彩在快速的用笔下有机地融为一体，淋漓酣畅。1945年夏天，傅抱石满怀激情地完成了具有里程碑意义的《潇潇暮雨》，正式标志着散锋、扫笔的表现手法和充满磅礴诗意的"风雨山水"样式的确立，完成了其笔墨与图式现代性转化的双向突破。雨中山水，得益于蜀地山川的启发与灵感。他先用淡墨写出山体的大概轮廓，在淡墨的轮廓上用淡赭石渲染上去。然后以中墨调和赭石画出山石的走向及其肌理，待其将干未干时，用浓墨、焦墨以散锋笔法写出，画面中心山峦所用的皴法是融合了荷叶皴法的散锋皴。近景山石则以斧劈皴法式的散锋皴法，远景用乱云乱柴皴法画出山的肌理和质感。最后以墨笔斜刷画面，用不同的浓淡、宽窄和力度刷扫出雨线、雨势，成功表现出本无固定形状的雨水气势，激动人心。大片的墨彩，飞动的线条，气象万千，孕育着无限生机。

山水画创作之外，傅抱石也醉心于历史故实画的绘制，或高人逸士，仙风道骨，气宇轩昂，或靓女美妇，面容光洁，妩媚艳丽，充分展现出高贵博雅的古朴气质，但又不失现代的浪漫气息。他往往通过形象构思，将奔放的创作冲动表现为想象的驰骋，注重气氛烘托和意境营造，善于将难以言传的微妙气息准确地表现出来，细腻地再现历史人物的精神气质。他追求"线性"，融合破笔散锋，兼以多种笔法而自成一

傅抱石 潇潇暮雨 轴 纸本 设色 103.5 cm×59.4 cm 1945年6月 南京博物院藏

傅抱石　东山丝竹　镜心　设色　纸本　36cm×45cm　1947年7月

傅抱石 平沙落雁 轴 纸本 设色 46cm×61.4cm 1940年代 江西省博物馆藏

格，奔放中不失精微，严谨中不失粗犷，充满刚劲的美感与力量。无论是谈诗论道，还是蕉荫对弈，无论是策杖行吟，还是临泉听瀑，造型高古超然，气质安逸清雅，营造出一个旷达疏远、清新古雅的文化精神世界。由此，他憧憬着对古代传统的怀想，抒发了对高尚理想的仰慕之情。

三、晚年时期：笔墨当随时代

1949年10月，中华人民共和国成立，文学艺术发生了巨大变化。中国画如何改造，如何为工农兵服务、为政治服务，成为中国共产党执掌国家政权后文艺建设首先面临的关键问题。1950年2月，《人民美术》创刊号发表系列文章，集中探讨中国画改造的基本思路和发展方向。1953年初，有关方面慎重提出了"新国画"的概念，要求必须"内容新""形式新"。在政治时势和思想改造的影响下，傅抱石逐渐修正了既有的观念和手法，不断进行自我调整，展开了自己的中国画变革。

　　1954年2月，中国美术家协会确定"中国画写生"的创作途径，逐渐演变成为一个时代的潮流。傅抱石积极撰文，捍卫中国画传统，呼吁重视传统中国画，与时俱进地探索自己的中国画新形式，创作了若干具有新面目的作品。1951年7月所撰《初论中国绘画问题》、1953年11月所撰《从中国绘画线的问题来看现实主义理论的展开》、1954年12月四联出版社出版《中国的山水画和人物画》、1955年10月所制《日暮归庄图》和1956年5月所绘《玄武湖》《雨花台第二泉》等文字或绘画，充分呈现出傅抱石在1950年代初期捍卫国画的思想观念与山水变革的基本面目。

　　1957年2月，江苏省国画院筹备委员会成立，傅抱石出任副主任委员，参与筹建事宜。1958年12月，傅抱石组织策划"江苏省中国画展览会"，产生了广泛的社会反响，被誉为新时期中国画创作的样板，引起了中共中央宣传部的重视。1959年7月，他奉调北京，与关山月合作为人民大会堂创作巨幅国画，向国庆十周年献礼。他们通过对中华大地宽

傅抱石 四季山水图 页 纸本 设色 39.5cm×49.5cm 1957年 天津博物馆藏

傅抱石 玄武湖 轴 纸本 设色 79.5 cm×28 cm
1956年 南京博物院藏

广辽阔的地域形象的描绘，突出"东方红，太阳升"的主题，表达了新中国作为一个泱泱大国的现代风貌。《江山如此多娇》的成功完成使傅抱石的声名如日中天，引发了后来一系列政治、艺术上的连锁效应。

1960年3月16日，江苏省国画院经江苏省人民委员会批准成立，傅抱石任江苏省国画院院长。根据画院的办院宗旨，他制定了一套行之有效的措施，并以自己亲身的艺术实践实现办院理念，奠定了江苏省国画院在当代中国画坛上的重要地位。

晚年，傅抱石心随时代，自觉适应时代潮流，强化写生，大胆革新，强调从生活中汲取艺术养分，在写生中培养对生活的发现能力，譬如1959年"韶山写生"、1960年"二万三千里写生"、1961年"东北写生"、1963年"浙江写生"等，足迹遍布大江南北，倾心创作，将饱满的激情、丰富的情感渲染在笔底纸端，完成了绘画思想的转变和风格样式的革新；但依然坚守写意传统的价值体系，不断进行写实、写意的有效协调，以卓越的成绩令时人刮目相看。这种以写生为主的绘画方式，

傅抱石 关山月 江山如此多娇 镜心 纸本 设色 650 cm×900 cm 1959年9月 中国国家博物馆藏

成了傅抱石后期八年生命里的主要创作状态，从而迎来了其绘画创作生涯的第二个"黄金八年"。他的一系列写生创作活动，不仅将这种以写生带动传统国画推陈出新的运动推向一个历史的高潮，而且为中国美术界树立了一个典范。

1957年5月，傅抱石率领中国美术家代表团赴捷克斯洛伐克、罗马尼亚进行访问写生，第一次真正以写生方法集中创作，成为其绘画创作的转折点。他在着重写实表现时融入了西画因素，构造出了开阔的物理空间，完成了对自然景物形与神、光与影、色与墨、虚与实、质与文的高度融合，面目为之一新。《大特达山最高峰》《布拉格宫》《西那亚城中俯瞰车站》等展现了傅抱石写生初期从摸索至适应再到完善的渐进过程。无论是具有俯仰变化的视角再现，还是近距离特写镜头的构图截取，呈现了"所见即所得"的视角体验，在笔皴墨法和风景图式的结合上洋溢着浓郁的东方趣味，体现了一位中国画家对西方文化独特而细腻的心理感受，也昭示着他1950年代山水画创作变革的到来。

1960年9月，傅抱石率领"江苏国画工作团"长途写生，相继走访了河南、陕西、四川、湖北、湖南、广东六省十几个大中城市，游览风景名胜，瞻仰革命圣地，参观建设工地，以写生带动传统国画推陈出

傅抱石 布拉格宫 轴 纸本 设色 105.6 cm×61.1 cm 1957年6月 南京博物院藏

新。如果说傅抱石的东欧写生多半是外力使然，那么，他率领江苏国画工作团进行二万三千里的壮游写生，带来其山水画的新变化，则完全是发自内心。

无疑，二万三千里的长途写生对傅抱石的艺术道路产生了重要影响。通过这次开阔胸襟、拓展气局的壮游，傅抱石确立了"思想变了，笔墨就不能不变"的新观点，创作了一大批反映时代脉搏之作，充分展示了卓越的艺术才华。他刻治"换了人间""当惊世界殊""江山如此多娇""待细把江山图画"等印章，表达出对壮游写生的所见、所得、所想。

《黄河清》《峨眉处处有歌声》《陕北高原》《枣园春色》《西陵峡》《待细把江山图画》等一系列作品构成了傅抱石晚年创作新的里程碑。《西陵峡》力求表现真实景物的地域特征与内在神韵，一改过去的散锋笔法，代之以粗犷、劲挺的笔线，顺逆飞动，勾斫皴擦，线条长短互用，凌厉斜披，近似传统荷叶、乱柴皴法而又有所创发新变。他以雄健的笔墨上下挥洒，既奔放又时时控制，既认真又率意，故用笔既有激情又有法度。在雄壮的竖皴中又略加一些细小的横皴，笔的干枯浓淡

傅抱石 西陵峡 轴 纸本 设色 74 cm×107 cm 1960年12月 中国美术馆藏

傅抱石 镜泊飞泉 横幅 纸本 设色 45 cm×117.5 cm 1961年7月 南京博物院藏

既见统一又见变化，乱而有法，法而不板，笔墨雄健苍劲，意境浩瀚博大。《待细把江山图画》没有具体去描绘险绝处，而是以飞动泼辣的笔法做大块文章，笔直的山势，重重叠叠，增强了整体气势的雄伟巍峨；山腰间以留白形式表现缥缈不定的云彩，山脚则写平缓坡地，以衬托华山"高耸云端、壁立千仞、奇峭无伦"的气概。

1961年夏天，傅抱石在国务院办公厅安排下赴东北老工业基地写生，一路走一路画，举办艺术观摩会或座谈会十余次，交流创作心得，博得广泛的赞誉。他感叹"兹游奇绝冠平生"，将自然和社会两种题材

的运用发挥得淋漓尽致。以《天池飞瀑》《天池林海》《镜泊飞泉》等为代表的自然题材，是北方山水在傅抱石心灵的震撼和映现，而以《绿满钢都》《煤都壮观》《煤都一瞥》《丰满道上》等为代表的社会性题材，在山水融合工业题材方面明示了现代山水画的一个符合时代潮流的发展规律。《镜泊飞泉》是傅抱石东北写生时最为精彩的作品之一。画面重在描绘瀑布的气势，瀑布奔腾直下，占据画面的中心；山石皴法从上而下，越来越简单，在瀑布的下端与瀑布融为一体；树木以深浅不同的墨色染之，区分出空间层次，使画面景致无限深远。这里，写、涂、

抹、推、拉、压、簇、转、扫，一应齐全，大笔挥洒，小心收拾，大处气势奔放，小处又精细耐看，树木、飞瀑、山石皆粗精有致，水、墨、彩融合渗化，变化出润泽朦胧的墨象和肌理，一派浑厚华滋之气象。

在写生创作的同时，傅抱石率先从毛泽东诗词中找到发展的契机，积极探索新技法与新题材的结合途径，恰当地表现出毛泽东诗词的恢宏意境，拓展出中国画表现的广阔空间，成为新中国美术史上最早探索毛泽东诗意山水画创作且独具风格的画家。他往往在"毛泽东诗词"的政治光环下恢复了昔日的豪放本色和洒脱性情，充分展现了他对传统笔墨的执着与眷恋。他有意将毛泽东诗意画引入大众化的审美领域，启发了后来许多画家的创作思路，进而成为当时中国画家普遍选择的公共题材。

不仅如此，晚年的傅抱石除绘制一些政治色彩比较浓厚的题材外，也创作了一系列展现往昔率真本性的重要作品。诸如"华山""三峡""镜泊飞瀑"等，他心仪于斯，陶醉于此，往往结合早年熟悉的唐宋明清诗意题材，或长卷、或立轴、或册页、或扇面，自我遣兴于笔墨

傅抱石 毛泽东《浪淘沙·北戴河》词意图 轴 纸本 设色 49cm×61cm 1965年 天津博物馆藏

傅抱石 陶渊明诗意 镜心 纸本 设色 30 cm×37 cm 1963年8月

江山之中。在这一系列纵横挥洒的"书斋山水"里，傅抱石将内心思绪形诸于笔墨书写，心手相印，物我相忘，已臻绘画的最高境界，恢复了昔日"往往醉后"的激情形象。

　　傅抱石是那个时代的风云人物，所作真切见证了那个时代的变化。他凭借自己的艺术天赋和刻苦不懈的努力，坚持追求创新精神，并不断付诸实践，一步一个脚印地登上了艺术巅峰。在承应社会主流文艺思潮、绘画创作服务政治的情势中，他及时介绍自己的创作活动，阐释创作的构思脉络，发表了一些独到的见解或观念。通过一系列展览、出版的积极举动，傅抱石的绘画创作实践产生了持续的传播效应，其绘画图式发挥了相当的典范作用。

《书与画》2017年第6期

　　按：本文为南京博物院傅抱石艺术馆"傅抱石人生与艺术展"的展览纲要。2012年11月初编，2013年11月扩充，发表于《典藏·古美术》2014年第2期。2016年8月，又应《书与画》约稿，修订完稿。

《傅抱石论艺》导言

一、引言

　　江西新喻傅抱石是20世纪中国美术史上最为杰出的美术家之一。青年时代，他以篆刻、微雕知名，享有盛誉，所作以秦篆汉印为根本，学古而不泥古，风格雅正率真，不失为大家风范。中年时期，他长期从事中国美术史的教学与研究，敏于思考，勤于著述，或钩沉于古籍，或考证于文物，析义解疑，以精深的中国美术史论研究驰誉学术界，成为现代中国美术史学当之无愧的先行人和实践者。晚年，他结合现实生活，大胆革新，倡导"思想变了，笔墨不能不变"的艺术原则，引领20世纪中期中国画的发展潮流，所作越古超今，或元气淋漓，或雅致高古，或清新细腻，其所蕴涵的摄人气魄和内在神韵，无不体现了他对自然、社会的真诚关怀和对生命、艺术的满腔热情。

　　如今，傅抱石的画名如日中天，其画作在艺术市场上炙手可热。但是，人们似乎并不完全了解作为一个美术史家的傅抱石和作为一个画家的傅抱石之间的内在联系。其实，傅抱石绘画的成功，与他精通美术史有着密不可分的关系。诚如陈传席所言："美术史是学术而不属于技术，以学术启发技术，即以精神掌握技术，点石成金，技进乎道，庶几不惑，当即可以进入艺术宫殿""美术史作为学术能丰富人的精神，充实人们的心胸，提高人的品质，增益人的学问"[1]。美术史研究成为傅抱石绘画实践成功的基石，而其绘画成就和学术成就相辅相成，互为补充。

　　1925年，尚在江西省第一师范求学的傅抱石完成了第一部著作《国画源流述概》，初露善于治史的天才。从那时起，傅抱石不断著书立说，

1陈传席：《傅抱石》，石家庄，河北教育出版社，2000年10月，页113。

《摹印学》（1926）、《中国绘画变迁史纲》（1931）、《刻印概论》（1934）、《中国绘画理论》（1934）、《中国美术年表》（1935）、《大涤子题画诗跋校补》（1937）、《明末民族艺人传》（1937）、《中国美术史·古代篇》（1939）、《中国篆刻史述略》（1940）、《石涛上人年谱》（1941）、《中国古代山水画史的研究》（1941）……洋洋洒洒，蔚为大观。这些著述从美术理论研究的广度、深度和力度上衡量，在20世纪三四十年代中国美术史学界是异常罕见的，几乎无人可以与之相提并论。

综合考察傅抱石的著述，我们可以发现，1950年之前，傅抱石主要侧重于中国美术史的多角度研究，造就了其知名美术史家的地位。1950年以后，随着社会政治的变化，傅抱石的关注点相应发生了变化，正如林木所说："随着学术研究危险的增加，傅抱石的学术个性被迫消失乃至写作愿望的淡化，作为美术史论家的傅抱石也逐渐地为著名画家傅抱石所取代，这或许也是意识形态意识太强的时代之必然。"[1]傅抱石将精力投入绘画创作之中，文字著述也基本转向绘画本体理论和创作观念的阐释。他一方面尝试运用马克思主义原理解释中国绘画发展的进程，如《中国的人物画和山水画》（1954）、《山水人物技法》（1957）、《中国的绘画》（1958）等；另一方

傅抱石 松雪图 纸本 设色 68cm×45cm 1936年
江西省新余博物馆藏

---

1 林木：《傅抱石的中国美术史论研究》，南昌，《江西社会科学》2004年第2期，页219。

面往往颇有前瞻性地选择合适的重要选题发表见解。值得一提的是，傅抱石美术著述的持续刊发，在中国共产党实行的集权性的新闻、出版体制下产生了空前的影响力，也为其艺术闻达于社会做了有力的铺垫。

其实，这种现象在1949年之前也出现过十分相似的效应，只不过前后两个阶段存在不同的时空背景罢了。毋庸置疑，美术史家出身的傅抱石善于利用自己擅长写作的优势，把握时机，及时刊布一些颇有见地的美术理论或画学思想，并尽量争取在第一时间加以传播，在中国美术界引起了普遍关注，这是当时多数画家所无法比拟的。

傅抱石一生勤于思考，撰写美术论著一百五十余篇（本），共两百余万字，凡绘画史、篆刻史、工艺史等，广收博采，内容丰富繁多，但如果做一细致考察，可大致分"中国画史研究""中国绘画概论""中国画创作杂谈"等方面，而其思想精髓则集中于"中国画变革""中国绘画精神""中国画写生与创新"等内容。作为对20世纪中国美术史发

傅抱石　五柳先生　轴　纸本　设色　108 cm×58 cm　1942年6月　重庆博物馆藏

傅抱石　侧耳含情披月影　轴　纸本　设色　58.5 cm×43 cm　1944年11月　中国现代文学馆藏

傅抱石　还庄图轴　纸本　设色　84.5 cm×42.5 cm　1945年

傅抱石 松溪观瀑图 镜心 设色 纸本 36 cm×45 cm 1947年

展所做贡献的重要部分之一，傅抱石的这些文字充分体现了他对中国美术精神的深度思考。

诚然，傅抱石留下了如此规模庞大的著述，那么，后人们该如何从这些文字中理解他所阐释的精言要义？全面阅读他的论述固然是一种途径，而如能加以甄选、分类阅读却不失为一种积极而有益的方式。

本着"取要言精论，以知其立论之妙"的原则，编者在考察傅抱石几乎全部的著述文字后，审慎严谨地选择若干精义要眇，编成《傅抱石论艺》，并依内容的不同大致分为"观察篇""画论篇（上）""画论篇（下）""画理篇""创作篇"等类别。通过梳理其理论框架，着重揭橥其学术源流、历史文化背景和当时特定的情境与心态，从而在帮助读者准确理解原著的同时，凸现他独特的学术个性；同时通过适当的分析以说明他美术史论研究与绘画创作实践的互动、互补关系，希望能对傅抱石的美术思想、美学趣味的理解和研究产生促进作用。如果能达到"窥一斑而知全豹"的效果，则是编者所乐见的。

傅抱石 春雨江南 镜心 纸本 设色 118cm×214.5cm 1951年3月 中国人民对外友好协会藏

二、关于中国画变革

中国绘画实是中国的绘画……有特殊的民族性。……中国绘画的一切，必须中国人来干。[1]

这是傅抱石在1931年出版的《中国绘画变迁史纲》中所发出的感叹，充分地表现出青年傅抱石对中国绘画的基本认知。

如今，作为20世纪中国美术史学的重要著作之一，《中国绘画变迁史纲》受到研究者们的广泛关注，人们几乎不约而同地考察该著以分析傅抱石早年的绘画观念和绘画史观。[2]在该著中，他别具一格地提出"立足中国传统绘画的系统性，打破机械历史断代的破碎史料罗列，找出中国绘画发展的线索正途的史学研究"[3]的绘画史学的基本方法和思路，的确迥异于时人。该著深入浅出，廓清了中国绘画的历史沿革和个

1傅抱石：《中国绘画变迁史纲》，上海，上海古籍出版社，1998年12月，页7。

2参阅于洋：《傅抱石〈中国绘画变迁史纲〉的研究》，北京，《荣宝斋》2006年第1期，页82—91；黄戈：《傅抱石早期"民族主义"心理与其绘画思想考辨——以〈中国绘画变迁史纲为例〉》，北京，《中国美术馆》2007年第5期，页81—86；贾丽敏：《傅抱石〈中国绘画变迁史纲〉研究》，南京，《东南大学学报（哲学社会科学版）》2008年第10卷增刊，2008年6月，页156—158。

3傅抱石：《中国绘画变迁史纲》，页1。

性特征，虽不十分成熟，且带有草创阶段的浅陋特征，但在中国美术史学兴起时期无疑具有拓荒作用，1930年代数度再版。作为学术经典之作，《中国绘画变迁史纲》与梁启超《清代学术概论》、章炳麟《国学概论》、王国维《人间词话》、陈寅恪《唐代政治史述论丛》、胡适《中国哲学史大纲》、鲁迅《中国小说史略》等一并收入"蓬莱阁丛书"，于1998年12月由上海古籍出版社出版。2007年10月，江苏文艺出版社也将其与梁启超《清代学术概论》、王国维《宋元戏曲史》、章炳麟《国学讲演录》、蔡元培《中国伦理学史》、鲁迅《中国小说史略》、周作人《中国新文学的源流》等组成"北斗丛书"再次出版。尽管《中国绘画变迁史纲》对研究傅抱石早期思想来说不可或缺，但有鉴于近年来多次出版，且发行量较大，编者仅节选其中最能体现傅抱石绘画观念的"研究中国绘画的三大要素"，编入"中国画精神"以体现其思想的连贯性。

从《中国绘画变迁史纲》可以看出，青年傅抱石曾是一名典型的民族主义者，强烈反对中外艺术融合，自豪地认为中国艺术已经"可以摇而摆将过去，如入无人之境"[1]。但平心而论，《中国绘画变迁史纲》对傅抱石来说仅是个开始，因为此后的他并没有一味地保持这种偏执之见，而是及时进行了必要的修正。随着不断地熟悉和了解先前闻所未闻的西方文化，东渡日本留学后的傅抱石对西方艺术的态度发生了重大改变。

留学日本的三四年经历使傅抱石眼界豁然开朗，受导师金原省吾与师友郭沫若在日本学术界的影响，他很快接触到日本美术界的主流，相继结交了日本文部省大臣、帝国美术院院长正木直彦，汉学家田中庆太郎，画家横山大观，桥本关雪，篆刻家河井仙郎等。显然，这对他了解日本当代美术动态十分有利，也使得他在日本美术界、学术界如鱼得水、游刃有余。

当然，傅抱石幸运地从与画家的直接接触或参观画展中感受到了同时代日本画家结合传统和现实生活的能力，并吸收了蜕变自西洋绘画观念与技法的现代艺术精髓，内心产生了强有力的震撼，进而对中国传统绘画做出深刻反思，引发了美术观念、治学态度等方面的诸多变化。从

1傅抱石：《中国绘画变迁史纲》，页8。

傅抱石 回忆金刚坡下 轴 纸本 设色
59.7cm×34.9cm 1955年 中国美术馆藏

此，具有追求真理之严谨作风的傅抱石开始对先前的观念和态度做大幅度的检讨和反省，得以摆脱狭隘的民族主义观念，对中华民族美术的发展产生了更清醒的认识，并生发出浓厚的危机感和使命感。

1935年3月25日，傅抱石写就《中华民族美术之展望与建设》，所论虽大都针对中国工艺美术，但特别提出中国近代因受外国之侵略而造成民族意识减退，致使中国美术东张西望、停滞不前，呼吁人们去研究、发扬中国美术之伟大。傅抱石身居日本却论中国，意旨不言自明。除大量引用日本学者的研究成果外，他利用身居日本之便利，对流往国外的宋以前的绘画作品做了一份相当翔实的调查目录。首先，傅抱石强调中国艺术的特征，"中国美术品，大至开山打洞，小至一把扇子一个酒杯，都具有不可形容的独特境界。这种境界，是中华民族的境界，是东方的境界，也即是世界两种境界之一的境界。因此，与欧洲美术，显然划清了路线，而比辔齐奔"；然而，他也看到了中国美术的危机，"清道光末期，中华民族开始受外国的种种侵略以后的约百年间，这时期内——尤以近二三十年——中国的美术，可以说站在十字街头，东张西望，一步也没有动"。而且，他认识到这种危机产生的原因："不断地蒙受外国的种种侵略和压迫，渐渐民族意识的高潮为之减退，实是一个最显著的事实。"进而，他体会到中国传统美术与现实之间的距离："本来是'采菊东篱下，悠然见南山'的情绪，一旦耳目所接，尽是摩天的洋楼，呜呜的汽车，既无东篱可走，也没有南山可见。假令陶渊明再生今日，他

傅抱石 四季山水图 页 纸本 设色 39.5cm×49,5cm 1957年 天津博物馆藏

傅抱石 江苏民歌 页 纸本 设色 23.3cm×30.3cm 1958年10月 北京荣宝斋藏

又有何办法写出这两句名诗来呢?"由此,傅抱石注意到民族主义态度的局限,"中华民族的美术,无论哪方面都受极度的打击,遂令一般美术家彷徨无路,学西洋好?还是学中国的?还是学建筑的样式中西合璧呢?"最后,他十分中肯地提出了"急不容缓的两条大道":提倡工艺教育,建立收藏古代美术品的美术馆,通过美术家引导大众接近固有的民族艺术,团结起来,赶上时代的潮流,"集合在一个目标之下,发挥我中华民族伟大的创造精神,尽量吸收近代的世界的新思想新技术。像汉唐时代融化西域印度的文明一样,建设中华民族美术灿烂的将来"[1]。

据金原省吾日记透露,1934年4月23日,傅抱石曾向其师感慨:中国之画坛衰颓极矣![2]由此可见,傅抱石已经充分意识到中国画必须有所改革。留学期间,他看到了日本所展现的强盛国力,以致对传统中国画的消极个性在现代中国作用性的缺乏有了进一步的省思,不再坚持"中国绘画根本是兴奋,用不着加其他的调剂""所谓'中''西'在绘画上永远不能并为一谈"[3]。他已经意识到中国画必须有所改变,全面修正了先前反对中西融合的观念,极力主张中国艺术要借鉴西方美术,不分你我,希望在传统文化和外来文化之间不分你我地加以认真选择,开创有创造性的中华民族新美术。这一前一后的思想变化是何等明显!当然,这种中西融合的观点是傅抱石留日以来一直强调、此后坚持一生的观点,深深地影响了傅抱石以后的美术史研究和绘画创作活动。应该说,这种观念足以代表1930年代中国美术界对西画东渐的普遍认识,具有鲜明的时代性。因此,水天中、郎绍君编辑《二十世纪中国美术文选》(上海书画出版社,1999年11月)将之收录,是有一定道理的。

傅抱石明确论及中国画改革的文章是发表于1937年7月的《民国以来国画之史的观察》。他从史的角度考察了中华民国建立以来26年间的国画创作,反省传统,思考"现代性",表达了内心的忧患意识。正

---

1 傅抱石:《中华民族美术之展望与建设》,上海,《文化建设》第1卷第8期,1935年5月,页89—100。

2 傅益瑶:《永恒的友谊——记父亲与金原省吾先生的亲情》,《中国画研究》编辑部编:《中国画研究》总第8期,北京,人民美术出版社,1994年10月,页315。

3 傅抱石:《中国绘画变迁史纲》,页8。

傅抱石 春山行旅图 镜心 纸本 设色 26.3 cm×54.9 cm 1960年6月

如李铸晋所认为，傅抱石提出了现代美术史的几个重要问题：一是觉得文人画的束缚太重，需要改进绘画；二是认为有些新途径可取，特别提出了吴昌硕、齐白石、徐悲鸿、刘海粟及岭南派画家等；三是日本的影响。这些都是当时画家所面临的问题，傅抱石的见解十分中肯。[1]从一定程度上说，《民国以来国画之史的观察》是青年傅抱石对于中国绘画改革问题和个人风格之探索，是他思想上甚为重要的表述。他对于中国传统文人画的批评，不离国力、政治等现实状况，并非单纯就绘画的实质面向而发，也并非全面否定文人画的价值：

　　中国自元以后，已把绘画看作画家一切的寄托，是画家人格思想的再现，是纯粹的艺术。所以绘画的价值，是至高无上的。……就取

1 李铸晋：《民国以来对中国现代美术史的研究》，台北，《艺术家》第173期，1989年10月，页98。

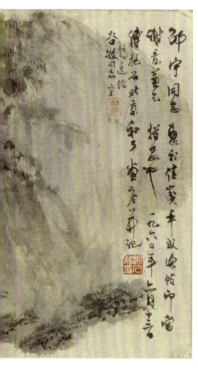

材上说，文人画是"消极"的，"颓废"的，"老"的，"无"的，"隐逸"的，"悲观"的。……我们想想，今日的中国，是什么时代？是什么环境？若把艺术从"伦理""道德"上看，这种制作，是否有继续发扬的必要？[1]

显然，傅抱石对于传统文人画的批评，主要在于其性格不适合现代中国，而非全面否定其艺术上的价值。在他看来，文人画在现代中国的流弊与不适用性，除了造成流派化之外，更致使中国画只是画家人格思想的再现，是一种纯粹的艺术，与外在的环境远远相隔。这种消极、静态的文人画无法对民国以来中国所处的内忧外患产生任何积极的作用。因此，傅抱石对当时中国画守旧的现状提出了尖锐批评，中国绘画既无"性灵"，又无"笔墨"，更无"现代性"，"只有公式的陈习，没有自我的抒写"，"无论如何有改进的急迫需要"[2]。所以，他对岭南画派在中国近代画坛的改革意义多有推崇，还为岭南画派被视为日本画进行辩护。傅抱石并不认为岭南派风格借取自融合了中西画的日本，而认为其是向传统回归，即所谓"采取日本的方法，不能说是日本化，而应当认为是学自己的。因为自己不普遍，或已失传，或是不用了转向日本采取而回的"[3]。他认为岭南画风里渲染法的使用，完全是宋人之法。这种迂回性策略显然深受岭南画派"文化综合论"某种程度的影响，只是傅抱石更偏向于"传统"。甚至，傅抱石提出了"文化的高下与时代成反比"的看法：

1 傅抱石：《民国以来国画之史的观察》，上海，《逸经》第34期，1937年7月，收录于叶宗镐编：《傅抱石美术文集》，上海，上海古籍出版社，2003年9月，页139。
2 傅抱石：《民国以来国画之史的观察》，《傅抱石美术文集》，页139。
3 傅抱石：《民国以来国画之史的观察》，《傅抱石美术文集》，页142。

傅抱石 华山秋色图 轴 纸本 设色 92.3 cm×55.9 cm 1961年9月 旅顺博物馆藏

文化发达愈早的地方，现在愈不行，反之文化后起的地方则愈前进愈厉害。……珠江流域是后起的……中国画的革新或者要希望珠江流域了。[1]

就文中所及，傅抱石最为佩服黎雄才、容大块的写生山水。从黎、容的山水画中，他看到了不同于传统山水画的变革性，意识到写生于山水的运用在于打破传统束缚上的成效。有目共睹的是，当代日本画家吸收了中国传统的精华，辅以西方绘画技法，又结合当代趣味和自身经验而形成的新技法、新面貌，对傅抱石后来的创作实践无可辩驳地产生了重要影响。对此，傅抱石自己从不否认：

我去过日本四年，学习东方美术史，不是学画。但日本画对我也有影响。一是光线，二是颜色上大胆些了。现在看来，第一点比较显著，在创作上注意了光线对比等等。[2]

因为，傅抱石相信：

时代是前进的，中国画呢？西洋化也好，印度化也好，日本化也好，在寻求出路的时候，不妨多方走走，只有服从顺应的，才是落伍。[3]

由此可见，《民国以来国画之史的观察》基本呈现了傅抱石的中国画改革观，也在一定程度上代表了1930年代部分中国画家对中国画改革的看法，所以60年后，作为20世纪美术经典论著之一，该文被收录于顾森、李树声主编的《百年中国美术经典·中国传统美术（1896—1949）》（海天出版社，1998年12月）。

当然，这种变革思想贯穿于傅抱石一生的绘画创作之中，尽管他所

1傅抱石：《民国以来国画之史的观察》，《傅抱石美术文集》，页142。
2李松：《最后摘的果子总更成熟些——访问傅抱石笔录》，《中国画研究》总第8期，页251。
3傅抱石：《民国以来国画之史的观察》，《傅抱石美术文集》，页143。

处的时空环境存在明显的差异。至于中华人民共和国成立后，傅抱石在承应时代变迁而宣扬变革与创新方面所做出的种种努力，待下文叙述。

三、关于中国画精神

1930年，傅抱石在撰述《中国绘画变迁史纲》时，比较了董其昌、沈宗骞、陈师曾三人有关中国绘画基本思想构成的要素后，赞同陈师曾的观点，提出"研究中国绘画的三大要素"——人品、学问、天才，并以此为指导思想提纲挈领地引出中国绘画的体系。"人品"与"学问"是决定"我"存在的根本，"希冀画面境界之高超，画面价值之增进，画面精神之永续，非先办讫'我'的高超、增进、紧张、永续不可。'我'之重要可想！'我'是先决问题"[1]。在他看来，文人画有主观性、思想性、表现性等基本特性。傅抱石强调绘画应与现实世界保持距离，追求对描绘对象的纯粹的形象观赏和审美塑造，即所谓"中国的绘画是'超然'的制作"[2]。

此后至1949年的20年间，傅抱石一直秉持这一观念，并始终将其贯穿于学术研究和创作实践之中。正如他在《中国绘画理论》之"叙例"中所言：

中国绘画之一切，直接明其精神，间接助其笔墨。此中国绘画之基础，应首先彻悟之事也。[3]

在抗日战争时期，傅抱石更是不遗余力地倡导中国绘画精神，广泛宣扬遗民画家的人品和节操，以在文化上配合抗战的进行。1940年4月，即中国美术会第二届"劳军美术展览会"后不久，傅抱石满腔热情地撰写了《从中国美术的精神上来看抗战必胜》，驳斥日本画界元老横山大观之观点，总结出中国美术的三种伟大精神：

第一，中国美术最重作者人格的修养；第二，中国美术在与外族、

---

1 傅抱石：《中国绘画变迁史纲》，页11。
2 傅抱石：《中国绘画变迁史纲》，页8。
3 傅抱石撰辑：《中国绘画理论》，上海，商务印书馆，1935年8月，页2。

傅抱石 龙蟠虎踞今胜昔 镜心 纸本 设色 243 cm×326 cm 1960年7月

外国的交接上，最能吸收，同时又最能抵抗；第三，中国美术的表现，是"雄浑""朴茂"，如天马行空，天骄不群，含有沉着的、潜行的积极性。这三种特性，扩展到全面的民族抗战上，便是胜利的因素。[1]

在傅抱石看来，中国美术具有强大、顽强的生命力和创造力，高尚的人格修养，对外最能吸收又最能抵抗的中国画素质，以及雄浑、朴茂的有着潜在积极性的美术表现，是中国绘画的特性。

中国绘画是中国民族精神的最大表白，也是中国哲学思想最亲切的某种样式。[2]

中国画的精神，既是中国民族精神的最大表白，而这种精神又正是和民族国家同其荣枯共其死生的。中国绘画的精神，乃源于广大的国土和民族的思想，它最重要也是最特殊，为世界各国所没有的一点，便是

1 傅抱石：《从中国美术的精神上来看抗战必胜》，《傅抱石美术文集》，页174。
2 傅抱石：《中国绘画思想之进展》，重庆，《读书通讯》第25期，1941年11月，页5。

对作者"人品"的极端重视，这在三千年前的周代已发挥了鉴戒的力量，再由此出发，逐渐把画面的道德意识溶化了作者个人，把画面所表现的看作作者人格的再现。[1]

这一系列文字无不反映出傅抱石在特定时期对中国绘画精神的认识。他服膺文人画家在绘画意趣上往往追求格调雅正高古的气息，但并不赞同如古代"高人逸士"般隐逸山林，而是把传统文人的"人品"含义放大到爱国情感与传统继承的层面，剔除狭隘的文人自闭的消极态度而转化为一种积极向上的绘画观，通过自己的创作以期达到文化抗战的目标。

正如钱穆所认为："欲其国民对国家有深厚之爱情，必先使其国民对国家已往历史有深厚的认识。"[2]傅抱石怀着对民族主义文化的深厚感情，笔耕不辍，写出了若干热情洋溢的史论文字，从绘画史的角度阐明了民族文化的辉煌成果。在他看来，宣传悠久的中国绘画历史，传播博大的民族绘画精神，也能激励民众的爱国家、爱民族之心，从而增强抗战必胜之信念。

1942年9月22日，傅抱石为即将在重庆夫子池举办的个人画展撰写序言，详细说明了自己创作的种种因素，其中也谈及自己对中国画精神的理解：

> 近来我常常喜欢把被人唾骂的"文人画"三个字来代表中国画的三原则，即：1."文"学的修养，2.高尚的"人"格，3."画"家的技巧。三原则其实就是中国画的基本精神。[3]

显然，这是傅抱石创作的理论基础和思想表白。这种认识可以说是他青年时代倡导的"人品、学问、天才"三大要素的升华，足以成为他绘画思想的重要内容。综观其一系列著述，我们不难发现，傅抱石的"文、人、画"三原则的关系层层相扣，紧密相接。"如果说傅抱石绘画思想内在特质就是以'人格'的高境界为培养核心的，那么实现的

1傅抱石：《中国绘画在大时代》，《傅抱石美术文集》，页349。
2钱穆：《国史大纲》，上海，国立编译馆、商务印书馆，1947年5月，页3。
3傅抱石：《壬午重庆画展自序》，《傅抱石美术文集》，页332。

途径和凭借的手段首在'文化'，次在'技术'。"[1]反映于创作实践上，傅抱石无时无刻不在以绘画的方式践行自己恪守的理念。"他在感受自然与生命的情感体悟的同时，以自由洒脱的绘画方式抒发着对民族、国家的忧虑和担心。虽然，他的绘画没有激烈昂扬的旋律，但是总以从容广博的方式向人们诉说精神贵族式的优雅传统和深邃细腻的中国文化品格。"[2]他力图以自己的作品表明："在这长期抗战以求民族国家的自由独立的大时代，更值得加紧发扬中国绘画的精神，不惟自感，而且感人。"[3]

1947年8月13日，傅抱石应邀在南京文化会堂做了关于《中国绘画之精神》的演讲，对中国绘画本质进行精练的概括，完成了他多年来对中国画精神的思考总结：

甲、超然的精神（中国画重笔法、气韵、自然）；乙、民族之精神（中国画重人品、修养）；丙、写意的精神（中国画要画的不是形，而是神，写意精神产生于中国画的工具和材料尤其是中国人的思想）。[4]

尽管傅抱石已不再有青年时那种敢逆时风"提倡南宗"的锐气，但潜心研究中国美术史多年的他无疑变得思考更为缜密细致，阐述更为沉稳丰厚。傅抱石从"笔法、气韵、自然"三个层面，将中国画的"超然精神""由形而下的技术层面逐步累升至中国画的精神层面，并且把中国传统思想对艺术影响的渊源（道家思想）、民族性（崇尚自然）和审美态度（爱好山水）逐一列举出来"[5]。

《中国绘画之精神》不仅是傅抱石对中国绘画精神的一种解读和认知，也是他在此基础上的绘画实践的总结，其中许多问题都可以从其绘画作品中找到相关印证。在傅抱石看来，研究中国美术，必须"注意整个的系统"，必须注意"中国绘画普遍发扬永久的根源"，从本质、

---

1 黄戈：《傅抱石画学思想研究》，北京，光明日报出版社，2009年4月，页35。

2 万新华：《傅抱石抗战时期历史人物画之民族意象研究（上）——图像的意义》，北京，《荣宝斋》2008年第1期，页90。

3 傅抱石：《中国绘画在大时代》，《傅抱石美术文集》，页349。

4 傅抱石：《中国绘画之精神》，上海，《京沪周刊》第1卷第38期，1947年9月，页5—8。

5 黄戈：《傅抱石画学思想研究》，页42。

傅抱石 华山图 轴 纸本 设色 48 cm×56.5 cm 1960年11月

"轨道"上去研究中国传统艺术的更为深层的精神本质。[1]傅抱石正是通过以上著述一步步完成其关于中国画精神的综合性论述和基本性思索，正如林木所感慨："作为理论家的傅抱石从其精深的理论世界里得出的一种超脱与通达，是一种从宇宙高度居高临下，俯瞰人生、俯瞰世界与历史的精神的超越。傅抱石这种立足于精微哲理思辨的通人态度，无疑是他理论成就与绘画成就的坚实基石。"[2]

无疑，这些篇目构成了一个研究傅抱石绘画思想的基本序列，受到研究者的普遍重视。《中国绘画之精神》对于研究傅抱石绘画思想不可或缺，曾被收录于顾森、李树声主编的《百年中国美术经典·中国传统美术（1896—1949）》，其重要性和经典性的确非同一般。编者也选编

1傅抱石：《中国绘画变迁史纲》，页6—17。

2林木：《傅抱石的中国美术史论研究》，南昌，《江西社会科学》2004年第2期，页218。

该篇，以便令读者能窥见傅抱石绘画思想的精论。

这里，还应特别介绍一下那篇"画展自序"。这篇八九千言的文章题为《壬午重庆画展自序》，可以看作是傅抱石1940年代绘画创作的总结，对了解他在金刚坡时期的绘画创作极有帮助。傅抱石运用散文式的笔调，如行云流水娓娓道来，剖析了自己的作品，介绍了创作的动机、思想、题材、技法和过程。他认为，"一幅画应该像一首诗、一阕歌，或一篇散文"，是一个有机的整体；作画时不应玩弄技巧而应从主题思想出发，斟酌工具材料的反映能力，只求"心目中想表现的某种境界有适当的表出"而达到完美的效果；然而画面的美又"绝非一切法理所能包办，所能完成"，而需打破法理，然笔墨要做到恰如其分，"粗服乱头之中并不缺少谨严精细"。[1]这是何等辩证的认识，纯粹是一则具体的创作经验笔谈，无疑能给予创作者实际的启示意义！所以，这篇文章也被收录于《百年中国美术经典》。当然，这也是《傅抱石论艺》收录此文的重要理由。

四、关于"思想变了，笔墨就不能不变"

1949年10月1日，中华人民共和国成立，给社会、经济、政治、文化等各个方面带来了翻天覆地的变化。在文艺领域，中国画的改造问题被进一步提上议事日程。之前的7月2日，"第一次中华全国文学艺术工作者代表大会"在北京召开，毛泽东《在延安文艺座谈会上的讲话》精神被确立为国家文艺发展的基本指导方针，并在随后的社会主义改造、建设时期又做了进一步的延伸和补充，即解决文艺为什么人服务、文艺应该着重普及还是提高、文艺评论如何处理政治标准和艺术标准关系等诸如此类的问题，决定了20世纪下半叶中国美术的发展趋向。

1950年2月，徐悲鸿发表《漫谈山水画》，明确概括了当时的社会环境对山水画的具体要求：

艺术需要现实主义的今天，闲情逸致的山水画，尽管它在历史上有极高的成就，但它不可能对人民起教育作用，也并无其他积极作用；其中杰作，自然能供我们闲暇时欣赏，但我们现在，即使是娱乐品，顶好

1傅抱石：《壬午重庆画展自序》，《傅抱石美术文集》，页324—333。

傅抱石 长征第一桥 页 纸本 设色 33.3 cm×45.7 cm 1965年5月 北京荣宝斋藏

也能含有积极意义的东西。现实主义方才开始，……同样使用天才，又使人欣赏，又能鼓舞人，不更好过石溪、石涛的山水吗？[1]

　　在这种社会、政治、文化形势下，傅抱石与全国画家一样面临着艺术上的抉择。在1950年代的头几年里，通过对文艺的立场问题、态度问题、工作对象问题和学习问题的一系列自我剖析和自我反思，傅抱石自觉、主动地改造思想，基本确立了自身绘画创作的方向，一步步地完成创作思想的转变。正如林木所说，傅抱石在1950年以后逐渐"在政治时势、思想改造的影响乃至逼迫之下，情愿或者不情愿地修正了自己那整套曾经让他走向成功的既有的观念和手法，不得不重新来调整自己"[2]。

　　为此，傅抱石留下了许多重要的论述，如《政治挂了帅，笔墨就不同——从江苏省中国画展览会谈起》（1959）、《笔墨当随时代——

1徐悲鸿：《漫谈山水画》，北京，《新建设》1950年第1期，收录于王震编：《徐悲鸿文集》，上海，上海画报出版社，2005年9月，页152。
2林木：《傅抱石评传》，台北，羲之堂文化事业有限公司，2004年12月，页122。

看"贺天健个人画展"有感》（1959）、《思想变了，笔墨就不能不变——答友人的一封信》（1961）等，特别是《思想变了，笔墨就不能不变》振聋发聩，深刻地影响着1960年代的绘画创作。

在多数人看来，中国画的改造首先是内容问题，正如蔡若虹所认为："创作内容的转变，是改革国画的关键，也是新国画区别于旧国画的主要标志。"[1]作为毛泽东文艺思想的重要组成部分，现实主义成为20世纪中期中国画改造的主要手段。对山水画来说，现实主义就是接近生活、接近人民，为广大工农兵服务，强调绘画的政治化和大众化，强化绘画的宣教功能，关注社会生活和歌颂领袖、英雄人物。[2]

如果说，傅抱石1949年以前的绘画创作大多是内因驱动而直接体现"自我"的话，那么，他1950年后的绘画创作更多是外界动力作用之结果。随着政治气候、社会环境的不断变化，作为"个我"的傅抱石只能"心随时代"。他曾表示，1949年之前的绘画创作"目的不明确，都是为了个人兴趣"[3]。而通过1950年代初的种种学习与改造，傅抱石在世界观和人生观上出现了根本性的改变，创作的终极目的变得相当明确，相信"并不是某些人所说的艺术是不问政治的超然事业"[4]，与1949年之前坚持的绘画精神截然相反。

1958年12月28日，由中共江苏省委宣传部主持的"江苏省中国画展览会"在北京帅府园的中国美术家协会展览馆隆重举办。参展的161件作品以及时反映现实生活的鲜明特征，在美术界产生了广泛而深远的反响，也引起了中共中央书记处、宣传部有关领导的重视，一时被誉为新时期中国画创作的样板。1959年1月，《美术》杂志对此进行重点报道，傅抱石应邀撰文畅谈心得体会：

---

1 蔡若虹：《关于中国画改革问题——看了新中国画预展之后》，北平，《人民日报》1949年5月22日，第4版。

2 邹跃进：《新中国美术史（1949—2000）》，长沙，湖南美术出版社，2005年4月，页54—67。

3 傅抱石于1960年10月11日下午，在中国美术家协会陕西分会举行的陕西、江苏画家座谈会上的发言，黄名芊：《笔墨江山——傅抱石率团写生实录》，北京，人民美术出版社，2005年10月，页60。

4 傅抱石：《关于中国绘画传统问题的几点浅见》，南京博物院编：《傅抱石著述手稿》，北京，荣宝斋出版社，2007年12月，页304。

自觉改造思想，争取政治挂帅，不但提高了思想水平，更提高了业务水平。真是政治挂了帅，笔墨就不同。……画家们正在努力彻底清除那种害人的脱离现实生活的思想残余，没有人再孤芳自赏地要弄笔墨。在党的教育下，画家们的思想认识提高了，心情舒畅了，政治热情高涨，干劲冲天……我们有足够的资料和理由认为，中国绘画笔墨技法是在特定的历史、社会条件下，为适应作品思想内容的要求而形成和发展的，它和画家的思想感情之间有共鸣和呼应。我们对文艺创作的要求，是具有社会主义、共产主义思想和尽可能与之相适应的优美形式。今天对国画家来说，通过劳动锻炼，投入生活，改造思想，争取政治挂帅，争取更好地为人民多画些好作品，笔墨才可能从创作实践中得到提高。[1]

显而易见，傅抱石在进行了大量的自我批判后，开始改变多年以来的"唯雅"追求。"政治挂了帅，笔墨就不同"，醒目的标题道出当时绘画创作的政治要求。他还着重提出了"党的领导、画家、群众三结合"[2]的创作方法，给当时的美术创作建立了一个时代的模式。几年后，他提出的创作经验逐步在全国范围内得到推广。在今天看来，《政治挂了帅，笔墨就不同——从江苏省中国画展览会谈起》尽管带有深深的时代烙印，但它却真实地反映了一个时代的绘画创作思潮，理应受到研究者们的注意。1999年11月，水天中、郎绍君将此文收录于《二十世纪中国美术文选》。

1960年9月15日，在中共江苏省委的支持下，傅抱石率领江苏省中国画写生工作团离开南京，相继走访了河南、陕西、四川、湖北、湖南、广东六省的十几个大中城市，成为中国绘画界1950年以来一件极为轰动的大事。他们瞻仰革命纪念地，参观各地工矿企业，游览风景名胜，创作了一大批面貌一新的作品，将1950年代开始的以写生带动中国画推陈出新的运动推向了一个历史的高潮。1961年5月，这些作品组成"山河新貌画展"在中国美术馆展出，获得了空前的成功。

1傅抱石：《政治挂了帅，笔墨就不同——从江苏省中国画展览会谈起》，北京，《美术》1959年第1期，页5。

2傅抱石：《政治挂了帅，笔墨就不同——从江苏省中国画展览会谈起》，北京，《美术》1959年第1期，页5。

傅抱石　满江红　轴　纸本　设色　38 cm×27 cm　1962年

1961年2月6日，经过二万三千里革命洗礼的傅抱石在灵魂深处完成了彻底的思想转变，响亮地提出了"思想变了，笔墨就不能不变"的著名论调，一时成为中国画坛的艺术箴言：

> 现实的教育，思想的变化。思想变了，笔墨就不能不变。……只有深入生活，才能够有助于理解传统，从而正确地继承传统；也只有深入生活，才能够创造性地发展传统。笔墨技法，不仅仅源自生活并服从一定的主题内容，同时它又是时代的脉搏和作者的思想、感情的反映。[1]

这是傅抱石从新的时代生活体验中对中国画创作做出的重要理论总结。毫无疑义，它蕴含的丰富内容达到了一个时代的理论高度。那么，笔墨是不是不重要了呢？他肯定地回答：

> 由于时代变了，生活、感情也跟着变了，通过新的生活感受，不能不要求在原有的笔墨技法的基础之上，大胆地赋以新的生命，大胆地寻找新的形式、技法，使我们的笔墨能够有力地表达对新的时代、新的生活的歌颂与热爱。换句话，就是不能不要求"变"。[2]

这种求变的意识是他多年来自我改造的结果，他在"政治挂帅"的时代要求下，完善了本已认同的石涛"笔墨当随时代"的观点。当然，傅抱石强调顺势"求变"并不意味着牺牲艺术追求，在顾及政治标准的同时，他从未放弃艺术标准：

> 我们对新生活理解得特别简单，以为只要把如此多娇的江山再现在纸上（这比过去陈陈相因，只知临摹的自然高明一些）便算是任务完成，并不需要任何的加工和洗炼。实则不然。……一度颇为盛行的"山水"加"生活"的"创作"，今天谁都知道是走了一段弯路，……陈旧

1傅抱石：《思想变了，笔墨就不能不变——答友人的一封信》，北京，《人民日报》1961年2月26日，第7版。

2傅抱石：《思想变了，笔墨就不能不变——答友人的一封信》，北京，《人民日报》1961年2月26日，第7版。

的形式、笔墨，怎么可以原封不动地用来反映今天新的内容呢？[1]

在承应社会主流文艺思潮、绘画创作服务于政治的情势中，傅抱石在强调绘画创作外部条件的同时，仍然清醒地认识到艺术内在规律性的因素，这在当时的社会文化环境下应该是难能可贵的。他创作了许多脍炙人口的作品，以卓有成效的实践证明了"中国画是可以表现现实，为新时代服务的"[2]。

不可否认的是，社会地位的提高的确激励了傅抱石的创作热情，由此生发的感叹、感念、感怀的心境，使他自觉地认识到新社会的优越性，同时也促使他用自己的画笔讴歌新社会、新制度。

通过《一切归功于党》（《新华日报》1959年10月10日）、《挥起我的画笔，誓作总路线的歌手》（《北京晚报》1959年11月8日）、《加速自我改造，彻底反掉右倾——答友人书》（《文化报》1959年11月9日）、《加紧学习，坚决改造》（《雨花》1960年第7期）、《学习小记》（《光明日报》1964年5月12日），傅抱石不断阐述其政治性的绘画见解，表现出对中国共产党及其文艺政策的真诚拥护，在一定程度上反映了思想改造的成果。

实际上，傅抱石的晚年著述大多是一些亲身经历的重大创作活动的笔谈随感，譬如《我怎样画〈蝶恋花〉》（1959年3月）、《在毛主席的故乡——韶山作画小记》（1959年7月）、《北京作画记》（1959年10月）、《"江山如此多娇"——谈谈"江苏国画工作团"旅行写生的山水画》（1961年3月）、《东北写生杂忆》（1961年11月）等，无一例外地发于主流刊物，阐述了作者创作的构思脉络和经营方式，并表达了一些独到的见解或观念。1964年3月，傅抱石应《中国建设》杂志社之邀撰写《在更新的道路上前进》，回顾了自己十五年创作之经过，历数1957年东欧写生、1960年二万三千里旅行写生、1961年东北写生、1962年浙江写生、1963年江西写生，可谓心得独到。事实证明，这种积极举动对于傅抱石名声的持续传播起到了举足轻重的作用，也使其绘画图式发挥了相当的示范意义。难怪有人感叹：傅抱石是个善于宣传的画

---

1 傅抱石：《学习小记》，北京，《光明日报》1964年5月12日，第4版。
2 傅抱石：《在第一届江苏省文学艺术工作者代表大会上的发言》，《傅抱石美术文集》，页407。

傅抱石 西风吹下红雨来 折扇 纸本 设色 21 cm×57 cm 1963年6月

家，画家把话说好与把画画好一样重要[1]。

为此，编者选编了《从中国绘画线的问题来看现实主义理论的展开》（1953）、《关于中国绘画传统问题》（1953）、《政治挂了帅，笔墨就不同——从江苏省中国画展览会谈起》（1958）、《关于中国绘画传统问题的几点浅见》（1958）、《思想变了，笔墨就不能不变——答友人的一封信》（1961）等重要篇目，组成"画论篇（下）"，就相关内容和背景做简单的分析和阐释，以便读者能看见傅抱石在政治至上的时代要求下所做出的种种思考，并以此延伸了解20世纪五六十年代中国画在政治至上的环境下的创作状况。

在老画家队伍里，像傅抱石这样具有强烈政治热情的的确不多。至于他感谢党、要努力学习马列主义毛泽东思想、听党的话等表态，几乎达到了念念不忘的境地。这既是为了报知遇之恩，也是一种追赶时代的姿态。仔细考察傅抱石一系列的著述、言论，不难发现，他的一些重要著述与其政治地位的不断攀升几乎同步而行。

1高云在傅抱石艺术研讨会上的发言，赵启斌、樊世东整理：《文化的结晶　时代的象征——傅抱石艺术研讨会发言纪要》，南京，《傅抱石信息资料》第一辑，内部刊行，2008年1月，页18。

五、关于中国画写生

正如上文所述，中华人民共和国成立之初，传统中国画面临着改造的问题，现实主义创作方向被确定为政策。为了适应新社会的需要，国画家们纷纷走出书斋、画室，面向自然，上山下乡，投入中国画的创新与探求。通过对新的社会现实和自然的感受，画家们了解到与自己的艺术息息相关的现实已经发生变化，而新的艺术必须表现新的现实。于是，写生成了拯救中国画尤其是山水画"厄运"的唯一选择。

为了顺应现实主义创作方法的实施，善于治史的傅抱石在1950年代初期从史的角度对中国现实主义创作方式做了详尽的考察，先后撰写《初论中国绘画问题》（1951）、《从中国绘画线的问题来看现实主义理论的展开》（1953）、《中国的人物画和山水画》（1954）等重要篇目，力图说明现实主义乃是中国绘画的优秀传统：

中国绘画的优秀传统是富于现实主义的精神和它的人民性的。这种现实主义的精神和人民性，是构成中国绘画发展主要的基础。[1]

此时，傅抱石对早年倡导的"文人画"理念做了彻底修正和大力批判，反对山水画违背现实主义的形式主义倾向，积极响应山水画"为人民服务"的宗旨：

特别是明、清之际，形式主义的倾向渐趋严重，不少的画家——尤其是山水画家脱离现实、脱离人民生活，盲目地追求古人，把古人所创造的生动活泼的自然形象，看作是一堆符号，搬运玩弄，还自诩为"胸中丘壑"。[2]

伟大祖国的大好形势和美好幸福的远景，深深地教育着我们，鼓励着我们。……生活在如此幸福的毛泽东时代，就是我们画山水的，难道还会有人留恋那"古道、夕阳、昏鸦"么？[3]

---

1 傅抱石：《中国的人物画和山水画》，上海，上海人民美术出版社，1962年6月，页1。
2 傅抱石：《中国的人物画和山水画》，页3。
3 傅抱石：《思想变了，笔墨就不能不变——答友人的一封信》，北京，《人民日报》1961年2月26日，第7版。

虽然，傅抱石在理论上由于意识形态的制约有时令人感到有些牵强附会，或陷入立论与例证相互矛盾的境地，甚至还会产生误读的现象，但在创作上，他自觉响应中国共产党的号召，运用现实主义表现手法大胆革新、强化写生，以其骄人的成绩令时人刮目相看。

尽管，中国古代也有"写生"的概念，但是，古代的"写生"往往是一种心想默记，而非现代方式中的对景挥毫，或是记录式的速写。而且，古代的"写生"方式又不同于现实主义制约下的"写生"要求，两者存在观念上的本质差异。"强调从生活中汲取艺术养分，坚持在写生中培养对生活的发现能力，使题材和形象都可能得以拓展和挖掘，从而打破传统绘画狭隘题材的局限和对形色的单纯认识"[1]，这是社会主义新文艺的根本要求。

当时，大多数画家被这股变革潮流所裹挟，但并非人人都能够顺应潮流而变革自己的画风，不少人仍囿于旧腔旧调，难以出新。然而，多年来对顾恺之"实对"理论的研究和对日本画技法的关注，使得傅抱石在表现自然山水方面比一些传统派画家来得相对自如，他的脱颖而出不能不说是研究古代山水画史和画学理论的结果。经过几年的摸索，傅抱石逐步在新形势下完成了绘画思想的转变和风格样式的革新，取得了令人瞩目的成就。

1955年9月，傅抱石颇合时宜地应上海人民出版社之邀重编日本高岛北海所著《写山要诀》，以期为兴起的中国画写生运动提供必要的参考与帮助。当然，他自己也从中获益无穷。或许，我们可以将之解读为一种缘于现实主义文艺基本要求下的创作心态。傅抱石已从对画谱程式的依赖转向对真实山水的关注，力图在一种新的时代语境中建构一套适应当下文化诉求与审美心理的新型笔墨程式，以实现对现实人生与真实山水的深刻把握和独到表现。

考察傅抱石晚年的绘画活动，与其创作密切关联的写生活动有四次：

1957年5月至8月，傅抱石率领中国美术家代表团出访东欧，作画50幅，后出版《傅抱石访问捷克斯洛伐克写生作品集》《傅抱石访问罗马

---

1 王东声：《"写生"之于20世纪中国画》，中国国家画院编：《中国画研究》2007年第2期，北京，人民美术出版社，2007年8月，页82。

尼亚写生作品集》。

　　1959年6月，傅抱石应湖南人民出版社之邀来到湖南韶山，完成了"韶山组画"系列，后与黎雄才、余本联合出版《韶山风景画选》。

　　1960年9月至12月，傅抱石率江苏省国画写生工作团进行二万三千里旅行写生，完成了《待细把江山图画》《西陵峡》《黄河清》《枣园春色》等系列作品，后在北京举办"山河新貌"画展，出版《山河新貌作品集》。

　　1961年6月至9月，傅抱石、关山月结伴东北写生，创作数十幅，后出版《傅抱石关山月东北写生画选》。

　　这种以写生为主的绘画方式，成了傅抱石后期八年生命历程里的主要创作状态，构成了他晚年绘画的最为重要的特色。一路陪伴傅抱石东北写生的宋振庭看到他随身携带《写山要诀》写生的场景：

　　这时，抱石先生随身携带着一本书，不是画论，是地貌学。这是科学！他给我看了这本书，告诉我一句话："画山水你不从地质的纹理，地质的科学，地貌的科学去寻求事物的本来面目，仅从纸上来画山水是没有出路的。"[1]

　　沈左尧也专门提到《写山要诀》在傅抱石写生过程中的作用：

　　他外出经常携带一本地质学，在观察自然时以之对照，不仅寻求形态规律，还寻求科学规律，两相印证，以获得正确的分析和深入的理解。把中国的山水画技法同现代的地质科学联系起来，他是第一人。[2]

　　晚年，傅抱石一直速写本不离手，"根据地质学的原理，解剖一切真山水，从而奠定作画的基础"[3]。他再三强调："从学习中国山水画

1宋振庭：《关于傅抱石先生》，纪念傅抱石先生逝世廿周年筹备委员会编：《傅抱石先生逝世廿周年纪念集》，南京，内部印刷，1985年，页7。

2沈左尧：《傅抱石的艺术成就》，江西政协文史研究委员会、新余市政协文史研究委员会编：《傅抱石》，南昌，江西人民出版社，1992年12月，页97。

3傅抱石编译：《写山要法》，上海，上海人民美术出版社，1957年7月，页3。

傅抱石 李白像 轴 纸本 设色 138cm×68.8cm 1964年2月 四川江油李白纪念馆藏

的角度看，到真山真水中去体察自然的风貌是极为重要的课题。"[1]

不仅如此，傅抱石在全国各地多种场合进行关于中国山水画写生的演讲，颇有心得地提出了"写生四步骤"——游、悟、记、写，一时产生了重大影响。

游，即"饱游饫看"，于游山玩水中深入细致地观察，从不同角度观察山水的形象，分析它的特征，以便全面了解，做到创作时心中有数。

悟，是观察后的深入思考与分析，要概括提炼，也即"深思熟虑地去构思、去立意"，做到"意在笔先"，完成对客观景物的感性认识到理性认识的转化。

记，一是记录，二是记忆。写生时，进行必要的记录，速写其形象，必要时强调结构上的特写，不求完整，只求详细，以反映地方特征。若场面大、幅面宽，涵盖的内容多，可以采用分别记录的方法，但必须注意保持数稿间透视关系的一致性。同时，还要考虑人、物的安排，并在画稿中表明。记忆，乃是静观默识，在看的过程中把好的景色与结构记在心中，通过记录加强记忆。

写，就是将"感受到的蕴藏在自然界中的优美情趣用笔墨反映出来"，乃笔墨形式，其关键在于充分表现"意境"。"写"反映"意"，做到"笔""意"相发。

在傅抱石看来，"写生"就是进入创作前的一个搜集素材的准备阶段，一般在现场做一些必要的记录，有时则对景构图。在他的心目中，"游""悟""记""写"是一个循序渐进的过程，环环相扣，相生相伴，紧密相连。"游"是动态的考察，既有空间的转换，也有时间的变化，以全面了解景物为目标；"悟"是客观景物反映到主观意念上再重新组织成艺术形象的过程，即题材的取舍思考过程——在"游"之时审视自然不仅是对自然景物的欣赏，还隐含着丰富的情感酝酿，即在"游"的同时伴随着"悟"的过程；"记"是要多观察、细思考、勤动手，目观心记，在"游""悟"过程中将自然山水变成"胸中丘壑"，发之于笔墨。"游""悟""记"是"写"的准备过程，如果准备充分，"写"就会得心应手。

---

[1]傅抱石：《谈山水画写生》，伍霖生编：《傅抱石谈艺录》，成都，四川美术出版社，1987年5月，页40。

傅抱石 松林溪瀑图 轴 纸本设色 52 cm×60 cm 辽宁美术出版社藏

　　所谓"游""悟""记""写"，就是傅抱石数年来写生创作实践的实在心得和切身经验。在一些演讲中，傅抱石联系自己的创作实践谈了许多切身的体会，解说创作技法，必要时还辅以现场示范和观摩作品，对当时的山水画写生与创作产生了不可低估的影响。

　　"笔墨当随时代"是傅抱石写生的基础，也是他晚年创作一再宣扬的观念。"我们要通过深入生活，到真山真水中去体察、感受，通过新的生活感受，力求在原有的笔墨基础之上，大胆革新，适应新时代内容发展的需要，在不断的写生活动中求得进步、求得发展。"[1]

当然，傅抱石还利用其他观摩会、座谈会、演讲会等就山水画写生或技法谈了诸如"中国山水画的空间表现""谈山水画创作""论皴法"等多个方面的内容，可归纳为写生创作经验谈。这些演讲都足以呈现傅抱石晚年创作的真实面貌，生动反映出他当年的思想观念和创作方法。多年后，这批材料经伍霖生整理成《傅抱石谈艺录》公开在大陆、台湾相继出版（四川美术出版社，1987年5月；艺术家出版社，1991年10月），成为研究傅抱石绘画思想、创作方式的重要材料。据伍霖生回忆，1962年春，南京师范学院美术系中国画教师外出写生前请教傅抱石写生经验，他结合自己的创作实践现身说法，将山水画写生归纳为"游""悟""记""写"，并逐一讲解；1963年，傅抱石在浙江写生期间，又应邀与浙江美术学院教师交流，再次畅谈写生问题。"游""悟""记""写"四字诀通过数次艺术交流，逐渐流传开来，在方法论上形成了相当的示范意义。更值得一提的是，所谓"四字诀"还由他整理编入南京师范学院美术系山水画教材，传播效应更是非同一般。[2]

因此，编者再次编选，组成"画理篇"系列，重点阐述，希望引起当前研究者和创作者的重视，并对当前的山水画创作产生借鉴意义。尽管如今与当年的社会环境、创作氛围迥异，但编者以为其所论内容仍有相当的参考价值。近年来，傅抱石后期绘画作品和速写画稿已由南京博物院整理出版，有兴趣的读者如果结合这批作品进行对比研究，并结合《在毛主席的故乡——韶山作画小记》《东北写生杂忆》等系列创作随笔阅读这些文章，其感受必定非同一般。

六、余论

"文字是思想的呈现"，古人多有通过选编文章来体现自己学术观点的传统，此次编者选择傅抱石的十余篇文章组成《傅抱石论艺》，其初衷和目的也不外乎如此。尽管这些篇目仅是傅抱石笔耕墨耘数十年的一小部分，但足以代表他一生著述的精髓，充分体现了他在画史研究、

1傅抱石：《谈山水画写生》，《傅抱石谈艺录》，页42。
2伍霖生：《傅抱石谈艺录》，"写在前面"，页3。

傅抱石　无限风光在险峰　轴　纸本　设色　137cm×68cm　1965年7月　天津博物馆藏

傅抱石 西那亚开罗皇宫工人疗养院 轴 纸本 设色 48.2cm×56.5cm 1957年7月

画学理论方面的真知灼见。编者真诚地希望，读者可由此窥察到画家的执着追求和睿智思考，并能从中感受到画家对历史、社会、自然、人生的终极关怀。

我们阅读傅抱石的著述，与欣赏其绘画作品一样，当然不能脱离他所处的社会和时代。他的许多文章深深地烙有时代的印记，1950年代以前的如此，1950年代以后的更是如此。如果离开特定的时代语境，我们将无法理解傅抱石所表达的真正意图，而只是缘木求鱼、刻舟求剑。

如果进一步将傅抱石的一系列著述落实于其绘画创作，我们就会发现，1950年代以前，他的作品与著述保持高度一致，他始终坚持以独立知识分子的立场、从民族文化的高度进行思考，从事具有中华民族文化精髓意义的创造。1949年以后，傅抱石几乎处于一个激烈的变化之中，其思想和艺术行为也似乎是尖锐对立的。在强大的政治压力下，傅抱石不得不迎合并不断进行调整，不可避免地存在一定程度的人格扭曲和心理裂变。冷落、观望、迎合、得势、内疚、懊悔自我丧失、再迎合、大得势、大失自我、心有不甘……这种过程可以从其1950年以后的一系列著述中充分体会。但是，傅抱石作为一位知名的美术家，"必须选择在历史的迷雾中前行"[1]。当时，尽管傅抱石在著述中不断宣扬文艺为社会主义生活服务，并忠实地执行中国共产党的文艺路线，但是他不像一般画家完全照搬"时代标签"性的实在景象，而是以他习惯的诗意化的内敛方式来表现新事物、新生活。从某种程度上说，傅抱石适当地将注意力从外在的喧哗转向内在的宁静，从热闹的景象转向深邃的意境，这在当时的确与众不同。有目共睹的是，傅抱石在确保作品整体的艺术性和笔墨品质的同时，往往对画面主题做了巧妙的安排，使得绘画在规定的题材范围内既能刻意求新又能明哲保身，隐隐含有一些较为文雅的趣味倾向，透露出根深蒂固的文人气息。显然，他与生俱来的浪漫气质和多年来的习惯作风起到了决定性的作用，使他的晚期创作与同时代的许多画家拉开了距离。这是编者必须强调的，也是读者在阅读他晚年著述时需要加以体会的。

2009年4月稿，两年后修订

　　按：本文初为"近现代名家论艺经典文库"《傅抱石论艺》（上海书画出版社，2010年1月）之导言。2014年12月，中国美术学院潘天寿纪念馆举办"中国画学论坛"第二回"中国近现代思想与绘画"论坛，应邀与会并做主旨演讲《傅抱石的画学思想及其绘画》。会后在导言基础上删节成文《傅抱石美术思想散论》，发表于与论坛同名的演讲集《中国近现代思想与绘画》（中国美术学院出版社，2016年8月）。

---

1 包苙：《关于"改造国画与国画家——傅抱石"部分的通信》，南京，《画刊》2007年第4期，页31。

中辑

我认为一幅画应该像一首诗、一阕歌，或一篇美的散文。因此，写一幅画就应该像作一首诗、唱一阕歌，或做一篇散文。

学术与绘画的互动

——傅抱石《画云台山记图》卷探究

《画云台山记》乃东晋顾恺之所作、经唐张彦远《历代名画记》著录得以流传于世的三篇画论文章之一，是研究顾恺之其人其艺的重要资料，一向受到美术史学者重视。然亦如张彦远感叹"自古相传脱错，未得妙本勘校"，《画云台山记》文字诘屈，难以句读，历来争议颇多。

现代学术史意义视域下的《画云台山记》研究始于日本。汉学家近藤元粹首先对其进行句读，东方美学家金原省吾则在《支那上代论画研究》中分析诠释其内容，成为研究《画云台山记》的先驱。在金原省吾看来，《画云台山记》是顾恺之基于自然的、动人的山水画设计方案。

1933年12月，日本东方文化学院京都研究所伊势专一郎发表了倾四年之功而成的《自顾恺之至荆浩·支那山水画史》，寻究出"自东晋顾恺之至五代荆浩凡五百年山水画历史的演进方向"，被誉为划时代的著述。在此著中，伊势专一郎将顾恺之视为中国山水画的起源，通过与《女史箴图》的比较，论证《画云台山记》是一篇预想之物，进而阐释中国山水画的非现实性。对此，汉学巨擘内藤湖南作诗称赞："院体士夫宗派分，近时陈董亦纷纷。谁知三百余年后，一扫群言独有君。"[1]

1934年3月，傅抱石师从金原省吾学习中国美术史，开始关注顾恺之的若干问题。由于伊势专一郎《自顾恺之至荆浩·支那山水画史》与金原省吾《支那上代论画研究》有关顾恺之《画云台山记》存在着截然不同的论述，他展开了细心的对比式阅读。当时，傅抱石与金原省吾同时阅读，交流心得，但两人目的有所不同，金原省吾注意的是山水画和顾恺之的关系，而他自己则关注伊势专一郎对于顾恺之《画云台山记》

1傅抱石：《论顾恺之至荆浩之山水画史问题》，上海，《东方杂志》第32卷第19期，1935年10月，页177—178。

如何解释与处理。[1]1934年12月，傅抱石撰成读书报告《论顾恺之至荆浩之山水画史问题》，针对伊势专一郎的讹误提出诸多质疑，逐条批驳，经金原省吾润色，先后发表于《东方杂志》第32卷第19号（1935年10月）、日本《美之国》第12卷第5期（1936年5月）。

在傅抱石看来，《画云台山记》是一篇难读的古文，要读懂《画云台山记》、了解顾恺之画学思想，必须首先了解其背景，尤其要先理解词义和还古书以本来面目，也就是先求文本的真实、全面、准确，然后才能进入其思想艺术境界。因此，他需要做的就是校正文字、诠释词义、说明背景。

后来，傅抱石锲而不舍，持续钻研了六七年之久。1940年2月，他以解释《画云台山记》为中心，写成《晋顾恺之〈画云台山记〉之研究》，重新断句释义，纠正讹脱字句，解决疑难问题，大体恢复了若干本来的面目。第一段：

> 山有面，则背向有影，可令庆云西而吐于东方清天中。凡天及水色，尽用空青，竟素上下以映日（之）。西去山，别详其远近，发迹东基，转上未半，作紫石如坚云者五六枚，夹冈乘其间而上，使势蜿蟺如龙，因抱峰直顿而上。下作积冈，使望之蓬蓬然凝而上。次复一峰，是石（在）东邻向者，峙峭峰西，连西向之丹崖，下据绝涧。画丹崖，临涧上，当使赫巘隆崇，画险绝之势。

对此，傅抱石解释：山背有影，要画庆云自西向东冉冉而吐。满幅绢素都敷染空青，以映出天、水色和冉冉而东的庆云，因为通篇并未涉及朝暮，所以"竟素上下以映日"的"日"字或许是"之"字之误，即用空青满满涂上以映"之"。所谓"西去山"即可明白，自东记起，向西去的山，应详其远近，发自东基，在转上未半之时，作五六枚紫石，夹冈而上，其势如龙，抱峰直顿。自东向西去蜿蜒的山为主峰之一，其位置是自右下向左上屏立着。屏立的主峰之下，作随峰起伏的积冈，凝结向上。在屏峰积冈稍西的地方，再作一峰，与东峰相邻，所以峙峭东峰之西和西向的丹崖，下据绝涧。"石"字可能为"在"字之误。最后

1傅抱石：《中国古代山水画史的研究》，上海，上海人民美术出版社，1960年3月，页13—14。

描写丹崖绝涧的精神，以便插上第二段天师及其弟子的主题。第二段：

天师坐其上，合所坐石及阴，宜涧中桃傍生石间。画天师，瘦形神气远，据涧指桃，回面谓弟子。弟子中，有二人临下，到（倒）身大怖，流汗失色。作王良，穆然坐，答问。而超（赵）升神爽精诣，俯盼桃树。又别作王赵趋，一人隐西壁倾，岩余见衣裾，一人全见，室中使清妙冷然。凡画人，坐时可七分，衣服彩色殊鲜，微此"不"正，盖山高而人远耳。中段东面，丹砂绝萼（崿）及荫，当使嵾嵳高骊，孤松植其上，对天师所"临"壁以成涧。涧可甚相近，相近者，欲令双壁之内，凄怆"澄"清，神明之居，必有与立焉。

由于"赵升"问题的解决，傅抱石认为本段不难明白。他判断《画云台山记》虽未有朝暮的限制，却写的应是仲春之景。他解释云：第一句，天师坐其上的"其"字，是第一段所记赫巇隆崇的丹崖，在崖下涧中的石旁应生一株桃树。第二句说天师表情，即"据涧指桃"用"回面谓弟子"。弟子中有二人临下，倒身大怖，流汗失色。王良穆然答问，赵升聚精会神地俯盼桃树；于此共有弟子四人。第五句的"又别作王赵趋"是指在"答问"和"俯盼桃树"的王、赵之外，于同一画面"别作王（良）、赵（升）"。下文的"一人隐……""一人全见……"的语气，显示出"别作的王赵"与答问的王良和俯盼桃树的赵升无法密尔，因此须隔出一个相当的距离画出。"清妙冷然"的室中，在丹崖绝涧之中，并非不适宜建筑，但由于第一段没有房屋设计的表示，于是王、赵的"室中"，应和第二、三、四句的天师及其弟子中间，有景色当作间隔。第六句"衣服彩色殊鲜，微此不正……"，因为顾恺之主张"实对"，所谓"空其实对，则大失；对而不正，则小失，不可不察也"，所以"坐时可七分，衣服彩色殊鲜"，如果不如此，即不"正"，即是"小失"；而山高人远，衣服的彩色还要鲜明，乃因唐以前的中国绘画是"色"的世界，实是突出主题的手法。第七句的"中段"即是王、赵之间的右段，而"丹砂绝崿"是位于"天师坐其上"的"赫巇隆崇"的相对面，上植孤松，两壁"欲令双壁之内，凄怆澄清"，意味着天师坐的地方不能够随便。在傅抱石看来，这一段的惨淡经营为云台山图最精彩的重要部分。第三段则开始全图的布景：

可于次峰头作一紫石亭丘（立），以象左阙之夹高骊绝崿，西通云台，以表路（道）路。左阙峰似（以）岩为根，根下空绝，并诸石重势，"与"岩相承，以合临东涧。其西石泉又见，乃因绝际通冈，伏流潜降，小（水）复东出，下涧为石濑，沦没于渊。所以一西一东而下者，欲使自欲（然）为图。

傅抱石解释，第一句的"丘"实为"立"之误，说在东段屏峰相邻的次峰头上画一亭亭直立的紫石。此时，顾恺之视线西移，觉得在前述"次复一峰"之上画一紫石使像左阙（孤松像右阙），而在高骊绝崿之旁，还须表示从此有路通向西段的"云台"。"以表路路"的"路"字重文，可能上一字是别字的衍误，暂以"道"字代替。第二句是第一句承续，左阙就是"亭立"的紫石，"左阙峰"就是东段的"次复一峰"。"左阙峰以岩为根"，因为它峙峭而下有绝涧，所以根下不再施画，利用"诸石"的"重势"和"岩相承"，而向东涧没去，此乃山水画最常见的构图。第三句记西边的石泉，因为凭空画了"通冈"，泉水复向东边的涧中流出，经过许多碎的石头而沦没于渊。第四句"所以一西一东而下者，欲使自然为图"，为感叹之言，山水画便是师造化。第四段则是对主题的云台画龙点睛式的设计：

云台山西北二面，可一图（冈）冈（围）绕之。上为双碣石，象左右阙，石上作孤游生凤，当婆娑体仪，羽秀而详，轩尾翼以眺绝涧。后一段赤岅，当使释弁如裂电，对云台西凤所临壁以成涧，涧下有清流。其侧壁外面，作一白虎，蒟石饮水，后为降势而势。

傅抱石修订第一句，为"云台西北二面，画一冈围绕起来"。在他看来，这种技法是山水画中常用的手段，一方面可以技巧性地结束画面，一方面又可以显示下面或左右建筑物的幽邃庄严。第二句记围绕云台山西北两方的冈上装饰，两方碣石表示左右阙的样子，南向的云台后面，应该点缀这类东西。在双碣石上，各画单凤，姿态婆娑，羽毛清楚秀丽，张开尾翼看着绝涧的神气。第三句"后一段赤岅"的"后"字，应看作冈的西北面，除了装饰双碣石的冈之外，还需相当谨严的笔墨，于是再接上一段较荒率清淡的描写，"当使释弁如裂电"是指笔法而言。这段赤岓，对着云台冈上左阙（即西碣）的碣石，形成深涧，涧下有流水，还要在赤岓的侧壁外面，画一只白虎，匍匐在石上饮水，然后赤岓渐渐下降，以至消失。于是，云台山图始告完成。

傅抱石通过研究认为，第一段至第四段是把《画云台山记》整个画面自东段（右）、中段（中）、西段（左）的构图，记述紧凑细致。第五段乃是总括，是对于全画面再施以美的加工。第五段：

> 凡三段山，画之虽长，当使画甚促，不尔不称。鸟兽中，时有用之者，可定其仪而用之。下为涧，物景皆倒作。清气带山下三分倨一以上，使耿然成二重。

傅抱石认为此段文义清晰，可解释为：三段山是以东段的峰冈、中段的天师及其弟子和西段的云台双碣为中心，"使画甚促"是紧凑严密的意思。第二句说全图中可以视画的必要而时用鸟兽。第三句说下面有流水的涧，要画物景的倒影。第四句说在山下三分之一的地方，画一段薄薄的云气，以使画面更为深厚，好似两层的光景。第三、四两句，一是抶出涧（水）中的景物应该倒作，一是借清气增加画面（山）的活泼和意境。从画学上看，这是既新颖又合乎科学的说法，是关于自然之实对和画面空间的支配。[1]

综上所述，傅抱石在诠释词义的基础上分析原文的基本思想，逐字逐句，由字词的注释而上升到句、段及全文的理解，运用综合分析，给予全面解释和充分说明，大胆提出了自己的创见。几年间，他潜心用功于《画云台山记》，进行校勘补苴，剔除衍文，增订脱文，改正讹文，祛正倒文，条分缕析，为人们提供了一个尽可能真实可靠的《画云台山记》读本。这里，他借《画云台山记》的探究说明东晋山水画在空间上如何表现与安排的问题，完全以现实之景物出发，进一步驳斥伊势专一郎的"非现实、抽象"之说。他认为，《画云台山记》应是顾恺之阐述云台山图横卷的构图设计，"从东段（右）的景色描写开始，即景而向西段（左）写去"；顾恺之不是一位徒精技巧的画家，他对天师及

---

1 参阅傅抱石：《中国古代山水画史的研究》，页20—25。

傅抱石 虎头此记自小生始得其解 寿山石
1.6 cm×1.6 cm×4cm 1940年2月 南京博物院藏

其弟子的形神动作、山涧的远近深浅、配景的高低位置，都有精湛的发挥；他对于人物，是主张"实对"的，主张"全其想"的，但因为历史人物欲以实对是不可能的，所以《画云台山记》便侧重于天师及弟子群的精神刻画。顾恺之关于自然之实对和画面空间支配的科学性描写，实为中国画史上的奇迹，对中国绘画尤其是山水画有着巨大的影响[1]。通过研究《画云台山记》，傅抱石对中国山水画的发源提出新的观点：东晋的山水画有像顾恺之画云台山这样的经营，绝不是人物背景或依附宫观像张彦远及其以后诸家所说的那样幼稚；并得出结论：顾恺之不但是一位杰出的人物画家，同时还是一位山水画家。

就在完成《晋顾恺之〈画云台山记〉之研究》后不久，傅抱石镌刻"虎头此记自小生始得其解"章以志纪念，自得之情溢于言表。1941年4月，此文连载于《时事新报》副刊《学灯》第117、124期，取得了极好的反响，诚如他自述："发表以后，很快的便得到不少的读者来信，或询问某些情况，或商量一些问题。……大部分的读者来信鼓励我继续努力把中国古代山水画史的轮廓建立起来。"[2]

正是对顾恺之《画云台山记》的深入研究，引发傅抱石对中国山水画的产生、发展形成了新的思考和认知。1941年夏天，他相继完成《唐张彦远以来之中国古代山水画史观》《隋代以前中国古代山水画史问题》二文，合《晋顾恺之〈画云台山记〉之研究》组成《中国古代山水画史——以顾恺之〈画云台山记〉之新发现为中心》，耙梳典籍文献，

1傅抱石：《中国古代山水画史的研究》，页19。
2傅抱石：《中国古代山水画史的研究》，页50。

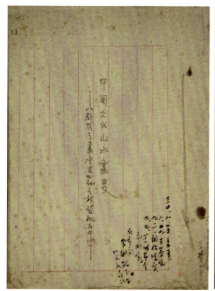

傅抱石 中国古代山水画史——以顾恺之《画云台山记》之新发现为中心 手稿 29页
1941年9月 南京博物院藏
傅抱石 中国古代山水画史的研究 上海人民美术出版社 1960年3月

考察美术文物资料，对中国山水画史追根探源，勾勒出一部鲜活的早期山水画发展史。1942年9月，《唐张彦远以来之中国古代山水画史观》《隋代以前中国古代山水画史问题》分别刊载于《学灯》第194、195期。从学术史的角度来说，傅抱石以顾恺之《画云台山记》为中心的早期山水画史研究体现出恪守传统史学经脉，成为20世纪前期最为重要的绘画史个案成果，促进了相关课题的不断深化。

为了证明顾恺之《画云台山记》"主要是阐述山水画《云台山图》的情节、构图、处理设计，并且这一设计绝非空洞敷陈之作，而是非常的具体细致，不仅可读，而且可画，每句话都能用具体形象表现出来，以证明当时的山水画已经发展到一定的水平"[1]，傅抱石别出心裁地依据顾恺之原文，构画《画云台山记设计图》《画云台山记图》以形象地说明问题。

---

1 叶宗镐：《傅抱石作品研究》，《中国画研究》编辑部编：《中国画研究》总第8期（傅抱石研究专集），北京，人民美术出版社，1994年10月，页191。

傅抱石 画云台山记设计图 卷 纸本 墨笔 33 cm×115 cm

傅抱石 画云台山记图 卷 纸本 设色 31 cm×123 cm 1941年4月 南京博物院藏

傅抱石 画云台山记图 卷 纸本 墨笔 33 cm×117 cm 1941年5月

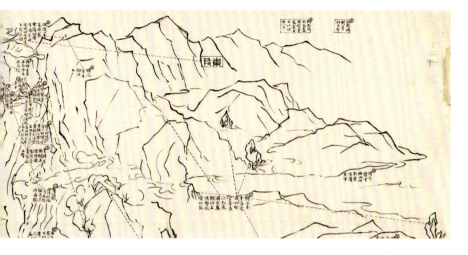

　　《画云台山记设计图》依据《画云台山记》内容，分五段四十三点进行逐句描画，将所记山、水、树、石、鸟、兽、山寺、人物等相关位置都清楚绘出，并以原文附注一旁。全图以山峰为主体，山岳的形体如同一般山水所见，人物及动物的部分比例相对较小，只为点景之需，可视为一幅山水画的草图，正如他自述："现在据我研究的结果推测制成《画云台山记》的设计图，把全记分为四十三点，每点各予以严密的阐述。所指的物事（或位置），用虚线表示它，其泛指的话，则加直线围起。这样，不但可以证明这《画云台山记》不是空洞敷陈之作，还证明了这记中的经营设想是如何的细致生动。因此我又按照我的设计，再施以渲染，画成了一幅山水画。假使我所研究的结果，能够裨补千五百年前关于山水画的真面目，则中国古代山水画史建立的工作，或不难观其成了。"[1]

　　1941年4月，傅抱石在设计稿基础上继续深入，精心创作了《画云台山记图》设色卷，努力以图像再现《画云台山记》，青绿着彩，辅以赭红，以淡淡青色映出水色、天色和云雾，近山与远山相隔的留白处似云雾缭绕，自西向东冉冉而吐，再现了顾恺之所言"清天中，凡天及水色尽用空青，竟素上下以映之以西去"之意。山体走向与云雾吐露的方向一致，从右下角的东边开始，缓缓向上延伸，画五六枚紫色的竖石，其势似龙。向下乃随着主峰起伏的山冈，隐约连接稍微偏西北方的山峰，主峰之旁、陡壁之下乃一潭清涧，桃树初发，一蓝一白两男子抬头仰望山崖；天师衣着鲜艳，端坐于山崖之上，手指桃树，似在讲道布法。次峰西去，乃两小山丘，围绕着山寺，而大片远山不断延伸，近景山石经营形成深涧，泉水汩汩东流，有白虎匍匐喝水，一派神秘之境。

　　这里，山寺、树木、溪水、点景人物依稀可见山水传统的古典风格，在一定程度上呈现出从学习石涛绘画逐渐走向自我的一个动态发展过程。全图以淡花青轻染远山，以细线勾勒近山和坡石轮廓，并作精心的点染和皴擦，粗放结合，开始以大块体积分配画面，配合色彩的变化表示山体的层次，呈体积感却无逼人之势，初步展示出自己独特的笔墨形式。山腰楼阁隐现，旁侧树木斜出，益显山坡之陡峭，点景人物描写精细，衣纹起伏转折俱呈动感；而山石上杂树的处理方法保留着石涛树

1傅抱石：《中国古代山水画史的研究》，页19—20。

法的痕迹，丛木结聚，或勾点或圈叶，组织紧密却层次分明，极见用心。画面气氛较恬淡闲适，略有出尘脱俗之致，直现仲春复苏之境。

在抄录《画云台山记》校勘之后，傅抱石颇为自得地感叹："右东晋顾恺之《画云台山记》，余所考定者也。唐乾符顷，张爱宾（彦远）撰《历代名画记》称'自古相传脱错，未得妙本勘校'，故其论画山水树石，仅得溯源于隋之杨契丹、展子虔，千载以还，已成定论。余维恺之此记，寄想高远，经营周详，乃据拙获写为此图，其间丹青点缀，固不逮恺之胸中之旨于万一，而丘壑位置或大体近是，盖千五百余岁不章之队绪发而成象，□□殆第一次，工拙原非所计也。"最后，傅抱石小心钤盖朱文方印"傅"、朱文长方印"印痴"、朱文方印"抱石斋"等三印。

几乎同一时间，傅抱石还创作了尺寸相当、构图也大体相当的《画云台山记图》水墨卷，似乎在考虑青绿设色与水墨晕章之间的差异。端阳佳节（5月30日），他终得完成，小楷题录《画云台山记》全文，并不无感慨："右晋顾恺之《画云台山记》，余所考定者也，唐张爱宾撰《历代名画记》称'自古相传脱错，未得妙本勘校'，故其论山水树石，仅得溯源于隋之杨、展，千载以还，遂成定论。余维恺之此记，经营周详，寄想高远，乃据拙获，构为此图。其间笔墨点缀，固不逮恺之弘旨于万一，而位置丘壑或大体近是，盖千五百余岁不章之队绪，发而成象者。此幸第一次，工拙原非所问也。"有迹象表明，傅抱石对此次的水墨创作更为满意，故在画卷上钤盖白文长方印"傅氏"、朱文方印"抱石"、朱文长方印"印痴"、朱文方印"抱石入蜀后作"、朱文方印"抱石斋"、白文方印"虎头此记自小生始得其解"诸印，朱痕累累，尤其是白文方印"虎头此记自小生始得其解"清楚地透露出他愉悦轻松的心情。

《画云台山记图》水墨卷亦依据《画云台山记》的文字内容，精心设计，刻意安排，借由山势的错落放置、山间的烟岚效果，以水墨的浓淡干湿凸显景象远近之关系，而使全图合乎自然的空间结构，即顾恺之所谓的"实对"。至于笔墨经营，峰峦、烟云、树木、溪泉、人物等物象基本师承传统画法，譬如树木与树叶也不外乎勾、皴、染、点等，先画树干再点树叶，然后一一叠加，集数株为一丛，具有浓厚的样式化意味，区别于后来的"破笔点"画树、点叶以水墨渲染的样式。而山涧溪水亦如传统，以线条表现水的波纹，与其后的散锋波浪皴画水之法迥

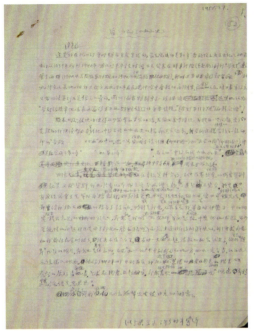

傅抱石　《中国古代山水画史的研究》后记　手稿 1页
1958年3月　南京博物院藏

异。但是，山岳的轮廓线与山石块面几乎没有用中锋规矩勾勒的线条，以散锋笔法成之，细碎的线条有意打破传统山水画里惯用的连绵线条性及区别物象的轮廓线，较为真实地表现了岩石的肌理质地，同时采用接近自然的水墨渲染之法增加画面的阳光和空气感。这种浓淡、跳跃、飞动、疏密的不规则并带有偶然性意趣的皴擦之法，灵动地表现了山岳、云雾和空气的透视感。与设色卷相比，水墨卷景物安排相对丰富，尤其是中部山体的处理更为严谨合理，粗中见细，肆意挥写，更显潇洒之致。但因水墨为之，画面没有设色卷相对明丽的仲春之景，而呈现出一派荒寒寂寥的气氛。

当日，傅抱石动手拓裱，甚为用心。多年后，他为《中国古代山水画史的研究》撰写后记，仍记忆犹新：

那天正是端阳节，上午就有过空袭警报，下午我还是小楷题署完毕，（接着就自己动手装裱起来），因为，重庆正被敌机疯狂的轰炸过，裱画店也遭到日本帝国主义的破坏，无法为艺术家服务了。我自己也不放心，接着就自己动起手来。我只有唯一的吃饭的一张桌子，先分段，后连接，没有"包首"，恰恰我大孩子的袍面子用以借用，没有轴子，就拣一块干透了的木柴，慢慢磨光使用着。[1]

1南京博物院编：《傅抱石著述手稿》，北京，荣宝斋出版社，2007年12月，页244。

9月27日，郭沫若应邀为《画云台山记图》卷题诗四首：

画记空存未有图，自来脱错费爬梳。

笑他伊势徒夸斗，无视乃因视力无。

（日本伊势专一郎曾解此画记，自言无视任何人著作，绝不依傍。）

乱点篇章逞霸才，沐猴冠带傲蓬莱。

糊涂一塌再三塌，谁把群言独扫来？

（内藤虎题伊势书有诗四绝，其中一首有"谁知三百余年后，一扫群言独有君"句，然伊势于原记实未能点断句读也。）

识得赵升启楗关，天师弟子两斑斑。

云台山壑罗胸底，突破鸿蒙现大观。

（记中赵升一名误为超升，经君揭发，洵有突破鸿蒙之感。）

画史新图此擅场，前驱不独数宗王。

滥觞汉魏流东晋，一片汪洋达盛唐。

（自来以山水画始于唐，近人或主当导源于刘宋时代之宗炳与王微。读君此图及画史，知其源流更远矣！）[1]

这里，郭沫若为回应内藤湖南对伊势专一郎的赞辞，也大力称颂傅抱石研究《画云台山记》的突破，完成了文化意义上的对抗互动。在郭沫若眼里，傅抱石孜孜不倦地探索与发现，俨然具有弘扬民族文化的使命了，亦如宗白华在刊发《晋顾恺之〈画云台山记〉之研究》的《时事新报》编辑后语中所言"《学灯》很荣幸地发表这篇学术上战胜敌国的重要发现"[2]。10月26日，文史学家沈尹默应约题跋水墨《画云台山记图》卷，感慨万千：

右图为抱石依顾长康所记而成。旅中丹青不备，故以水墨为之，具其大要而已，即此已见经营之妙。笔墨超俊苍拔，迥出尘凡，并世实罕其匹。抱石未作此图时，关于长康之记研几至久，是正讹脱，辨析句

---

[1]此四诗发表时，用字略有改动，"爬梳"改"耙梳"，"夸斗"改"夸负"，"冠带"改"冠戴"。见《郭沫若文集》之《题〈画云台山记图〉卷》一文。

[2]傅抱石：《中国古代山水画史的研究后记》，《傅抱石著述手稿》，页243。

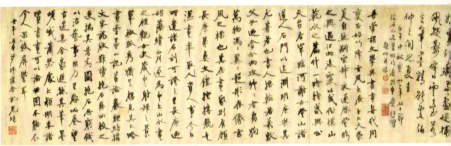

傅抱石 画云台山记图 卷 纸本 墨笔 28.4cm×163.9cm 1941年12月

读，遂秩然明白可诵。……长康本以人物显名，然就此记中"山高人远"句察之，知是图所重不在人物而在云物山川，即看为当时设计拟作一幅山水画正无不可。抱石以为山水画创始于长康，此论颇的，固不必问《云台山图》之果有与无也。近数十年来，无论日本或欧美人士，大抵喜谈吾国学术文艺，侈然以汉学家自命者，随在而有，然能真识吾国文字者实不多见。即号为识字而往往不解句读如伊势之流，正复何限？内藤较为通达，亦不能察其谬舛，他可知矣。整理国故，要是吾辈自身事，不当委诸异邦人，抱石能发愤竟此业，良足快慰！值此多难，物力维艰，区区装池，亦不易了办。此卷装成，一切所需皆出于抱石手制。昔米老得晋贤名迹，辄躬自裱褙，不图此风今犹未沫，可喜何似。[1]

这里，沈尹默将傅抱石的《画云台山记》研究提升至整理国故的高度，自然赋予其神圣的文化使命。与此同时，他还将傅抱石《画云台山记

1傅抱石：《中国古代山水画史的研究》，页48。

图》卷的创作与北宋米芾裱褙名迹相比，又赋予其更博雅的文化精神。中日争长、古今互动，傅抱石的学术和创作活动在抗日战争的历史语境中自然承载了现实的时政意义，成为激发国人爱国热情和抗日斗志的武器。

在激赏之余，沈尹默又从纯学术的角度对傅抱石的研究委婉地提出了三点商榷意见：

余与汪君旭初取其观之，叹其用心之细，致力之勤，唯尚有三数处可商榷者："凡天及水色尽用空青竟素上下以映日。"此文上有句云"清天中"，则晴朗可想，即当见日，竟素上下，用空青烘染者，盖期映托日色四出之光晖也。若易"日"字作"之"字，"之"必有所代，谓指上所言"庆云"邪?云仅吐于东方清天之中，似不须竟素上下烘暎之也。故知"日"字实不误。视此，则图中尚须画日，且当显现日之光辉。是知此图，原定着色者，非如此，图即不成，此层最关重要。其次，"弟子中有二人临下到身大怖"句中之"到"字，原非误，

"到""倒"古今字也。又"别作王赵趋，一人隐西壁倾岩，余见衣裾"句中"岩"字当属上读作"倾岩"，谓西壁岩之斜倾出者，如此正可隐人也。"凡画人坐时可七分，衣服彩色殊鲜微"，若仍将"鲜微"二字连读，意谓虽鲜明而微茫者，则其下"此正"句中，不烦添一"不"字，意义正自可通。因山高人远，画作衣彩鲜微，此实"正"也。以上是与旭初谈论所得者，写出以供参考。[1]

对于沈尹默中肯的修正意见，傅抱石表示虚心接受。为了回应沈尹默的批评，他于冬至（12月22日）再次绘成《画云台山记图》水墨卷，并详细说明创作原委："右东晋顾恺之《画云台山记》，余最近重为考定者也。端午中秋间，曾据拙获撰成《中国古代山水画史》，附所作《云台山图》卷，以资参证。是殆千五百年前不章队绪，发而成象之第一次。因手加装裱，承沈尹默、郭沫若两公惠予长跋，沈公且与汪旭初先生就拙撰详加究论，如'竟素上下以映日，一人隐西壁倾岩，衣服彩色殊鲜，阙石上作孤游生凤'诸句，均有重要之订正或指示，爰重构此卷，于日光及双碣略有改饰，惜仍无法得丹青缣素，使与古合也。沈公谓晋宋壁画最盛，且多成自数人之手，恺之此记或即预为写壁而作。此点实发前人所未发，有关中土画史者弥巨，并记之，以志钦迟。"在题识之后，他恭敬地抄录郭沫若诗跋七绝四首，钤盖白文方印"傅"、朱文方印"抱石"、白文方印"抱石长年"、朱文长方印"印痴"、朱文方印"抱石入蜀后作"、白文方印"虎头此记自小生始得其解"、朱文方印"抱石斋"诸印。对于这次学术延伸于绘画的创作活动，傅抱石自然颇为得意，因而一再以"成象之第一次"强调，如同"虎头此记自小生始得其解"一样。

与端午完成的《画云台山记图》水墨卷一样，此卷水墨皴擦晕染，亦呈现出"过渡期"的面貌，令人们真实地认识到傅抱石画风转变之轨迹，"具有一种放弃局部与个别事物之精描细写，而成全整体画面浑融一体之倾向"[2]。或许已有先前水墨卷的经验，此次创作显得更加熟稔。傅抱石删繁就简，并依据沈尹默的意见，对图像处理做了若干修正。由于增加了尺幅，本卷景物安排相对疏散，空间结构也并不局促。

---

1 傅抱石：《中国古代山水画史的研究》，页47—48。
2 张国英：《傅抱石研究》，台北，台北市立美术馆，1991年7月，页62。

就技法而言，《画云台山记图》卷迥异于早期山水的传统手法，又有别于成熟期山水的习惯形式，也完全是1940年代过渡期的绘画特色。傅抱石早期以师古为主，山岩着重于中锋出之，枯渴干笔勾勒、皴擦，再敷以淡墨轻染，笔墨严整细致，构图营造则以层层山峰堆叠而成，勾染之间、点线面之间泾渭分明，缺乏后来风格中大块画面的磅礴气势和鲜明的空间层次感。而《画云台山记图》卷以淡墨轻染远山，以大笔涂抹近山和坡石，并作精心的点染和皴擦，那种以轻微渲染来冲淡山体轮廓线的试验性表现方法得到强化，山石轮廓的线与山石的面几乎一气呵成，以线破线，块面经营，消融山体的轮廓线，真实表现出岩石的质地肌理，已不再是传统山水画中所习见的笔墨样式。当时，"抱石皴"法尚未完全形成，山石块面含糊，树法粗放，只觉得水墨与皴法融为一体，皴擦点染同时并用，墨沨淋漓，乱头粗服，混沌一片，整体效果很好，可视为"抱石皴"的前奏。

壬午（1942）五月，即傅抱石画展前夕，文学史家胡小石观赏此卷，欣然提笔，洋洋洒洒地书写了数百言：

吾尝谓，文学与书画，每代同变。正始以降，玄风大张，士大夫崇美自然。嗣宗叔夜，遂启登临之兴。过江而后，浸以成俗，模山范水之篇什，一时特盛。兴公天台，右军临河，谢女登山。诸道人石门，以迄渊明康乐，其尤著者也。书人操翰，若羲献父子，乃舍分而攻。草草者刍狗，万物冯冯翼翼，超形存像，玄风之标也。其在画家，则有顾长康。鼎彝文镂，控抟飞走，汉画率取人资人事，今日所遗诸石刻可证之。至长康乃始藻绘山川，遂为中上山水画之祖。观《女史箴》中射雉之景，单椒孤秀，犹足相见大略。《画云台山记》，首论岩壑结构，文字讹脱难读。抱石再四校之，更揣其意为图。抱石忍穷饿以治艺事，用力至勤。此卷忘古遥集，含毫邈然，其笔墨嵯峨，萧瑟处大类明季诸贤。书画可以论世，固不能不令人深致屏营耳。

1942年9月22日，傅抱石为即将举办的个人画展撰写序言，说明了创作的题材来源：

我搜罗题材的方法和主要的来源有数种，一种是美术史或画史上最为重要的史料，如《云台山图》卷，一种是古人（多为书画家）最堪吟味或甚可纪念的故事和行为。[1]

由此观之，傅抱石将《画云台山记图》卷视为"题材搜罗自画史的绘画创作，而非只是一幅为了学术研究而画的还原作品"[2]。这一系列创作真切地展示了画家从文字到图画的经营与寄想，不仅是一次画史研究的钩沉之旅，也是一次主动的艺术寻根的创作之旅。

1942年10月，傅抱石在重庆夫子池励志社举办了较大规模的个人画展，《画云台山记图》卷亦在其中，取得了一定的社会反响，也改变了时人对自己的认识。正如吕斯百所言，"一个画家之发现"，[3]寓居蜀地的傅抱石实现了从美术史家到画家的转变，并随着时间的推移，他以《画云台山记图》卷为契机，新旧技法不断融合，实现了绘画语言上的一次全新变革和审美观念上的一个彻底转折。于是，"抱石皴"最终得以充分展示，预示着中国画的光明前景。所以，《画云台山记图》卷系列可视为傅抱石个人艺术生涯中一个极为重要的转折点。

10月10日，刚在傅抱石画展得见《画云台山记图》的徐悲鸿应邀题诗："好事印痴兼画迷，捕风捉影写云台。若言笔墨精能处，伯仲之间见夏圭。"面对画卷，徐悲鸿联想起南宋画家夏圭，颇为赞赏地道出其烟岚飘渺、水墨氤氲的风格特点，肯定了傅抱石以大块体积造型的山水新作，惺惺相惜之心跃然纸上。

作为目前所见傅抱石入蜀后的早期作品之一，《画云台山记图》卷系列无疑成为其变革时期画风递变过程中一个重要的实物资料，见证了傅抱石山水画变革初期的发展轨迹，对于研究傅抱石山水画风格演变具有不可或缺的参考意义。

2016年5月30日完稿
《中国书画》2016年第7期

1傅抱石：《壬午重庆画展自序》，叶宗镐编：《傅抱石美术文集》，上海，上海古籍出版社，2003年9月，页328。
2李丽芬：《傅抱石对〈画云台山记〉的诠释与其国画改革的关系》，台北，"中央大学"艺术研究所硕士学位论文，2002年1月，页40。
3吕斯百评论傅抱石绘画的文章题目，见《时事新报》副刊《青光》1942年10月16日。

从《万松山馆图》看傅抱石早期画风递变

　　1935年6月，傅抱石负笈东瀛归来，任教中央大学教育学院艺术科，讲授中国美术史。受日本学术的启发，他在教学之余进行了数年的石涛研究，开启了现代中国石涛研究之先声。几年间，傅抱石笔耕不辍，不断考证和论述，锲而不舍地寻根探源，对石涛生平和艺术进行了深入的探究。随着《石涛年谱稿》《石涛上人生卒考》《石涛丛考》《石涛再考》《石涛三考》《石涛画论之研究》《大涤子题画诗跋校补》的相继脱稿或发表，他逐渐为人们提供了一个立体的、较为完整的石涛形象。1941年5月，傅抱石综合其研究成果，仔细耙梳石涛的生卒、言行、画业、活动等，编订完成石涛研究的大总结——《石涛上人年谱》，清晰地勾勒出石涛一生的简单轮廓，极具筚路蓝缕之功，在石涛研究史上功不可没。

　　就在完成《石涛上人年谱》后不久，傅抱石在金刚坡下山斋以康熙三十八年（1699）石涛为咸翁所作《山水册》第四帧题诗"露顶奇峰平到底，听天楼阁受泉风。白云自是知情物，随我枯心飘渺中"之诗意入画，绘制《万松山馆图》，题曰："万松山馆图（篆书）。白云自是知情物，随我枯心飘渺中。辛巳夏，抱石（行书）。"钤印"印痴"（朱文长方印）、"抱石之印"（白文方印）、"苦瓜诗意"（朱文方印）、"抱石入蜀后作"（朱文扁方印）。图中峰峦叠嶂，松林蓊郁，烟云飘渺，清泉出涧，一蓝衣高士独坐水榭，静观白云流水，聆听山水之间的天籁之音，形象地完成了石涛题画诗的图解。

　　1937年以来，傅抱石孜孜不倦地收集整理石涛散佚题画诗跋，精心考订，去伪存真，辑录完成七百余首规模的《大涤子题画诗跋校补》，探寻石涛的艺术思想和艺术踪迹。他通晓石涛诗文，对石涛的内心世界也有独到的领悟，可谓心心相通。所以，此时的傅抱石顺其自然地选择石涛诗意进行创作，诠释石涛诗的精神内涵。1941年1月26日，也就是

傅抱石　萬松山館圖　軸　紙本　設色　83cm×43cm　1941年6月

傅抱石 苦瓜诗意 寿山石 朱文 2 cm×2 cm×4.7 cm
1941年1月 南京博物院藏

庚辰除夕,傅抱石精心镌刻寿山石朱文印"苦瓜诗意",专门钤盖石涛诗意画。

所谓"诗意画",是以诗文为题材表达其内涵的绘画,除了阐释文学作品的内容,还要传达其意趣,以达画中物象与诗文情致交融之境。在中国,诗意画的创作有着悠久的传统。东汉桓帝时,刘褒取《诗经》所作《云汉图》《北风图》,是诗意画创作较早的例子。《云汉图》取自《大雅·云汉》,记叙周宣王忧国忧民,即位之初便与百姓共体时艰、穰旱祈雨的场景;《北风图》描写《邶风·北风》里卫国人民为逃避乱政而相偕出走的情景。《历代名画记》记载刘褒《云汉图》,"人见之觉热",《北风图》,"人见之觉凉"[1]。可见,其图像具有相当的艺术感染力。唐宋以来,诗意画创作兴盛不衰,特别是北宋徽宗朝画学以诗意画为遴选画士的甄试科目,从制度层面肯定了诗意图的创作意义,充分体现了古代"诗画一律"的文艺传统。

通常,诗意画的表现方式依画家选择和诠解诗文的情况有所不同,或图绘诗文全部的内容,具象其要旨;或摘取诗文短句,以诗眼统摄全文;或缘情而发,依诗文而又别开新意,以整体之情境氛围烘托诗文内涵,虽以表达诗文内涵为目的,但是画家的巧心营造,往往可能更添意趣,为诗文所不及,具有画龙点睛之妙。所以,诗意画是文学以笔墨铺

1〔唐〕张彦远:《历代名画记》卷四,页2下—3上。

陈图像的无声演出，是画家解读诗意之后再现诗意的成果，其题诗则是对图像文本的情思抒发。[1]

1942年10月，傅抱石在画展自序中表达了对诗画关系的独特见解："我认为一幅画应该像一首诗、一阕歌，或一篇美的散文。因此，写一幅画就应该像作一首诗、唱一阕歌，或做一篇散文。"[2]所以在题材选择上，他有意识地选择表现前人诗意，希企通过向山水画中注入某种情节、某种情感的方式，给程式化的传统山水画注入新的活力。由于数年的石涛研究经历，傅抱石浸淫于石涛的诗文世界，沉醉于石涛的精神情境，也深深折服于石涛其人其艺："这自是我多年来不离研究石涛的影响，石涛有许多诗往来我的脑际，有许多行事、遭遇使我不能忘记。当我擎毫伸纸的时候，往往不经意又触着了他。"[3]所以，在1940年前后的几年间，他撰文著书之余，首当其冲地选择石涛诗意画的创作，如《乱帆争卷夕阳来》（1942）、《深山有怪松》（1942）、《满身苍翠惊高风》（1943）、《萧然放艇学渔人》（1943）、《秋风吹下红雨来》（1944）、《暮年留眼但看山》（1945）等。同时，他还酝酿表现石涛一生的"史画"，陆续画出诸多石涛题材的作品，如《访石图》（1941）、《大涤草堂图》（1942）、《石涛上人像》（1942）、《送苦瓜和尚南还图》（1942）、《对牛弹琴图》（1942）、《石公种松图》（1943）等，无一不是他多年研究石涛之心得。通过石涛诗意画和石涛史画的创作，傅抱石心摹手追，完成了与石涛心灵上的时空对话。

众所周知，石涛古体诗功力甚高，往往不假辞藻，直抒胸臆，风格或委婉动人，或豪迈激昂，皆耐人寻味。即如"露顶奇峰平到底，听天楼阁受泉风。白云自是知情物，随我枯心飘渺中"，生动再现了石涛超然优游的隐逸情思。这里，一向狂狷的石涛表达出从容的心境，真所谓"枯心随云荡，独意任鸟飞"。顿时，一个"悠然渗入、宁静参悟"的高僧形象跃然纸上。在《万松山馆图》中，傅抱石以"松、泉"为主要元素，充分发挥水墨逸趣，图解石涛诗之意境。远景山石崚嶒，向上

---

1 参阅衣若芬：《观看·叙述·审美：唐宋题画文学论集》，台北，"中央研究院"中国文哲研究所，2004年6月，页266—271。

2 傅抱石：《壬午画展自序》，叶宗镐编：《傅抱石美术文集》，上海，上海古籍出版社，2003年9月，页324。

3 傅抱石：《壬午画展自序》，《傅抱石美术文集》，页329。

直冲，以散锋勾勒法为之，疾笔挥洒自如，即"露顶奇峰平到底"，而淡花青色的远山，则将画境推向深远；石间松树杂生，松石间缭绕的云气，为山石的巍然坚硬增添灵动之气，即"白云自是知情物"；近景松树郁茂，水榭临水而建，阁中高士独享林泉之乐，即"听天楼阁受泉风"，案几陈设皆刻画得精工细微，而与山石形成一种对比的趣味。正如傅抱石在《壬午画展自序》中所说："我对于画面造形的美，是颇喜欢那在乱头粗服之中，并不缺少谨严精细的。乱头粗服，不能成自恬静的氛围，而谨严精细，则非放纵的笔墨所可达成，二者相和，适得其中。我画山水，是充分利用两种不同的笔墨的对比，极力使画面'动'起来的，云峰树石，若想纵恣苍莽，那么人物屋宇，就必定精细整饬。根据中国画的传统论，我是往往喜欢山水、云物用元以下的技法，而人物、宫观、道具，则在南宋以上。"[1]无疑，整幅画面充分传递出"随我枯心飘渺中"之境界。

作为目前所见傅抱石入蜀后的最早作品之一，《万松山馆图》具有一种放弃局部与个别事物之精描细写而成全整体画面浑融一体之倾向，可视为傅抱石画风递变过程中一个有益的实物资料。就《万松山馆图》而言，傅抱石毫无例外地从石涛作品中获得灵感，前景偏重"乱柴皴""拖泥带水皴"，中景以后各种皴法交替互用，肆意挥洒，颇类似"乱麻皴""卷云皴""荷叶皴"之结合体。他还汲取梅清缥缈法、龚贤积墨法的长处，营造出水墨氤氲、墨彩交融的风格。同时，他适当运用日本留学期间接触到的横山大观、竹内栖凤等人的日本画法，以大块体积分配画面，配合色彩的浓淡变化，表示山体的层次，并造足空气感。画中下部之松林清晰可辨，逐渐向深处延展与山壁相接，靠近山壁部分的松藻已浑然一片而不辨其距离与层次。主山的描写又因为笔触与形态组织之单纯粗疏，因而难以识别彼此的空间远近和层次关系，这种浑融感与压缩的空间表现，便是傅抱石入蜀后绘画变革的主要特征之一。《万松山馆图》借由山势的错落放置、山间的烟岚效果、用墨的浓淡轻重，凸显景象远近的关系，使全图更合乎自然界的实质空间。当然，《万松山馆图》仍保留傅抱石早期山水的某些作风，松树林木和屋宇点景、笔墨组织和树叶表现形态等基本类似其留日时所作山水使用的

1傅抱石：《壬午画展自序》，《傅抱石美术文集》，页333。

笔墨形式，概念大致相同，唯熟练与胆识
有所增强，而益显简洁精练。

　　具体来说，《万松山馆图》中树木、
人物、山泉、溪流等采用传统画法，类似
傅抱石早期山水，颇具古意。以树木、树
叶为例，传统方式不外勾、皴、染、点等
各自独立的过程，先画主干然后点叶，一
株一株地画，然后集数株为一丛，样式化
的意味浓厚，《万松山馆图》即是此法，
迥异于傅抱石后来以疏密多变的"破笔
点"画树、点叶，再施以水墨淋漓的渲染
的技法风格。再就溪流而言，《万松山馆
图》里的山涧溪水一如传统，以线条来表
现水的波纹，也与傅抱石后来散锋波浪皴
画水法有所不同。但在山石的描写上，
《万松山馆图》呈现出迥然不同的景象。
傅抱石早期山水画以师古为主，山岩着重
于中锋出之，枯渴干笔勾勒、皴擦，再敷
以淡墨轻染，笔墨严整细致，构图营造则
以层层山峰堆叠而成，勾染之间、点线面
之间泾渭分明，缺乏后来风格中大块画面
的磅礴气势和鲜明的空间层次感。在《万
松山馆图》里，早年那种诸如《松崖对饮
图》以跃动的散乱皴线和轻微渲染来冲淡
山体轮廓线的试验性表现方法得到强化，
山石轮廓的线与山石的面几乎一气呵成，
散锋用笔，以线破线，细碎的线条有意打
破传统山水画惯用的连绵线条，并消融山
体的轮廓线，真实表现出岩石的质地肌
理，俨然不是传统山水画中所习见的"胸
中丘壑"的笔墨营造。有目共睹的是，这
种风格与其稍早前创作的《访石图》《画

傅抱石 松崖对饮图 轴 纸本 设色
133.6 cm×32.2 cm 1925年9月
南京博物院藏

傅抱石 访石图 轴 纸本 设色 46 cm×56 cm 1941年4月

云台山记图》如出一辙。所以，《万松山馆图》无疑是傅抱石变革时期新旧技法结合的代表性作品，对于研究傅抱石山水画风格演变具有不可或缺的参考意义。

此后的几个月里，傅抱石似乎沉醉在石涛"露顶奇峰平到底，听天楼阁受泉风。白云自是知情物，随我枯心飘渺中"的意境之中。10月28日，他又以此诗意创作《观云图》奉赠友人。比较而言，虽画同诗，但无论构图章法，还是意境营造都有所差异。从画题、画面分析，傅抱石的表现着力点显然不同，一为"观云"，更加突出山川之貌，一为"听松风"，强调"枯心飘渺"之境。石涛植松自娱，还有诗云："十万长松结屋安，茸茸细草叠峰寒。白头至此无烦虑，每到春来独自看。"《万松山馆图》就是通过"松"的主题表现出石涛的精神世界。在荒寒氛围中，"高士独对空山、静听松风的怡然之态，有一种阅尽沧桑、灵魂净彻的超然；高士独坐无傍，以长松为伴的洒脱，也似乎正与石涛这位'伤心磊落的艺人'的独特气质相契合。"[1]尽管意境有所侧重，但两者的笔墨技法则是十分一致的。稍后，傅抱石几乎将同样的笔墨风格贯彻于《松阴清话图》《听泉图》《郭沫若〈戊寅舟游阳朔即事〉诗意图》等创作之中。这一系列作品不再完全保有傅抱石早年山水画粗放野逸的笔致，"而以日后个人风格的笔法特征的半圆，或者描绘弧形似的轻细线条及湿润的墨法为主"[2]，笔墨严谨整饬，又不失豪放率意，无不具有鲜明的过渡期特征。

在后来短暂的几年间，傅抱石就地取材，驾轻就熟地演绎这种技法，惯用长锋山马笔，笔头、笔锋、笔根并用，结合山形、山脉的分坡走向，皴擦、勾斫、渲染并施，大胆落墨，细心收拾，使水、墨、彩在快速的用笔驾驭下有机地融为一体，淋漓酣畅，代表作如《夏山图》（1943）、《万

1 刘欣、刘振宇编著：《丹青铸史——望山堂书画录》，北京，中华书局，2011年10月，页211。

2 鹤田武良：《留日美术学生——近百年中国绘画史研究（五）》，东京，《美术研究》第367号，1997年6月，页34。

傅抱石　观云图　轴　纸本　设色　84.5 cm×32 cm
1941年10月

傅抱石 夏山图 轴 纸本 设色 111 cm×62.5 cm 1943年5月 故宫博物院藏

竿烟雨》（1944）、《巴山夜雨》（1944）、《潇潇暮雨》（1945）等，几达炉火纯青之境。简言之，大片的墨彩、飞动的线条，气象万千，孕育着无限生机。

从一定程度上说，《访石图》《画云台山记图》《万松山馆图》《观云图》《松阴清话图》《听泉图》《郭沫若〈戊寅舟游阳朔即事〉诗意图》等系列作品乃是其山水画风格成熟的前奏。它们构成了傅抱石山水画变革初期的完整序列，共同见证了傅抱石山水画创新的发展轨迹。由此，我们寻绎出画家一条清晰的演进脉络。

至今，人们还在惊叹金刚坡时期的傅抱石何以在极短时间内迅速完成了风格的定型，尽管研究者们做出了多种解释，似乎仍无法得出令人满意的答案。但是人们普遍相信，对传统的潜心研究和对巴山渝水的感悟，推动了傅抱石绘画创作的成熟。蜀地大山往往遍布松林和竹林，一片空漾润融风光，间或露出一些深褐色的岩石，山风一吹，松涛的哗哗声伴着近处竹林的飒飒声，无论阴晴明灭，还是晨昏夕映，万般动人。如遇下雨，那满山沟壑则是泉瀑的世界，风声、雨声、水声，如同交响乐一般；如遇云雾，山色朦胧，忽隐忽现，松林竹丛掩映于云雾之中，恍然仙境一般。一旦晴空皓月，山树、小径、房屋被夜色笼罩，黑影幢幢，一轮明月洒下淡淡银辉，一派宁静的山野景象，足以引来无限遐想。对此，傅抱石曾感慨万千："着眼于山水画的发展史，四川是最可忆念的一个地方。我没有入川以前，只有悬诸想象，现在我想说：'画山水的在四川若没有感动，实在辜负了四川的山水。'……以金刚坡为中心周围数十里我常跑的地方，确是好景说不尽。一草一木、一丘一壑，随处都是画人的粉本。烟笼雾锁，苍茫雄奇，这境界是沉湎于东南的人胸中所没有所不敢有的。"[1]面对草木葱茏的蜀地风光，他将山水画改革的方向从传统的"线"转至"面"的形式突破，所谓"散锋笔法"便在"外师造化"与"中得心源"的心手相印中应运而生了。晚年，傅抱石承认其皴法来自于四川风景地貌的启发：

我作画所用皴法是多年在四川山岳写生过程中逐渐形成的。我着重表现山岳的变化多姿、林木繁茂又可见山骨嶙峋的地质特征。当然皴法

1傅抱石：《壬午画展自序》，《傅抱石美术文集》，页325—326。

还应与"点""染"结合起来，才能取得画面完美的效果。皴法的用笔要自然，顺笔成章，切忌堆砌做作，死板地勾斫。用墨要注意墨色的韵律、变化，要虚实相生而成天趣。皴法的处理必须注意山石的自然情趣和笔墨效果。[1]

再观《万松山馆图》，所谓"林木繁茂""山骨嶙峋""点染结合""虚实相生"等诸要素在画面中都一一得以充分体现。无疑，此图是傅抱石悉心经营的结果。

《万松山馆图》完成后不久，傅抱石邀请亦师亦友的沈尹默题跋。沈尹默以辛弃疾韵题词《卜算子》："不署昔贤驴，不学朝马。偶尔风情爱苦瓜，无意称尊者。善鼓不张弦，善注何须瓦。写得松风万壑间，听取无声也。"然查《卜算子》词，沈词之"不学朝马"应漏了一字。核阅沈尹默《秋明室诗词》所录《卜算子·题傅抱石图，用稼轩韵》，"不学朝马"确为"不学前朝马"。沈尹默在书写过程中，不知为何遗漏"前"字，也许是将错就错吧！辛弃疾词"者"韵《卜算子》一般语带戏谑成分，沈词亦语带戏谑，风格清新洒脱，又超乎自然气质，对傅抱石由衷赞美。沈尹默所题楷书，用笔清隽秀朗中有劲健道逸之姿，也与傅抱石所作相得益彰，相映成趣。

《万松山馆图》签条为傅抱石行书，曰"万松山馆图。抱石自署"，钤印"抱石"（朱文方印）。签条下方墨笔书写编号，虽模糊不辨，但痕迹仍在。根据原样装裱及签条的题写方式，比对时间，此图或许为"傅抱石壬午画展"之展品。综合判断，作为傅抱石山水画变革时期的重要作品之一，《万松山馆图》更是弥足珍贵。

2011年12月1日稿

《收藏·拍卖》2012年第2期

1傅抱石：《谈山水画写生》，《傅抱石美术文集》，页536。

傅抱石《吕潜〈江望〉诗意图》品读

横江阁外数帆樯，立尽西风鬓渐霜。

只有乡心不东去，早随烟月上瞿塘。

此诗乃清初文人吕潜所作七绝《江望（同舍弟长在赋）》，曾得清初文坛领袖王士禛赞誉，采辑《渔洋诗话》品评，并胪录《感旧集》，流传甚广。

吕潜（1621—1706），字孔昭，号半隐、石山农等，四川遂宁人。崇祯十六年（1643）中三甲进士，授太常博士，入清后不仕，奉母寓于浙江苕溪，复游走泰州，流徙离迁凡四十余年，与龚贤、费密等人往来密切。康熙二十四年（1685），扶父母灵柩归蜀，隐迹山林，以诗文书画娱老。

吕潜长年背井离乡，尝尽人世间琐尾之苦，常以诗诉说浓郁乡愁，所作若杜甫浣花之篇、王维辋川之什，耐人寻味。《江望》不假词藻，冲淡自然，委婉清绝，道尽一个孤寂落寞游子的绵绵愁绪乡思，正如清末欧阳绍《重刊吕半隐先生诗集序》所云："尝反复玩咏，觉性情学术之征，身世显晦之故，与夫乡关怅惆之思，时流溢于楮墨间。"故而，《江望》一直被视为吕潜怀乡遣愁的代表作，收入清初卓尔堪辑《明遗民诗》、晚清张其淦编《明代千遗民诗咏》等。清末，范溶《论蜀诗绝句》评吕潜云："桂水漓江满目秋，瞿塘烟月几行舟。西风立尽乡心冷，自写湘累万古愁。"可见，《江望》的确得到无数文人墨客的广泛认同，也引起许多游子的强烈共鸣。

1938年4月，傅抱石奔赴武汉，跟随郭沫若及其国民政府军事委员会政治部第三厅，往来株洲、衡阳、东安、桂林等地，积极投身于轰轰烈烈的抗战宣传之中。一年后，他和家人经辗转流徙，由四川綦江抵达重庆，定居歌乐山金刚坡下，过着贫困而宁静的乡间生活。1939年10

月，他返回中央大学重掌教席，讲授中国美术史等课程。随着生活的相对稳定，傅抱石的学术研究和绘画创作也日益成熟，逐渐进入艺术的勃发期。

1943年以来，随着欧洲、太平洋反法西斯战场转入战略反攻的历史转折阶段，已坚持全面抗战六年的中国战场也处于由战略防御向战略反攻转变的过渡阶段。1943年11月，中国、美国、英国首脑在开罗召开会议，商讨反攻日本战略及战后国际局势安排，签署了具有历史意义的《开罗宣言》，塑造了战后东亚的新局势。于是，中国战区最高统帅部开始筹划和制定配合盟军反攻作战、争取中国战场向战略反攻发展的战略方针，以实现战略转变。在此国际形势背景下，傅抱石于1944年1月连续精心创作了两幅《苏武牧羊图》，借助苏武威武不屈的形象，坚定国人抗战的决心。1944年3月3日，"傅抱石教授近作山水人物画展"在重庆中苏文化协会举行，美国驻华记者艾惟廉在《时事新报》发表《傅抱石画展观感》，品读傅抱石画作所蕴含的积极意义："在今日为自由战斗的时候，每一个人，每一个国家，必须自觉其国魂与本身的底力，发扬其本性的优点。……傅先生的画里面，最显然的特性就是富于历史性。……傅先生的使命，在于使中国人自觉其国魂与本性！使回忆其祖先的光荣，以鼓舞现代的青年。"

稍前的2月，国民政府军事委员会军令部召开第四次南岳军事会议，明确了对日抗战转折点和反攻的到来。当时，中国军队一方面增调精锐之师加强中国驻印军的缅北攻势，另一方面又发动了远征军的反攻滇西作战，还在湖南地区顽强抵抗力图打通大陆交通线的日军，初步实现了向战略反攻阶段的过渡。3月25日，教育部举办中华全国美术会纪念美术节，傅抱石撰文《中国绘画在大时代》，大力呼吁"在追求民族自由独立的大时代，加紧发扬中国绘画精神"，且以自己的绘画实践做出有力回应，充分展示出中国画的民族精神。此时，傅抱石以杜甫《闻官军收河南河北》经营绘画，以"即从巴峡穿巫峡，便下襄阳向洛阳"入画，巫峡烟云，长江浩淼，舟楫顺流急下，激励无数抗日民众奋起战斗，表达了对抗战胜利的热切期盼。

傅抱石一生崇尚浪漫主义，讲求诗情画意。1942年9月，他为个展作序，表达了对诗画关系的独特见解："我认为一幅画应该像一首诗、一阕歌，或一篇美的散文。因此，写一幅画就应该像作一首诗、唱一阕歌，或做一篇散文。"因为关注明末清初美术史研究，傅抱石喜欢选取以石涛为中心的明清交替之际的人物故事和诗词，不断付诸图像化，希企通过向山水画中注入某种情节、某种情感的方式，保存浓厚的史味和诗意，给程式化的传统山水画注入新的活力。那时，他十分欣赏遗民孤高而凛然不可侵犯的人格，反复描绘龚贤、费密、程邃、石涛等人的诗词，形成了清初遗民诗意画作品系列。吕潜也是一位重要的遗民书画家，其事迹也被傅抱石辑入《明末民族艺人传》加以赞颂。所以，吕潜的诗词自然也是傅抱石绘画创作的题材来源之一。

1944年，傅抱石入蜀已经五年有余，回想起数年来颠沛流离的生活，时常感慨万千。巴山蜀水之间，他似乎格外想念家乡，反复吟咏吕潜《江望》，内心受到无限触动。于是，他挥起画笔，频频以诗意形诸画面，抒发了惆怅的思乡之情，自云："吕半隐此绝，王渔洋极称之，年来予以数数写为

傅抱石　杜甫《闻官军收河南河北》诗意图　轴　纸本　设色　104 cm×50.5 cm　1940年代　北京画院藏

傅抱石 吕潜《江望》诗意图 轴 纸本 设色 52.8 cm×60.7 cm 1944年7月

图也。"通过吕潜《江望》的创作，傅抱石心摹手追，实现了与吕潜心灵上的时空对话。

仲秋的一天，傅抱石又殚精竭虑，惨淡经营，创作完成大幅《吕潜〈江望〉诗意图》，题识："横江阁外数帆樯，立尽西风鬓渐霜。只有乡心不东去，早随烟月上瞿塘。甲申秋八月写遂宁吕半隐望江，新喻傅抱石。"他一气钤盖"傅"（朱文方印）、"抱石私印"（白文方印）、"抱石得心之作"（朱文方印）、"代山川而言也"（朱文方印）、"踪迹大化"（朱文方印）等印。如此朱痕累累，充分表明此乃画家心仪得意之作。

瞿塘峡位于四川奉节东南长江中，天下奇观，两岸峻壁高峙，江水怒激，峡口滟滪堆矗立江心，势甚险恶，扼巴蜀江路门户。自古多少文人骚客为之大兴感慨，直抒满怀豪情。《吕潜〈江望〉诗意图》画瞿塘江色，近景山石嶙峋突兀，望江楼半隐入松林；远景峰峦耸峙，逶迤苍莽，而绝壁入云，烟雾缭绕，气势恢宏；江水滔滔，奔腾直下，于滟滪堆前陡转急旋，惊心动魄；片片白帆自远飞驰而来，纵横捭阖，生动地完成了吕潜《江望》的图解。在墨色交融的光影里，群山与江流巧妙地构成山水的虚与实、明与暗、动与静的对比，雄浑多姿。特别是江流中的片片征帆，自远而来，描绘精工细微，不仅突出了江流与群山的脉络而倍增生机，也与山石形成一种对比的趣味，正如其《壬午画展自序》所谓"精心营构"："我对于画面造形的美，是颇喜欢那在乱头粗服之中，并不缺少谨严精细的。乱头粗服，不能成自恬静的氛围，而谨严精细，则非放纵的笔墨所可达成，二者相和，适得其中。我画山水，是充分利用两种不同的笔墨的对比极力使画面'动'起来的，云峰树石，若想纵恣苍莽，那么人物屋宇，就必定精细整饬。根据中国画的传统论，我是往往喜欢山水、云物用元以下的技法，而人物、宫观、道具，则在南宋以上。"这里，崇山峻岭，江流天外，征帆竞发，一切由山势的错落放置、山间的烟岚效果、用墨的浓淡轻重，以凸显景象远近的关系，笔挟风雷，纵横驰骋，既抒发

傅抱石 吕潜《江望》诗意图 轴 纸本 设色
185 cm×60 cm 1944年9月

了对故乡的无限眷恋，也呈现了满腔的壮志豪情。

抗战时期，傅抱石锲而不舍地宣扬遗民画家的人品和节操，曾认为中国美术的表现是"雄浑""朴茂"，如天马行空夭矫不群，含有沉着的积极性。他始终坚持，自己的绘画实践也紧跟着抗战的大时代形势，表现了强烈的时代精神。因此，他认为自己"着重表现山岳的变化多姿、林木繁茂又可见山骨嶙峋的地质特征"，"力求奔放生动，使笔与墨溶合、墨与色溶合，而使画面有一种雄浑的意味及飞扬之气势"。无独有偶，《吕潜〈江望〉诗意图》亦生动地印证了他对中国画"雄浑""朴茂"的理解和追求，既率意又精细，既有激情又不失法度，点画之间洋溢着浓烈的诗情。

因此，《吕潜〈江望〉诗意图》也可视为傅抱石山水画成熟的典型之作，标志着散锋、扫笔的表现手法和充满磅礴诗意的"抱石皴"山水样式的成立，从而完成了傅抱石的笔墨与图式现代性转化的双向突破。大面积飞白式的扫笔以极快的速度、更加洒落自由的节奏变化，绝去矫饰斧凿之迹，不仅丰富了笔墨质地，也完好地存现了山石的巍峨磅礴之势和朦胧浸润之韵。大片的墨彩，飞动的线条，孕育着无限生机。当然，这种节奏感源于傅抱石作画的状态："当含毫命素水墨淋漓的一刹那，什么是笔，什么是纸，乃至一切都会辨不清。这不是神话，《庄子》外篇记的宋画史'解衣盘礴'也不是神话。"一切似乎皆在一任自然之中，读之，既于江流缓急中随波起伏，又于峰峦之参差下百转千回，妙不可言。

至今，人们还在惊叹于金刚坡时期的傅抱石何以在极短的时间迅速完成了风格的定型，尽管，研究者们做出了多种解释，似乎仍无法得出令人满意的答案。但人们普遍相信，对传统的潜心研究和对巴山渝水的感悟，推动了傅抱石绘画创作的成熟。1943年以后，傅抱石使用长锋山马笔，驾轻就熟地演绎这种技法。笔头、笔

傅抱石 吕潜《江望》诗意图 题签

锋、笔根并用，结合山形、山脉的分坡走向，皴擦、勾斫、渲染并施，大胆落墨，酣畅淋漓，使水、墨、彩在快速的用笔驾驭下有机地融为一体，代表者如《夏山图》（1943）、《万竿烟雨》（1944）、《潇潇暮雨》（1945）等，几达炉火纯青之境。无疑，《吕潜〈江望〉诗意图》也是傅抱石的一件平生力作，与《夏山图》《万竿烟雨》《潇潇暮雨》一起构成了傅家山水风格成熟的完整序列，见证了其山水画革新的重要成果，价值自不待言。

在完成后的数年间，《吕潜〈江望〉诗意图》一直被留在了傅抱石的书斋中。1947年夏，傅抱石开始筹备秋天在上海南京东路慈淑大楼中国艺苑的个人画展，此图经由南京裱画名店"渊海阁"精心装池，并题签"早随烟月上瞿塘。丁亥，抱石署"，钤印"傅"（朱文圆印）。

1950年代初，傅抱石时常选择精品旧作赠予若干重要的党政官员，绘画自然承载起联络情感、交游酬酢的作用。俗云：应酬看对象。1951年4月，傅抱石拣选佳作《吕潜〈江望〉诗意图》呈送时任上海市长的儒将陈毅，展示一手绝活，并在补题中特地拈出其军事身份："仲弘将军惠赏，即乞教正。辛卯清明，白下补记，抱石。"以期赢得知音的共鸣。这里，恭敬之心，跃然纸上。显然，《吕潜〈江望〉诗意图》见证了傅抱石与陈毅浓浓的友谊，也成就了中国书画鉴藏史上的一段佳话。

2017年5月17日稿

《收藏家》2017年第11期

轻歌曼舞好春光

——傅抱石《风光好》读记

1942年9月22日，傅抱石为重庆夫子池个人画展作序，就画题来源进行说明：一、撷取自然，二、诗境入画，三、历史故实，四、临摹古人。他特别声明，第三条路线是他人物画创作的主要路线。

众所周知，傅抱石擅长美术史论研究，熟悉文学故实，习惯以历史典故、文学名篇为题，用他自己的话说，以书画家最堪吟味或可纪念的故事或行为入画，如"渊明沽酒""东山逸致""羲之爱鹅""萧翼赚兰亭""赤壁舟游"等。这些高古的题材，成为傅抱石抒发情感的工具，表达了对高人逸士的理解与共鸣，展现出中华民族高贵的精神和博雅的气质。

抗战时期，傅抱石十分敬佩历史上的高人逸士，一直执着地"力求奔放生动，使笔与墨溶合、墨与色溶合，而使画面有一种雄浑的意味及飞扬之气势"，相信自己所坚持的"雄浑""朴茂"就是源自一种孤高而凛然不可侵犯的人格。因此，他反复创作"渊明沽酒""羲之爱鹅""竹林七贤""东山丝竹""山阴道上""虎溪三笑""晋贤酒德""怀素醉酒""西园雅集"等，大多造型高古超然，气质安逸清雅，营造出一种旷达疏远、清新古雅的精神世界。这里，他似乎不在画古人，而是将自己的情感融入历史人物之中，化奔放的冲动表现为想象的驰骋，细腻地再现人物的精神气质，诉说精神贵族式的优雅传统和深邃广博的文化品格。

多年后，傅抱石曾在一篇随笔中谈及自己的创作体验："刻划历史人物，有它的方便处，也有它的困难处。画家只有通过长期的广泛而深入的研究体会，心仪其人，凝而成像，所谓得之于心，然后形之于笔，把每个人的精神气质、性格特征表现出来。"因此，这些高古的历史人

傅抱石 陶谷赠词 轴 纸本 设色
117 cm×40 cm 1944年7月 江苏省美术馆藏

物画就是他绘画史研究的图像化结果，"保存着浓厚的史味"。

无独有偶，五代故实"陶谷赠词"也是傅抱石关注的绘画题材之一。陶谷（903—970），本姓唐，字秀实，邠州新平人。早年历仕后晋、后汉、后周，官运亨通，北宋后任礼部、刑部、户部尚书等。据郑文宝《南唐近事》等文献记载，后周柴荣意欲一统天下，派遣翰林院大学士陶谷出使南唐，以探虚实。陶谷自恃国势强大，对南唐不屑一顾，傲慢无礼。南唐重臣韩熙载忿而设计，命绝色歌伎秦蒻兰伪装成驿卒之女，早晚在驿馆内洒扫庭院，以美色诱惑陶谷。一来二往，陶谷终被迷倒，遂"同谐鱼水之欢，共效于飞之愿"。他又春意萌动，为风情万种的秦蒻兰填词《风光好》，以作留念：

> 好因缘，恶因缘，奈何天，只得邮亭一夜眠？别神仙。琵琶拨尽相思调，知音少。待得鸾胶续断弦，是何年？

数日后，中主李璟在澄心堂设宴款待，陶谷正襟危坐，威严如故。李璟遂唤秦蒻兰来到席间，命她演唱《风光好》，劝酒助兴。陶谷羞愧难当，一时间傲

傅抱石 陶谷赠词 页 纸本 设色 32.2 cm×40.7 cm 1940年代

气顿消，连酹连饮，酩酊大醉，无地自容。北返时，《风光好》早已传遍朝野……

　　陶谷赠词，风流韵事，流传甚广，后世多有演绎。元代戴善夫改编杂剧《陶学士醉写风光好》，故事情节可读可赏，颇有趣味；元末明初文人唐肃则题咏《陶谷邮亭》云："紫凤檀槽绿发娟，玉堂见惯可寻常。作歌未必肠能断，明日听歌更断肠"；明中期画家唐寅丹青妙笔，创作《陶谷赠词图》，并题诗"一宿姻缘逆旅中，短词聊以识泥鸿。当时我作陶承旨，何必尊前面发红"，嘲讽意味甚是绵长。

　　1944年7月25日，傅抱石精心创作了一幅《陶谷赠词》，题云："陶谷赠词。此拟写李主宴谷澄心堂，出蒻兰于席，歌《风光好》时情景也"，押角钤盖朱文方印"上古衣冠"，以示高古。他主要采用平视角度布景，不着背景，秦蒻兰柳眉杏眼，樱桃小嘴，眉心朱痣，面泛红晕，青春靓丽，轻盈挥舞，临风玉立；而陶谷翘着胡子，端坐于右，面红耳赤，心不在焉，一副狼狈的窘态与秦蒻兰温婉优雅的气质、颇为专

傅抱石 风光好 轴 纸本 设色 108.5 cm×60 cm 1945年2月

注的神情形成鲜明对比，在冲突之中彰显无穷韵味和深刻省悟。全画笔墨潇洒超脱，轻重徐疾有致，线条洗练灵动，水、墨、色浑然一体，相得益彰。

傅抱石有一个创作习惯：对于某一题材，他往往会举一反三，再三经营，精益求精；而一旦探索出一种成功的图式组合，则会反复创作，如《琵琶行》《拨阮》等无不如此，生动呈现出他创作中真实的思考维度。

对于《陶谷赠词》，傅抱石也不例外。大致在同一时间，他还绘制了小幅《陶谷赠词》，画面内容比前者增加了侍女，但逸笔草草，应是一件未完成稿。在迷离的宫殿里，秦蒻兰翩翩起舞，长袖飘带，灵活轻盈；陶谷端坐，神情迷茫，若得若失地观赏歌舞；而侍女端酒前来伺候，小心翼翼。人物造型刻画入微，粗笔渲染空间气氛，略呈飘浮之感。

1945年2月，傅抱石又以"陶谷赠词"为题进行创作，然在构思上对前者做了彻底的颠覆。他没有刻画陶谷，而将场景定格于秦蒻兰吟唱《风光好》之片段，生动再现了人物瞬间的美妙神态。如今，这件难得的傅抱石仕女佳作，即将在中国嘉德2016年秋拍倾情奉献。笔者依据傅抱石绘画图式生成规律，通过仔细比对和综合分析，慎重地将之定名为《风光好》。

《风光好》通过柱廊、屏风、几案，分割出两个独立的空间，营造出一个诗意的氛围。宫殿内庭柱直耸，屏风竖立，其上绘有高古的佛教造像；秦蒻兰梳飞天髻，着绿衣白裙，如倒牵牛花形曳地，笼袖侧身回望，窈窕妩媚；又有侍女托盏前行，红衣蓝裙，亦秀润可人，前方几案一角，点缀盆花，似乎暗示陶谷就在画外的另一端。傅抱石没有强调历史典故的讽刺意味，而纯粹表现秦蒻兰的婀娜丽姿和侍女的秀美动人。他只将仕女安排在相对简单的背景之中，重在表现她们鲜活的美妙形象，放达的景物器具亦反衬出人物的多姿，烘托出"风光好"的整体意境。

全图描绘工细，色彩妍丽，如烟如雾，气氛曼妙，以高古游丝式的线条来表现人物，飘扬飞舞的衣带如行云流水，裙褶线条绵劲不绝，增强了人物的动感，轻重、缓急、粗细均把握得恰到好处，极富节奏韵律的美感。仕女鬓发先用干笔皴擦塑形，虚入虚出，起笔时轻轻按下，行笔时飘逸流畅，收笔时轻轻提起，果敢准确；后用淡墨烘染，发色透过

墨色浓淡之变化，更显浑厚华滋，富有弹性。再如眼睛，他先用淡墨将上下眼睑勾勒成形，分出轻重，后勾出眼睛轮廓，特别注重瞳孔的转折变化，以淡墨干笔勾擦出眼珠，加淡墨渲染数次，在朦胧中以散锋浓墨加重瞳孔部分，上眼睑则以较深的墨加重轮廓，呈现较强的立体感，配合浓密的睫毛，虚实相生，层次分明，充分传递出玲珑剔透、含蓄深邃的神采。

根据叶宗镐的研究，傅抱石从事仕女创作大概始于1940年12月，尽管他年轻时已偶涉人物画创作。当时，他为中苏文化协会主办"中国战时绘画展览会"创作《唐金昌绪〈春怨〉诗意图》，突出反战厌战之主题。1944年以来，随着《丽人行》《琵琶行》《后宫词》《罢阮图》等一系列描绘唐宋宫怨诗意画的出现，傅抱石仕女画风格正式形成。所作或倚竹而立的佳人，或相思情深的怨女，或罢曲归来的歌女，或踏青游春的贵妇；或转身回眸，或仰头张望，或俯首沉思，或搔首弄姿；造型汲取陈洪绶的变形奇趣与石涛的洒脱意态，临风摇曳，写意飞动，展现出女子的婀娜身姿和妖艳娇容。这些女子，也是个性化的"高人逸士"，有着独立的人格，同样具有高洁的情操。傅抱石不仅视美人为美之化身，也将所有美集于女子一身，所谓"格、韵、灵、慧"，成为其灵魂的寄托。正如傅益瑶所说："父亲的人物画在抗战入蜀后才开始出现。那时，兵荒马乱，现实的残酷，精神的崩溃，对一个艺术家来说，无疑是最大的洗练。就在这个时期，父亲笔下出现了湘君、湘夫人、山鬼、云中君等真正的美人形象"；"人在最痛苦的时候，心灵最受压抑的时候，在生与死的歧路上徘徊的时候，给人以信念，给人以理想，给人以温情与希望的是什么呢？是美！美比任何道理都更接近真理，而女性美又是聚所有的美于一身的存在，更是灵魂的寄托之所。父亲在战争年代里创造出理想的美人，可见他心中的希望之泉从未干涸过"。所以，傅抱石的仕女画有美丽、温婉和端庄，更有一种"精神"，充满着深情、高贵和智慧。

于此，再来欣赏《风光好》，我们当然也能品鉴出美丽、端庄、高贵、智慧……的确回味无穷！

2016年9月26日草稿

《收藏家》2016年第12期

魏晋风流

——傅抱石《兰亭修禊图》品评

兰亭，若空谷幽兰，栖于绍兴西南兰渚山，修竹青青，溪水潺潺，烟雨蒙蒙，如梦如幻，散发着江南的灵秀诗意。一缕轻风拂过，泥土芬芳，山水清音，似琴瑟和鸣，文气雅韵交响弥漫。行走在山阴道上，漫步于兰亭竹径，往往情不自禁，悠然心动……

东晋永和九年（353）三月三日上巳节，会稽内史、右将军王羲之和谢安、孙绰等42位文士贤达集聚兰亭，作修禊之会，分坐曲水之旁，借宛转溪水，以觞盛酒置于水上，一边喝酒一边吟诗，时发表时评，即兴写下诗篇37首。后编辑《兰亭集》，推举王羲之写序。王羲之乘兴挥写《兰亭集序》，文采灿烂，翰墨流溢：

永和九年，岁在癸丑，暮春之初，会于会稽山阴之兰亭，修禊事也。群贤毕至，少长咸集。此地有崇山峻岭，茂林修竹，又有清流激湍，映带左右。引以为流觞曲水，列坐其次，虽无丝竹管弦之盛，一觞一咏，亦足以畅叙幽情。是日也，天朗气清，惠风和畅。仰观宇宙之大，俯察品类之盛，所以游目骋怀，足以极视听之娱，信可乐也。夫人之相与，俯仰一世。或取诸怀抱，悟言一室之内；或因寄所托，放浪形骸之外。虽趣舍万殊，静躁不同，当其欣于所遇，暂得于己，快然自足，曾不知老之将至；及其所之既倦，情随事迁，感慨系之矣。向之所欣，俯仰之间，已为陈迹，犹不能不以之兴怀，况修短随化，终期于尽！古人云："死生亦大矣。"岂不痛哉！每览昔人兴感之由，若合一契，未尝不临文嗟悼，不能喻之于怀。固知一死生为虚诞，齐彭殇为妄作。后之视今，亦犹今之视昔。悲夫！故列叙时人，录其所述。虽世殊事异，所以兴怀，其致一也。后之览者，亦将有感于斯文。

　　修禊，源于周代的一种古老习俗。上巳日，人们相约到水边沐浴、洗濯，借以除灾去邪，古称"祓禊"。随着时间的流逝，修禊逐渐演变成古代文人雅聚的经典范式。后来，兰亭修禊则成为历代画家行诸于图的重要画题，经久不衰，传承着千年文脉！

　　1942年春，傅抱石为迎接中华全国美术会年会暨"三三美术节"，通过综合研究古人画作、史籍，费六天之功惨淡经营，创作了《兰亭修禊图》，这大概是他平生第一次从事兰亭题材之绘制。他选取以古代中国最为著名的历史故事为题材，用他自己的话说，"书画家最堪吟味或可纪念的故事或行为""出之以较新的画面"，逐一图像化，保存着浓厚的"史味"，希企通过向山水画中注入某种情节、某种情感的方式，给程式化的传统山水画注入新的活力。于是，诸如"渊明沽酒""东山逸致""羲之观鹅""萧翼赚兰亭"等高古题材，成为其抒发情感的工具，表达了对古代高人逸士的理解与共鸣。9月22日，傅抱石为即将在重庆夫子池举办的个人画展作序特别举例《兰亭修禊图》的创作：

明 文徵明 兰亭修禊图 轴 纸本设色
140.3 cm×73.1 cm 1524年 台北故宫博物院藏

譬如《兰亭图》，是唐以来的人物画家的拿手戏，北宋的李公麟、刘松年乃至明季的仇英，都精擅此题。据各种考证，参加兰亭集会的人物，有画42个的，有画27个的，这因为王羲之当时没有记下到会的姓名，所以那位是谁，究有多少，无法确定。我是大约想，画33个人，曲水两旁，列坐大半。关于服装和道具，我是参考刘松年。就全画看来，从第一天开始，到第六天完成，都未尝一刻忘记过这画应该浸在"暮春"空气里。我把兰亭远置茂林之内，"惠风"虽不敢说画到了"和畅"，然一种煦和的天气，或不难领略的。

对于《兰亭修禊图》的经营，傅抱石可以说是殚精竭虑，研究不可谓不深入。在后来的数年间，他津津乐道，不断揣摩，或册页，或扇面，或横幅，一再创作。

乙酉重阳次日，即1945年10月15日，傅抱石创作完成小幅《兰亭修禊图》，生动再现兰亭雅集图景，描绘人物27人、侍童5人，从列坐两岸的近景到后方林荫间的朱红亭子，茂林翠竹，曲水流觞，一派惠风和畅、清幽明净的暮春美色。画面中，人物约分10组，三三两两，或多或少，或远或近，不经意地安排于树篁之间，表现出一个咫尺千里的山林佳境。兰亭隐于左上一隅，苍松扶疏，幽篁婆娑，石桥横溪，间以清

傅抱石 兰亭修禊图 镜心 纸本 设色 60.8 cm×100.2 cm 1956年 中国美术馆藏

傅抱石 兰亭修褉图 镜心 纸本 设色 34.5 cm×40 cm 1945年10月

流急湍，映带左右，水上红觞点点。两岸文人雅士分列曲水两岸，有的酒酣起舞，有的迎流低吟，有的吟咏啸傲，有的静听曲水声，有的山阴道上行，情态各异，顾盼有致，率意纵欢，完全沉浸于恍如梦幻的迷人春色之中，凸显出晋人洒脱不羁的飘逸风度，真所谓"虽无丝竹管弦之盛，一觞一咏，亦足以畅叙幽情"。

　　有目共睹的是，以历史人物故实与山水画相结合是傅抱石的绘画习惯。他充分表现了兰亭雅集流觞赋诗的盛况，人物、景物参差错落、层次分明，节奏韵律拿捏到位，空间宽阔，内容丰富，布置合理，充分赋予兰亭修褉以全新的意境。这里，树木用笔潇洒、用墨酣畅，收放自如，浓淡、干湿之间尽显劲松修竹的秀拔之姿。而人物从造型、开脸以至衣饰细节，写来精微，各得其神，线条爽利，设色淡雅，渲染微妙，皆细致缜密，将高人逸士放浪形骸的神韵表达得惟妙惟肖。这种人物与山水互为映衬的对比趣味,引人入胜,堪称精心。

众所周知,傅抱石擅长美术史论研究,熟稔文学故实,仰慕古代高人逸士,习惯以历史典故、文学名篇为题材,化奔放的冲动表现为想象的驰骋,以自由洒脱的笔墨向人们叙述古老中国的文化精神。在一系列的兰亭图像中,傅抱石与古人晤谈,心摹手追,用精湛的笔墨演绎出一幅幅精彩的画面,真切地完成了与王羲之、谢安等人心灵上的时空对话,抒发了深邃悠远的历史感怀。

早年,傅抱石饱读诗书,以《庄子·天道》"不徐不疾,得之于手而应于心"之句镌刻寿山白芙蓉朱文方印"抱石得心之作",爽利匀整,反映了超然率真的美学趣味。他还择陶渊明《归去来兮辞》句"聊乘化以归尽,乐夫天命复奚疑"篆刻朱文随形印"乐夫天命",劲朗古拙,表达了质朴自然的人生观念。后来,他时常在一些铭心佳作上钤盖"抱石得心之作",而在若干魏晋故实画上钤盖"乐夫天命",俨然升华了作品的思想主题。在《兰亭修禊图》上,傅抱石也不例外地钤盖"抱石得心之作""乐夫天命"二印,可见其对创作应该十分满意。

无疑,傅抱石心系兰亭,深切理解高人逸士,故不仅仅在于故实场景的简单描绘,而是在思想上达到与古贤息息相通,以天纵之才将兰亭修禊、曲水流觞表现得热闹非凡,浓墨纤毫间尽现浪漫才情。当然,这一切离不开他对历史的钻研和精神的体悟:

傅抱石 抱石得心之作 寿山白芙蓉 朱文 24 mm×24 mm×42 mm 1930年代 南京博物院藏
傅抱石 乐夫天命 朱文 1930年代

　　我比较富于史的癖嗜，通史固喜欢读，与我所学无关的专史也喜欢读。我对于美术史、画史的研究，总不感觉疲倦，也许是这癖的作用。……我对于中国画史上的两个时期最感兴趣，一是东晋与六朝（第四世纪—第六世纪）……前者是从研究顾恺之出发，而俯瞰六朝……拙作的题材多半可以使隶属于这两个时代之一。处理这类题材，为了有时代性，重心多在人物，当我决定采取某项题材时，首先应该参考的便是画中主要人物的个性，以及布景、服装、道具等等。这些在今天中国还没有专门的资料，我只有钻着各种有关的书本，最费时间，就是这一阶段。

　　因此，《兰亭修禊图》绝不是一般的山水人物画，而是真正意义上的魏晋风流，寥寥数笔，古意盎然，又不乏天真趣味，富有浓郁的浪漫主义气息。傅抱石创作此图，虽时空相隔千年，然心手相应，精神相契，倾注着对自然生命的深刻体悟，流淌出悠远的人文关怀，着实令人着迷！

　　绍兴名士徐生翁晚年曾为"流觞亭"撰联："此地似曾游，想当年列坐流觞未尝无我；仙缘难逆料，问异日重来修禊能否逢君。"如今，相逢王右军已无可能，但我们能从傅抱石《兰亭修禊图》遥想当年，翠竹茂林之间，高士们饮酒唱和，伴着爽爽微风和潺潺曲流，如清音绕梁，思绪漫漫，好不惬意！

　　悠悠万古心，不知不觉沉醉其中……

鬼耶？神耶？

——傅抱石《山鬼》释读

《山鬼》是屈原《九歌》中最摄人魂魄的一首：

若有人兮山之阿，被薜荔兮带女萝；既含睇兮又宜笑，子慕予兮善窈窕；乘赤豹兮从文狸，辛夷车兮结桂旗；被石兰兮带杜衡，折芳馨兮遗所思；余处幽篁兮终不见天，路险难兮独后来；表独立兮山之上，云容容兮而在下；杳冥冥兮羌昼晦，东风飘兮神灵雨；留灵修兮憺忘归，岁既晏兮孰华予；采三秀兮于山间，石磊磊兮葛蔓蔓；怨公子兮怅忘归，君思我兮不得闲；山中人兮芳杜若，饮石泉兮荫松柏；君思我兮然疑作；雷填填兮雨冥冥，猿啾啾兮狖夜鸣；风飒飒兮木萧萧，思公子兮徒离忧。

这是古代楚人祭祀山鬼的祭歌，源自一个美丽凄婉的传说：一位美丽多情的山鬼，在深山中与公子幽会后，急切等待着，然公子迟迟未能再次到来，惆怅疑惑。诗人采用山鬼内心独白的方式，将幻想与现实交织在一起，摹画了一种烟雨蒙蒙、温润寥廓的氛围，塑造出一个瑰丽、率真、痴情的神鬼形象，极具浪漫主义色彩。

在屈原笔下，山鬼形象可谓具体，人神结合。她以薜荔为衣，以女萝为带，既含睇，又宜笑，善窈窕，随侍赤豹拉着插桂枝旗的辛夷车，身边跟着满身斑纹的花猫……她思念着公子，时而狐疑，时而惆怅，时而失落………一位为情所困的女子，被描述得如此含蓄细腻，如此哀婉生动，凄美至极。

山鬼之歌，充分反映了楚人对美好生活的向往、对真美真爱的求索，着实感动着一代又一代渴望幸福的人。屈原之后，战国宋玉《高唐赋》、三国曹植《洛神赋》等都有若干演绎。至清代，顾成天《九歌

傅抱石 山鬼 轴 纸本 设色 167 cm×88 cm 1945年12月
傅抱石 山鬼 轴 纸本 设色 163.6 cm×82.8 cm 1946年4月 南京博物院藏

解》首倡山鬼为"巫山神女"之说，后经郭沫若、马茂元等人考证与阐发，"山鬼"被演绎为"女鬼"或"女神"，被广泛接受。

　　自古以来，这位美丽奇幻的多情女神，就是人物画的重要题材。历代画家尽情描绘山鬼，多以裸女形象出现，缀以花环草裙，骑坐于虎豹之上，流露出失落、忧怨之态。20世纪以后，将"思公子兮徒离忧"之意生动表现出来的则首推傅抱石。山鬼幽怨的眼神穿不透满幅播撒的凄风愁雨，她频频回首，却等不来公子的车马，这是一个约会不遇的失望场面。深情、幽怨、迷离、奇幻，才是屈原诗歌的真正意境。傅抱石突破成规旧制，将画面定格于"表独立兮山之上""怨公子兮怅忘归"两句，山鬼立于山巅，回眸远望，赤豹等隐约可见，再画"雷填填兮雨冥冥""风飒飒兮木萧萧"，风雨交加，将山鬼置于幽暗险阻的场景，塑造出一个美丽哀怨的女神形象。

年轻时，傅抱石即与屈原结缘，曾以《楚辞》入篆，其一是"清斯濯缨，浊斯濯足"，浅红芙蓉石白文方印，边款屈原《渔父》；其二是"采芳洲兮杜若"，鸡血石白文长方印，三面刻《离骚》，皆是微雕神技。1942年夏天，傅抱石受郭沫若启发，倾情创作了《屈原》，将人物定格于《渔父》之"屈原既放，游于江潭，行吟泽畔，颜色憔悴，形容枯槁"句，刻画了一个面容悲切、内心沉重、披发行吟、失魂落魄的生动形象，再现了屈原投江自沉前的那个瞬间，气氛凝重苍凉。1943年12月，傅抱石以"湘夫人"为题创作第一幅《湘夫人》，写凌波侧影，衣带飘举，形象端庄凝重，落叶以水墨点晕，出奇无方，重在呈现"袅袅兮秋风，洞庭波兮木叶下"之意境，并一发不可收拾。

1942年10月，傅抱石在画展自序中曾认为："我认为一幅画应该像一首诗、一阕歌，或一篇美的散文。因此，写一幅画就应该像作一首诗、唱一阕歌，或做一篇散文"，并表示自己有意识地"构写前人的诗，将诗的意境，移入画面"，希企通过注入某种情节、某种情感的方式，给程式化的传统中国画注入新的活力。通过持续的《楚辞》诗画创作，傅抱石心摹手追，一次又一次地完成了与屈原心灵上的时空对话。

乙酉岁暮、丙戌之间，傅抱石在《屈原》《湘夫人》创作之后，又将目光投向《山鬼》诗篇，认真研读，不断锤炼，几乎完全沉浸于《山鬼》的构思与经营之中。通过对文学的整体把握和对叙事细节的细腻思考，他转换思维的时空，审慎运笔，将文字转为富有寓意的图画，再现山鬼的动人形象。

乙酉（1945）冬，傅抱石比较历代山鬼图式，小心翼翼付之笔墨。他紧扣《九歌》作为祭歌的特色，竭力发挥水墨功能，营造出一种鬼魅迷离的世界。山鬼身材秀颀，面容冷艳，裙带舒展，身轻如风，立于巨松之下山峰之巅；远处侍从和赤豹驾驭的辛夷车急速前行于风狂雨骤中，笼罩着一种神秘奇幻的气氛。巨松画法粗放，抛弃细部，只求整体效果。人物造型轻盈简约，衣裙用笔干练洒脱，而面部、眼睛刻画细腻传神，生动传递出惆怅的期待心情。画面注重水墨渲染，以淡墨卷出团团乌云，大笔蘸墨挥笔疾刷，横涂竖抹，呈风雨之状，烘托生命之神出行的威风；而侍从隐没于风雨浓云间，雨丝横斜，云雾迷蒙混沌，刻意制造出一种神秘的幻化

傅抱石 山鬼 轴 纸本 设色 134cm×67cm 1946年9月

效果。但毕竟是初次试作，傅抱石多少有些拘谨，若干景物处理得并不协调，笔墨经营也有所欠缺，以致自己似乎不甚满意。

乙酉腊月十七日（1946年1月19日），一位名为"尚原"的友人造访金刚坡下山斋，傅抱石出示新作品评鉴赏，相谈甚欢，博得喝彩，遂补题慷慨相赠：

> 尚原先生过金刚坡下，予出近作二，悬展于壁。尚原先生于此幅激赏之，谓深得屈子《九歌》之神韵也。余愧谢不已，晤谈多时，将别，余赠此帧，以为纪念。乙酉十二月十七日，重庆西郊金刚坡，抱石志。

几乎同时，傅抱石重新布局，思考构图。丙戌三月初三（1946年4月4日），他对前者做较大改变，再次作成《山鬼》，删除前景中的松树，神女、侍从、辛夷车等反向处理。神女披头散发，发黑而面白，身着薜荔女萝，独立山巅，衣带裙裾随风飘舞，一边前行一边顾盼回望，坚定又不失妩媚，幽怨的眼神中透露出失落之情；背景仍着力于"雷填填兮雨冥冥""风飒飒兮木萧萧"的经营，散锋破笔挥洒泼墨，山石磊磊，狂风暴雨，雷电交加，一行侍从和赤豹驾驭的辛夷车奋力急速奔来，若隐若现，情景鬼魅，气象森严，真可谓震撼人心。如此水墨淋漓的渲染与刻画细微的人物相对比，笔墨情趣更能相互辉映，故细致处更显细致，粗犷处更是粗犷，呈现一种独特的韵味。而厚重的云气更加映衬出山鬼的俊美脸庞，她面如冠玉，略施淡彩，神态超然，衣着设色古雅，浓装素里未施浓烈墨彩，以淡墨轻烘染衣带与服饰边缘，确有宁静古朴之感。无疑，傅抱石通过环境渲染、笔墨变化、章法虚实等手段，创造出一种既气势磅礴又深邃幽远的艺术气氛。

对于这次营构，傅抱石分外满意，最后题录《山鬼》全诗，立夏（5月6日）前夕补题直叹："余所写，此为较惬，岂真有鬼耶？"

关于上述创作过程，傅抱石自有心得体验。1946年9月中旬，他分析前两者构图，重新组合改进，放弃"雷填填兮雨冥冥""风飒飒兮木萧萧"之图景，呈现了温柔清新的女神形象。山鬼身披薜荔衫、菟丝带，眼含秋波，略露微笑，尽显青春与美丽，虎豹花车于后，若即若离。她悠然立于巫山之巅，周遭不再是山雨欲来的诡谲氛围，而是多了几分委婉柔美。人物体态轻盈婀娜，以曲线为主，富有动感；脸面和眉眼偏长，刻画精致，眼睛先以淡墨勾，再用浓墨点，时有缠绵凄恻之愁情，真令人神灵飞越；披发用干笔擦，再以水破墨，黑亮飘逸；眉心一点红，艳丽妩媚。衣纹则以高古游丝描疾笔而就，凝练劲健，如得狂草之意。在画面中，他主要突出描绘山鬼的优美形象，而有意淡化赤豹、辛夷车等及其"云容容兮而在下""杳冥冥兮羌昼晦""雷填填兮雨冥冥"等幽隐森严气氛的营造，少施笔墨，若烟若霭、若晴若明、若有若无，仅作为衬托山鬼的活动空间而存在，绝然不是神女活动的场域。这里只有靓丽、明朗与清新，意趣非凡，的确与前两者迥异，真乃《山

鬼》系列图画中独特的一件力作。

在这件佳作中，山鬼也是一如既往的艳丽高贵，"S"形造型，身材秀颀，长袍大袖，宽裙曳地，顾盼回眸，虽无强烈的动态，但其秀美妩媚获得充分的表现。笔墨果敢洗练不施修饰，化工整严饬为写意飞动，面部刻画精中有细，眼神较为明朗，怨而不怒，哀而不伤，矜而不傲，柔中带刚，洋溢着一股安详的温情感。同时，傅抱石又注重气氛的烘托、意境的营造，笔墨看似潦草荒率，实质注重节奏与韵律，创造出既潇洒明媚又清旷傲岸的风神。

当然，傅抱石拥有浪漫主义的高古情怀，追求一种生命的自由与飞动，无论是山鬼，还是"二湘"，也因之成为他飞动的一个载体。于是，他将大量智慧和精力投入古典人物创作，将饱满的激情和真切的旨趣融入传统文脉，经由不断整合创造，表达内心所向往的理想境界，又有新时代的脉动与气息，令观者如置高雅的古典情境，闪耀出映照时代的人文光辉。如同屈原《山鬼》诗一样，傅抱石《山鬼》不仅是叙事的淋漓渲染，也是情境的瞬间奔涌，有着扣人心弦的巨大魅力。

需要说明的是，傅抱石经营一些大制作类型的重要创作，都要经过反复的推敲和精心的锤炼，诸如《山鬼》，其一、其二为六尺整幅皮纸，其三则是四尺整幅宣纸，可谓殚精竭虑。正因如此，他对于这种题材多集中时间思考绘制，日后或便不再继续，这是其创作中的一个有趣的细节。在《山鬼》的创作中，由于纸张不同，他所面临的问题也必然不同，譬如技法的使用、某些细节的处理，都会因事而异。第三帧采用宣纸而非皮纸，故而并未施绘雨景，所以也未使画面鬼气森森而更显明媚动人。也许，傅抱石就是想在具体的笔墨尝试中预见某种微妙之结果，以为积累经验。无独有偶，这种现象也大量存在于傅抱石其他题材的创作中，如"琵琶行""拨阮""竹林七贤""赤壁赋"等，在一定程度上反映出其创作的思考维度。

这是一次生命激荡的过程，也是一次精神体验的过程。从巨松的描绘到删弃松树，人物从侧身前往到"S"形回眸，从辛夷车前行方向的正反调整到狂风骤雨之景的有无，从土质皮纸到普通宣纸，无不见证了傅抱石在经营《山鬼》时的生动过程。于此，人们可以寻绎出画家一条清晰的笔墨演进脉络，也得以窥见其真实的风格变化痕迹。所以，《山鬼》系列正好构成了傅抱石仕女画创作的完整序列，也理所当然地成为

傅抱石 山鬼 页 纸本 设色 36.2 cm×47.8 cm 1954年 中国美术馆藏

他早期《楚辞》题材人物画创作的重要图像文献，其价值自不待言。

再来说说这位上款人"立勋"，起初真不知何许人也？在所知的傅抱石交游圈内，似乎没有任何线索，初步判定其不应为艺文圈中之人。查阅《傅抱石年谱》，获悉南京师范大学藏有傅抱石1945年作《东山逸致》，曾补题"立勋先生方家正之，新喻傅抱石重庆写"，并钤鉴藏印"张立勋珍藏"。据此信息，可明确"立勋"乃姓张。

通过网络检索发现，北京诚轩2010年春季艺术品拍卖会5月17日0296号拍品十二开《胜利声光册》（1945至1948年间，陈晓南、徐悲鸿、陈之佛、傅抱石、吕凤子、赵少昂、蒋风白、孙宗慰、岑学恭、柯璜、张默生、金润民等十二家或书或画，集册纪念，徐悲鸿题签"胜利声光册"）为张立勋旧藏之物。图录介绍，张立勋乃商业人士，据说时任中国实业银行经理、重庆商会副会长。据此线索，可通过网络检索到"怀商文化寻踪万里行·寻访（下）"之《从九寨沟到碧口——白龙江水思怀商》专文（《焦作晚报》2012年3月29日第06版刊载，记者冯新瑞、实习生王杨联合系列报道）。在这篇纪实报道中，记者进行了实地采访，对张立勋有比较详细的介绍，现扼要摘编如下：

张立勋（1905—1970），河南省博爱县金城乡北里村人。其父张树德早年在杜盛兴坞庄总号当学徒，颇有才能，于1926年携三弟张树吾及张立勋到四川省南坪县（现九寨沟县）经商，主要经营药材和百货，创办"协兴永"商号，在南坪收购药材运往西安、上海等地销售，再从西安、宝鸡等地运百货来南坪出售，四川茂县、甘肃成县、武都、文县均设有分号，其生意规模巨大，被誉为"南坪第一家"。通过甘肃碧口仓库做中转，"协兴永"号所经营的药材由白龙江、嘉陵江直到重庆朝天门，继而从水路转运上海等地。所以，重庆即是协兴永商号的商业运输中转站。除张树德外，张立勋是"协兴永"号二掌柜，实际掌管商业活动。1940年代中后期，张立勋主要在重庆从事经营活动。1953年，已返回南坪的张立勋响应政府集资修水电厂的号召，积极投资，身体力行参与工程建设，并任电厂董事长兼出纳员。鉴于其贡献，南坪县地方志编纂委员会编撰《南坪县志》（民族出版社，1994年）专门为张立勋立传，记录事迹，表彰精神。如今，"协兴永"后人仍有不少定居九寨沟南坪镇，依然在为地方建设尽心尽力。

至于张立勋与傅抱石的交往，大致在乙酉秋冬前后。上述《胜利声光册》即始绘于此时，因抗日战争胜利不久，故名。参与图册创作的均为中央大学师范学院的教授或毕业生，傅抱石所绘则完成于丙戌五月初二（1946年6月1日），而前及《东山逸致》大概也是这一段时间完成出让的。

丙戌中秋佳节（9月10日）稍后的一天，张立勋夫妇来访，傅抱石疾笔题录《山鬼》全诗，向他们传递出真诚的爱情祝愿。又因中央大学将有"复员回京"之计，他还特别感叹："此予所写山鬼第三帧也，即似立勋、载文贤伉俪同赏，亦足志客川一段因缘也。"后随着傅抱石返回南京，两人之间的交往也就不再继续了。事实上，《胜利声光册》的学生辈画家大多作于戊子（1948）间，皆为留川人士，已是题外话了。

以上简单叙述了上款人的一些概况，得益于便捷的网络资讯，套用一个时髦用语"e考据"。大言不惭咯，仅博同好一粲。

2016年4月6日初稿
《南方文物》2016年第2期

傅抱石　山鬼　轴　纸本　设色　133cm×66cm　1945年12月

金刚神韵

——记添一阁藏傅抱石《山水人物图册》

　　1939年4月，傅抱石跟随国民政府军事委员会政治部第三厅辗转来到重庆金刚坡，不久接受国立中央大学师范学院艺术专修科主任吕斯百的邀请，重新执掌中国美术史教席，过起了平凡而宁静的生活。

　　在教学和研究之余，蛰居于巴山渝水间的傅抱石默默无闻地开始了他的绘画实践。1942年10月，他在重庆夫子池励志社举办了较大规模的个人画展，成为其人生历程中一个重大的里程碑。正如吕斯百所言"一个画家之发现"，作为美术史家的傅抱石的画家身份开始确立。

　　面对草木葱茏的蜀地风光，傅抱石将山水画改革的方向从传统的"线"转至"面"的形式突破，所谓"散锋笔法"便在"外师造化"与"中得心源"的心手相印中应运而生了。三年间，他就地取材，使用长锋山马笔，笔头、笔锋、笔根并用，结合山形、山脉的分坡走向，皴擦、勾斫、渲染并施，大胆落墨，细心收拾，使水、墨、彩在快速的用笔驾驭下有机地融为一体，酣畅淋漓，绘画风格正式形成，代表者如《夏山图》（1943）、《万竿烟雨》（1944）、《潇潇暮雨》（1945）等，几达炉火纯青之境。大片的墨彩，飞动的线条，气象万千，孕育着无限生机。后来，他又在成都、重庆举办了数次个展或联展，取得了良好的社会效益。伴随着一次次展览的举办，傅抱石的绘画声誉急速传播。

　　当时，傅抱石执着地信奉中国绘画思想的主流仍不外两条：一是假笔墨以写胸中之所有，二是用为陶咏性情的工具。他强调中国画"雄浑""朴茂"，始终如一地坚持高古、博雅的绘画创作方向。后来，傅抱石在随笔《中国绘画的理解和欣赏》中谈及自己"力求奔放生动，使笔与墨溶合、墨与色溶合，而使画面有一种雄浑的意味及飞扬之气势"，印证了他对中国画"雄浑""朴茂"的理解和追求。

1945年11月间，傅抱石精心创作完成一套尺幅不大的《山水人物图册》十二帧，每开纵33.5厘米、横27厘米，都是其最为熟悉也最为擅长的题材内容。无论是魏晋人物故实，还是唐宋诗词意，无论是山水，还是仕女，多泼墨写意，笔法豪迈，但在细微处不失精致，虽为咫尺却有千里之势，堪称画家金刚坡艺术成熟期的精心力作。

第一开，《渊明行吟图》，题识"抱石作"，钤印"傅"（朱文圆印）、"上古衣冠"（白文方印）。

傅抱石 渊明行吟图 页 纸本 设色 33.5cm×27cm 1945年11月

傅抱石 万竿烟雨图 页 纸本 设色 33.5 cm×27 cm 1945年11月

　　陶渊明是历代知识分子心目中的理想偶像，其人生观、道德观和处世哲学影响深远。他"闲静少言，不慕荣利，不为五斗米折腰"，退隐山林，与许多文人的内心深处产生共鸣。傅抱石常画陶渊明，诸如"渊明行吟""渊明采菊""渊明沽酒""渊明还庄"等。这里，陶渊明行吟于寒林中，气氛疏朗清冷，枯树排列组合极见秩序，细节如枝干粗细，伸展交叠姿态不一，交错变化，其位置经营，于微妙中穷尽布局之精妙。人物信步徜徉，脸容舒泰，一派悠然之态，皆用洒脱的细线疾写而出，不勾画衣纹的繁复，也减去多余的细节，极具高古气息。画家在画面上以朴素平实的技巧表达了对笔下高士人物的理解，生动地表现出宁静萧寒的诗境。

第二开，《万竿烟雨图》，题识"新喻傅抱石，东川金刚坡下山斋"，钤印"抱石"（白文长方印）、"抱石斋"（朱文方印）。

傅抱石善画雨，应是川西山区多雨的气候给他带来创作的灵感，无论是巴蜀的疾风暴雨，还是江南的绵绵细雨，被他再现于画幅，引人入胜，如《潇潇暮雨》《巴山夜雨》《江南春雨》等，皆为精心力作，所以论者常用"一半山川带雨痕"来形容其画作。谈及画雨，傅抱石曾说："古代画家不直接画雨，而能使人产生下雨的感觉。……到了清代的金冬心，开始摸索直接画雨的方法。我受了他的影响，也吸收了西洋水彩画的表现方法。但是，对我来说，最重要的老师是大自然本身。"显然，自然触发了他的灵感，为他提供了素材。在吸收中外绘画技巧长处的基础上，他成功地表现出原本没有固定形状的雨水的气势，形成强烈的感染力。万竿烟雨，是他画过多次的题材。万竿竹林在风雨中摇曳，一高士在屋舍中凝望赏雨，风骤雨急，飞瀑直下。他创造了"墨扫"和"洒矾"画法，画雨成为拿手绝活。此幅以墨笔斜刷画面，顺着一个方向，用不同的浓淡、不同的宽窄、不同的力度，刷扫出雨线雨势，让人能够真切感受到风声、雷声和滂沱的大雨声，令人叹为观止。

第三开，《仕女图》，题识"新喻傅抱石写，重庆西郊金刚坡下山斋"，钤印"傅"（朱文方印）、"乐夫天命"（朱文随形印）。

此图以屏风为背景，近景为几案盆花，笔墨率意；仕女则笼袖侧立，面庞秀润可人，姿态妩媚，带有淡淡的幽怨表情。飘带如行云流水，裙褶线条绵劲不绝，无一丝造作之痕迹。论者以为傅抱石绘制仕女的体态颇具唐风，丰满而又婀娜多姿，由是观之，其言不谬。特别是美女的发髻先用干笔焦墨丝皴取形，再用淡墨烘染，不仅增强了整幅作品墨色的对比度，而且以其形神的严谨反衬出景物挥写的放达。

第四开，《虎溪三笑图》，题识"抱石写于东川金刚坡下山斋"，钤印"傅抱石印"（白文回文方印）、"乙酉"（朱文长方印）。

虎溪三笑，是表现慧远、陆修静与陶渊明的故事，其背后隐含的

傅抱石 仕女图 页 纸本 设色 33.5 cm×27 cm 1945年11月

"儒、释、道三教原来是一家"的意味颇足深思。慧远是莲宗初祖，驻庐山东林寺；陆修静是住在东林寺附近的道士；陶渊明刚从彭泽令任上辞官回家，住在山下浔阳。他们隐逸山林，不问政事，意气相投，交情莫逆。传慧远专心修行，送客从不越过虎溪。一日，三人畅谈义理，边走边谈，兴犹未尽，不知不觉越过虎溪，以致慧远所驯养的老虎马上鸣吼警告，三人相顾大笑，欣然道别。经唐宋文人绘图作文，大肆渲染后影响甚大。傅抱石曾多次画过，构图略有变化。画中在两棵荔郁的大树下，慧远、陶潜、陆修静谈兴正浓，旁有虎溪桥，桥边围槛正露一角，点缀坡石杂树。全幅湿笔作画，水墨淋漓，浓淡相映成趣。在空间布置上，虚实对比强烈，构思出乎意外。

傅抱石 虎溪三笑图 页 纸本 设色 33.5 cm×27 cm 1945年11月

傅抱石 二湘图 页 纸本 设色 33.5 cm×27 cm 1945年11月

　　第五开，《二湘图》，题识"二湘图。新喻傅抱石，重庆西郊金刚
坡写"，钤印"抱石之印"（白文方印）、"乙酉"（朱文长方印）、
"抱石得心之作"（朱文方印）。

　　楚辞《九歌》有《湘君》和《湘夫人》两篇，相传湘君、湘夫人是
帝尧的女儿娥皇和女英，都是舜之妃子，姐姐是正妃，称君，妹妹是夫

人。后来，湘君、湘夫人被演绎成民间传说中的湘水女神，既有人的情感，又有神的灵性。她们形象高洁美丽，感情忧愁缠绵，态度真诚执着，在一定程度上可视为爱情之神的代称。以湘君、湘夫人进行《二湘图》的绘制，将舜之二妃作为湘水女神的形象创造出来，一直是傅抱石热衷的《九歌》诗意画创作主题。1943年以来，傅抱石兴趣不衰，既构巨制，又作小品，流传甚广，成为其仕女画的代表作之一。画幅中，满布随秋风飘舞的落叶，湘君、湘夫人宽衣广袖，裙裾飘举，缓行其间，或前瞻，或回顾，形象端庄优雅，体态丰腴飘逸，面相饱满娇美，但表情凝重沉毅而略带忧伤深邃之感，一派清空洒落的境界。这里，傅抱石尤其注重眼神的刻画，先以淡墨轻描眼形，再以稍重之笔勾勒眼黑，后以少许浓墨点睛，目光中那种忧郁与惆怅之感生动而真切。而落叶点虱洒脱淋漓，衣纹出以高古游丝描而流畅飞动，相互对照中愈显精彩。

第六开，《前赤壁赋图》，题识"赤壁赋。壬戌之秋，七月既望，苏子与客泛舟游于赤壁之下。清风徐来，水波不兴。举酒属客，诵明月之诗，歌窈窕之章。少焉，月出于东山之上，徘徊于斗牛之间。白露横江，水光接天。纵一苇之所如，凌万顷之茫然。浩浩乎如冯虚御风，而不知其所止；飘飘乎如遗世独立，羽化而登仙。于是饮酒乐甚，扣舷而歌之。歌曰：'桂棹兮兰桨，击空明兮溯流光。渺渺兮予怀，望美人兮天一方。'客有吹洞箫者，倚歌而和之。其声呜呜然，如怨如慕，如泣如诉；余音袅袅，不绝如缕。舞幽壑之潜蛟，泣孤舟之嫠妇。苏子愀然，正襟危坐，而问客曰：'何为其然也？'客曰：'月明星稀，乌鹊南飞，此非曹孟德之诗乎？西望夏口，东望武昌，山川相缪，郁乎苍苍，此非孟德之困于周郎者乎？方其破荆州，下江陵，顺流而东也，舳舻千里，旌旗蔽空，酾酒临江，横槊赋诗，固一世之雄也，而今安在哉？况吾与子渔樵于江渚之上，侣鱼虾而友麋鹿，驾一叶之扁舟，举匏尊以相属。寄蜉蝣于天地，渺沧海之一粟。哀吾生之须臾，羡长江之无穷。挟飞仙以遨游，抱明月而长终。知不可乎骤得，托遗响于悲风。'苏子曰：'客亦知夫水与月乎？逝者如斯，而未尝往也；盈虚者如彼，而卒莫消长也。盖将自其变者而观之，则天地曾不能以一瞬；自其不变者而观之，则物与我皆无尽也，而又何羡乎！且夫天地之间，物各有主，苟非吾之所有，虽一毫而莫取。惟江上之清风，与山间之明月，耳得之而为声，目遇之而成色，取之无禁，用之不竭。是造物者之无尽藏

傅抱石 前赤壁赋图 页 纸本 设色 33.5 cm×27 cm 1945年11月

也，而吾与子之所共食。'客喜而笑，洗盏更酌。肴核既尽，杯盘狼藉。相与枕藉乎舟中，不知东方之既白。乙酉十月二十又六日重庆金刚坡下山斋，新喻傅抱石"，钤印"傅氏"（白文方印）、"抱石"（朱文方印）、"往往醉后"（朱文长方印）。

宋元丰五年（1082），因乌台诗案被贬黄州的苏轼与友人两次泛舟游于黄州城西的赤鼻矶，写下了脍炙人口的前、后《赤壁赋》二赋。他借着怀想当年在赤壁何其意气风发的英雄们俱已往，感慨生命的短暂与人生之虚诞，而对万物的变与不变，提出一种非常豁达且富哲理的反思。这种面对个人处境的困顿，却能穿透历史的豁达感，使得苏轼赤

傅抱石 陆羽煮茶图 页 纸本 设色 33.5 cm×27 cm 1945年11月

壁之游传为千古佳话。元明以来，以图像传达苏轼赤壁胜事的"赤壁图"，蔚为风行。傅抱石也十分热衷绘制"赤壁图"，而且乐此不疲，或册页、或横幅、或立轴、或扇面，一再创作，佳作迭现。在一系列的赤壁图像中，他以自由洒脱的笔墨向人们叙述着古老中国的文化精神传统，并表达了他对古代高人逸士的理解和憧憬。

《前赤壁赋图》表现的是苏轼与友人于赤壁游玩的情景，左侧以粗笔画壁立千仞的山石直插江心，纵情涂扫，无所羁束，干湿浓淡互融，一派水墨氤氲。江面宽广，轻描淡写，仅以几笔墨痕擦出水波，颇有节奏感。一叶扁舟行于山壁之下，苏轼身着青衫峨冠，端坐舟中，与友人相晤甚欢。人物眉眼、衣饰刻画精细入微，与山崖的大气奔放相映生辉。画面构图可谓匠心独运，取斜势的山石造成奇崛而惊险的视觉效果，有意与孤舟形成强烈对比，右侧长题以寻求画面平衡感，蝇头行楷，笔力如金刚铁杵，风格缜密俊秀。

第七开，《陆羽煮茶图》，题识"抱石东川金刚坡下"，钤印"抱石之印"（白文方印）、"往往醉后"（朱文长方印）。

陆羽，性散淡，不愿为官，上元初，隐居于苕溪。嗜茶，闭门著《茶经》三篇，被尊为"茶神"。图画陆羽煮茶品茗之情景，写高人逸士生活之雅趣。芭蕉数棵，阔叶蔽日，浓荫之下，陆羽手执纨扇端坐于茶炉前，等待仆人前来送水。人物注重内心世界的刻画，其专注之态，生动传神。阔大的叶片皆以色彩染出，中锋勾绘叶脉，率意自然。赋色清淡冷隽，葱翠欲滴，闲和静谧的幽雅气氛直扑人面，充分展示出文人清淡闲适生活之一端。

第八开，《杜甫〈闻官军收河南河北〉诗意图》，题识"即从巴峡穿巫峡，便下襄阳向洛阳。新喻傅抱石东川"，钤印"傅"（朱文圆印）。

杜甫《闻官军收河南河北》诗云："剑外忽传收蓟北，初闻涕泪满衣裳。却看妻子愁何在，漫卷诗书喜欲狂。白日放歌须纵酒，青春作伴好还乡。即从巴峡穿巫峡，便下襄阳向洛阳。"该诗作于唐广德元年（763）春，时安史之乱刚刚结束。杜甫不禁狂喜，手舞足蹈地口占这首七律。全诗情感奔放，抒发了无比喜悦兴奋的心情。傅抱石十分喜欢以"即从巴峡穿巫峡，便下襄阳向洛阳"入画，巫峡烟云，长江浩淼，得心应手。大幅气势雄浑，小幅咫尺千里。不论大幅小幅，都表现出舟

傅抱石 杜甫《闻官军收河南河北》诗意图 页 纸本 设色 33.5cm×27cm 1945年11月

楫在峡谷中顺流而下，瞬息千里之势，其妙处在于一个"急"字，生动再现了杜甫闻家乡收复、急欲返回的迫切心情。这里，画面采取近实远虚的表现手法，右侧山势环绕，而左侧又加以中景，使层次错落有致；近景用浓墨参以青绿表现山石的险峻，由近及远则墨色渐变，山势遁险，山腰云雾缭绕，用笔豪放，虚实相映，既率意又精细，既有激情又不失法度，洋溢着浓烈的诗情。江中隐约现滩濒之险，白帆点点远去，没入天际。在墨色交融的光影里，群山与江流巧妙地构成山水的虚与实、明与暗、动与静的对比，雄浑多姿。有时，傅抱石还以这种图式表现清代吕潜《江望》"横江门外数帆樯，立尽西风鬓渐霜。只有乡心不东去，早随烟月上瞿塘"之诗意。

傅抱石 听泉图 页 纸本 设色 33.5 cm×27 cm 1945年11月

第九开，《听泉图》，题识"乙酉十月，东川，抱石写"，钤印"傅抱石印"（白文回文方印）、"抱石得心之作"（朱文方印）。

"听泉"是傅抱石画水的经典题材之一，其所创"皴水法""破笔点""扫雨法"尽现于同一画画，且富有诗意和情调。"抱石画水，如闻其声"，这是对傅抱石画水技艺的高度赞誉，也表明他画的山水具有很强的动感。的确，他的很多作品都因他创造性地以"皴水法"画水，而取得了神妙的艺术效果。此幅泼墨写意山水，运笔湿润，用墨浑化，一气呵成，妙在远山虚现泉瀑水口，山泉喷薄而下，显出雨后山泉涌、溪涧激流下的景象。以右角瀑布、近景左侧的流泉构成水系，时隐时现，雨、雾、泉、水尽在笔下翻滚，挥洒自如。远处山石以淡墨涂抹，不见结构；远瀑取其影，朦朦胧胧；近流映其光，趁湿而洒，勾擦飘逸。近景用浓墨破笔点画出巨木茂树，径直把前后的层次拉开，顿使通幅墨色鲜活透脱；寥寥数笔勾出草屋水榭，一位骚客倚栏眺望，瀑布打石的流泉中隐约传来他吟诵的诗句。画家将传统题材"听雨""观泉"糅合在一起，可闻泉瀑的轰鸣，夹杂雨声的飒沥，也有疾风夹雨扑面之感。

第十开，《后赤壁赋图》，题识"赤壁图。抱石写苏子瞻前赤壁图后，作此图于重庆西郊"，钤印"傅"（朱文圆印）、"抱石入蜀后作"（朱文扁方印）。

《后赤壁赋图》有别于他惯用的图式，不画赤壁，仅绘近景人物。近处礁石枯树，苏轼怀揣酒壶，客手提篮篑，相互顾盼，一派仙风道骨；中景一片空白，江面寥廓，意境萧散。画幅水墨淋漓，江面以留白的形式和坡岸率性的平涂渲染，没有丝毫的突兀；人物面部神态自然，细节勾勒细腻清楚，衣纹灵活挺劲，袖袍与帽带随风鼓动；近景枯树枝杈以中锋勾勒，线条简洁干练，生动再现了"霜露既降，木叶尽脱，人影在地，仰见明月，顾而乐之，行歌相答"的意境。

第十一开，《李白〈怨情〉诗意图》，题识"抱石写"，钤印"傅"（朱文长方印）。

李白《怨情》诗云"美人卷珠帘，深坐颦蛾眉。但见泪痕湿，不知心恨谁"，抒写一位美人的幽怨。傅抱石不是直截了当地写怨，而以"美人卷珠帘"营造画面，着重于美人神态的描绘：含颦独坐，孤寂地弹奏古琴，泪痕满面，细腻地表现出其心中深深的愁怨。他十分注重

傅抱石 后赤壁赋图 页 纸本 设色 33.5 cm×27 cm 1945年11月

人物头部的刻画，仕女的鬓发先用干笔皴擦塑形，果敢而准确，后用淡墨烘染，华滋而浑厚，而眼神妩媚动人；衣服的运笔轻松随意，恰到好处，加上衣领袖边用焦墨烘托，更显得淡墨线条节奏韵律的美感。所弹古琴以硬毫勾线，细劲有力，精微之处，似可凑近细审。

　　第十二开，《袁安卧雪图》，题识"袁安卧雪图。乙酉十月下浣，

傅抱石 李白《怨情》诗意图 页 纸本 设色 33.5 cm×27 cm 1945年11月

重庆西郊金刚坡下山斋，新喻傅抱石"，钤印"抱石之印"（白文方印）、"抱石得心之作"（朱文方印）。

袁安因卧雪之举得县令之赏荐，乃有后来严明为政的机会，传为佳话。《后汉书·袁安传》云："时大雪积地丈余，洛阳令身出案行，见人家皆除雪出，有乞食者。至袁安门，无有行路。谓安已死，令人除雪入户，见安僵卧。问何以不出。安曰：'大雪人皆饿，不宜干人。'令以为贤，举为孝廉。"画幅中，寒山枯树，篱笆木屋，积雪封户，一派严冬雪景，苍凉凛冽之意溢于画外。屋内袁安，闭目仰卧。户外洛阳令主仆三人行至树下，见积雪无人清扫，不明就里，驻足而问。画家构思巧妙，以俯视角度将整个故事最精彩的一瞬凝结于笔下，令观者有身临

傅抱石 袁安卧雪图 页 纸本 设色 33.5 cm×27 cm 1945年11月

其境之感、浮想联翩之乐。

傅抱石善于以古代中国最为著名的历史故事为题材，将其逐一图像化，诸如"袁安卧雪""虎溪三笑""渊明行吟""陆羽煮茶"等，题材虽旧，但"出之以较新的画面"。这些高古的题材，成为傅抱石抒发情感的工具，展现出中华民族博雅的文化气质。无疑，这套《山水人物图册》真实地印证了傅抱石的创作随感。图册多以人物为中心，为使人物起到画面中心的作用，他精心经营，细心收拾，人物生动传神，精彩毕现。

1940年代以来，傅抱石以历史人物画知名画坛，或高人逸士，仙风道骨，气宇轩昂，或靓女美妇，面容光洁，妩媚艳丽，充分展现出高贵博雅的古朴气质，但又不失现代的浪漫气息。他往往通过形象构思，将奔放的创作冲动表现为想象的驰骋，注重气氛烘托和意境营造，善于将难以言传的微妙气息准确地表现出来，细腻地再现历史人物的精神气质。无论是谈诗论道，还是蕉荫对弈，无论是策杖行吟，还是临泉听瀑，造型高古超然，气质安逸清雅，营造出一个旷达疏远、清新古雅的文化精神世界。

尤其是，《山水人物图册》中的《二湘图》弥足珍贵，不仅人物精彩、笔墨精良，而且是目前所见最早的有确切年款的"二湘图式"，具有十分重要的图像学意义。画中"二湘"取准鸟瞰式的视角、"S"形造型，曲线为主，富有相当的动感，而仪态端庄，面目丰腴，呈现出画家1945年仕女画的典型风格。在傅抱石的"二湘"图像序列中，这幅《二湘图》见证了画家的图式经营之路，成为其"二湘"系列中一件极为重要之作。

在山水画方面，傅抱石继承宋画的宏伟章法，取法元人的水墨逸趣，变传统皴法，以散锋乱笔表现山石的结构，独创"抱石皴"。表现金刚坡下、成渝道上的秀美景色，反映巴山蜀水的情景意趣，成了傅抱石这一时期山水画创作的主题。他融合破笔散锋，长于表现苍茫迷离的雄浑意境，以气取势，磅礴多姿，自然天成；而点景人物则十分注重气氛的烘托、意境的营造，对人物神态、衣着的处理表现过人，能细腻地再现人物的精神气质。"所谓大胆落墨，小心收拾"，在这套图册的《万竿烟雨图》《听泉图》《袁安卧雪图》中，都有精彩的呈现。

古人云："画是无声诗，诗是无声画。"如果说，诗词表现的是凝练、含蓄、抽象的画意，那么，画家以画笔将古代诗词的内容和意境以可视的绘画艺术元素充分地表达出来，使蕴涵的画意更加丰富和具象。傅抱石喜欢以唐诗宋词入画，巧心营造，以凝练的图像程式铺陈画面，以精湛的笔墨语言再现诗意，达到了画中物象与诗文情致交融之境。这里，《杜甫〈闻官军收河南河北〉诗意图》《李白〈怨情〉诗意图》《前赤壁赋图》《后赤壁赋图》等，都是他对唐宋诗赋心摹手追的结果，以图像的形式完成了与古人心灵上的时空对话，抒发了悠远深邃的历史感怀。

综合考察《山水人物图册》，所谓"淋漓酣畅""豪迈高古"等诸要素，在这套精小的册页中得以充分展现，足称"大手笔"也。简言之，作为傅抱石金刚坡时期的得心之作，此图册真实见证了傅抱石绘画成熟的风格样式，成为其最为重要的早期作品之一，其价值自不待言。

2015年7月完稿

《南方文物》2015年第4期

惊喜的重现

——记傅抱石《郑庄公见母图》

1940年代以来，傅抱石以历史人物画知名画坛，或高人逸士，仙风道骨，气宇轩昂，或靓女美妇，面容光洁，妩媚艳丽，展现出高贵博雅的古朴气质。他的人物画追求"线性"，运笔速度极快且富有弹性，有时融合自创的破笔散锋，兼用多种笔法而自成一格，奔放中不失精微，严谨中不失粗犷，充满刚劲的美感与力量。他将奔放的创作冲动表现为想象的驰骋，善于将难以言传、难以把握的微妙气息准确地表现出来，细腻地再现历史人物的精神气质。无论是谈诗论道，还是蕉荫对弈，无论是策杖行吟，还是临泉听瀑，造型高古超然，气质安逸清雅，营造出一种旷达疏远、清新古雅的文化精神世界。

黄苗子曾回忆，随着一次次展览的举办，傅抱石在"壬午画展"之后画名渐显，其历史人物画比山水画更为观众欣赏，倾囊争购。无疑，由于艺术表现力较强，傅抱石的历史人物画博得了人们普遍的情感认同。

不仅如此，傅抱石的绘画也受到了英国、法国、荷兰等驻华使馆职员以至学者文人的欣赏和追捧，纷纷通过法国驻华使馆翻译杜安定制，或直接登门求画。如此风气，以法国人最盛，如蒲若华、纪业马、田友仁、雷士铎等，皆能从画迹中追逐与画家之交谊。1944年3月，傅抱石在重庆中苏文化协会举办画展，美国人艾惟廉博士还在《时事新报》上发表《傅抱石画展观感》，热情赞颂了傅抱石的绘画艺术，足见画家在西方文化学者心目中的印象。

1942年9月，傅抱石在《壬午重庆画展自序》中曾就自己的题材来源做了说明：（一）撷取自然；（二）诗境入画；（三）历史故实；（四）临摹古人。他特别声明，第三条路线是他人物画创作的主要路

傅抱石 郑庄公见母图 轴 纸本 设色 105 cm×60 cm 1945年8月

线，如"渊明沽酒""东山逸致""羲之观鹅""萧翼赚兰亭""赤壁舟游"等。这些高古的题材，在其笔下成为他抒发情感的工具。

最近，从南洋回流了一件名曰"郑庄公见母图"的画作，是傅抱石1940年代最为重要的历史人物画精品。该图，纸本，设色，纵105厘米，横60厘米，作于1945年8月下旬，题识"中华民国三十四年八月下浣，新喻傅抱石重庆西郊写"，钤印"傅"（朱文）、"抱石大利"（白文）、"上古衣冠"（白文）、"踪迹大化"（朱文）。据叶宗镐《傅抱石年谱》记述，《郑庄公见母图》应杜安之邀而作。杜安（Du′an）是法籍越南人，自称姓段，乃春秋时期郑国共叔段（公元前754-？）之后裔，以《古文观止》中首篇《左传·郑伯克段于鄢》向傅抱石求画。几乎同时，傅抱石还为乃父段永顺（1882-1946）以其祖先东汉"凉州三明"之一段颎（？-179）建宁二年（169）击灭东羌之史迹创作《夜破东羌图》，2016年9月现身于香港苏富比秋季拍卖会。

关于与杜安的交往，傅抱石曾在1944年5月1日所作《王维〈送元二使安西〉诗意图》题识中提及："癸未九月廿一日，予所写《阳关图》为法国杜安先生藏去，今日始第二次涉笔也。"癸未九月廿一日，即1943年10月19

傅抱石 夜破东羌图 轴 纸本 设色 106.2cm×60.7cm 1945年

傅抱石 郑庄公见母图 轴 纸本 设色 105.2 cm×60.6 cm 1945年 南京博物院藏

日，只是这张为杜安收藏的首作《王维〈送元二使安西〉诗意图》，至今未曾现世。

郑庄公（前757－701），是郑武公（？－744）和夫人武姜所生长子，因难产不为母亲所喜。姜氏又生次子共叔段，极为宠爱。郑庄公即位后，姜氏要求庄公赏赐共叔段封地。后来，共叔段在鄢与母亲姜氏密谋袭击郑庄公，被讨伐，兵败出逃，姜氏亦被迁于城颍。庄公发誓："无及黄泉，毋相见也。"后来，庄公后悔，便掘地及泉，从隧道中出与母亲相见，母子和好。傅抱石应邀作《郑庄公见母图》，则描写了姜氏见庄公替段请求封邑的场面。宫殿内庭柱耸立，帐幕卷舒，营构了如"大隧"般的幽邃森严。郑庄公身着红衣，正面端坐，神情凝重恭肃；姜氏袖手侧坐，在共叔段的陪伴下慎言对话，一副小心谨慎的样子。这里，他将画面定格于这气氛紧张的一瞬间，生动地再现了人物的瞬间神态。母子初见仿佛无语相对，又似已说过万千知心话而感慨凝思。在深怨大恨之后，他们重归于好，抒发出细腻而绵长的人生况味。

傅抱石擅长史论研究，熟悉文学故实，习惯以历史典故、文学名篇为题，尝言："刻划历史人物，有它的方便处，也有它的困难处。画家只有通过长期的广泛而深入的研究体会，心仪其人，凝而成像，所谓得之于心，然后形之于笔，把每个人的精神气质、性格特征表现出来。"所以，这是他创作古代人物画的深刻体会与经验总结，《郑庄公见母图》就是他研读《郑伯克段于鄢》并将之图像化的结果。

当然，《郑庄公见母图》充分显示了傅抱石人物画的主要特征。人物皆长袍宽裙，衣纹主要采用长线条，果敢不施修饰，化工整严饬为写意飞动，尤得古雅韵味。他十分注重气氛的烘托、意境的营造，笔墨看似潦草荒率，实质注重节奏与韵律，创造出既潇洒自如又精工典雅的风神。他尤其着力于人物的心境表现，追求主体与客体间的情感共鸣，又善于人物面部刻画，乱中求整，精中有细，最勾魂摄魄处往往在于眉眼处所传递出的神情，细眉鹤眼，线条更为纤细精确。

需要说明的是，傅抱石创作一个题材时往往会举一反三，反复实践。一旦探索出一种成功的人物组合、摆布方式后，他会在多幅作品中加以复制。譬如《郑伯克段于鄢》，南京博物院亦收藏有一件几乎同一尺寸的《郑庄公见母图》，乃家属捐赠之物，构图大致相当，人物仅侍从站立区别而已，背景则有屏风、庭柱之不同，但画作品质明显逊于这件回流佳作。笔者得近水楼台之便，关注傅抱石其人其艺数年。虽然，或画家不太关注这类题材，杜安又是命题作文，《郑庄公见母图》之创作乃属少数。但是，根据自己观察，断定画家创作《郑庄公见母图》不会仅此未及署款一件，必定还有成品之作。今得益于海内外交流之便和艺术市场之盛，《郑庄公见母图》得以重现，的确解开了笔者心中的一个疑问。

或许是爱屋及乌，笔者得见《郑庄公见母图》，真有一种"久别逢知己"的感觉。在惊喜之余，笔者直叹：必定又是一个高价钱！

2015年9月30日草稿

《中国收藏》2016年第7期

扛鼎巨制

——傅抱石《云中君和大司命》读记

1953年是战国浪漫主义诗人屈原逝世2230周年纪念。时任世界和平理事会副主席郭沫若大力倡导在世界范围内宣传屈原，世界和平理事会通过决议，将屈原与波兰天文学家哥白尼、法国文学家拉伯雷、古巴作家何塞·马蒂作为年度世界四大文化名人，号召全世界人民开展纪念活动。在郭沫若领导下，相关的屈原纪念活动，如举办展览会、发表纪念文章、出版屈原著作、文艺表演等，在各地纷纷举行，屈原逐渐走向全世界。

1953年6月15日，有关部门在湖南汨罗江畔的屈原祠举行纪念集会，奉屈原为爱国典范。9月27日，中国人民保卫世界和平委员会等五部门在北京隆重举行"屈原逝世2230周年、哥白尼逝世410周年、拉伯雷逝世400周年、何塞·马蒂诞生100周年纪念大会"，还专门发行一套纪念邮票。与此同时，世界和平理事会在莫斯科举行世界和平大会，苏联各界隆重举行纪念屈原逝世2230周年活动。屈原纪念活动在国内外产生了重要影响，不但宣扬了屈原及其文化精神，而且促进了中国与世界各国的交流和了解。这一系列活动，在朝鲜战争结束前后无疑属于重要的政治事件。

为呼应世界保卫和平大会，中华人民共和国文化部决定由郭沫若、游国恩、郑振铎等人组成"屈原研究小组"，收集、整理屈原作品，以白话文的形式出版发行。1953年6月，郭沫若著成《屈原赋今译》，由人民文学出版社出版，至1956年11月第6次印刷，印数已达6.7万册，流传甚广。他在翻译屈原赋时，注重对原作的校勘整理和字义解释，在作品辨伪、解题和注释中提出不少新颖的见解。大体而言，郭沫若所译，语言流畅，节奏鲜明，音调铿锵，具有原诗之风韵，尤以译《九歌》的

傅抱石　云中君和大司命　轴　纸本　设色　221.5cm×132cm　1954年9月

傅抱石 云中君和大司命 镜心 纸本 设色 114cm×315cm 1954年9月

那些抒情短诗最好。

1953年夏天，即郭沫若《屈原赋今译》出版后不久，傅抱石受到全国纪念屈原气氛的感染，拟根据《屈原赋今译》为次年第二届全国美术展览会酝酿创作，后利用出差上海的机会汇报于华东文化局。时任局长夏衍十分赞同，许诺给予相关资助。于是，傅抱石开始认真研读《九歌今译》，时断时续地思索着、经营着，入冬以后开始涉笔。1954年2月14日，他致信郭沫若，谈论根据《屈原赋今译》创作《九歌图》的思考："窃以为公之《今译》是一二千年来划时代的再创作。数月来除研究工作之外，创作方面为《九歌》之经营，系以我公译文为主——从形象表现，唯公译最好设计构图——已完成七幅。"

其实，以文学作品为题材进行绘画创作的过程，是一个文学接受的过程。因而，图文关系是十分重要的一环。图画因文字而来，如何将文字转为图像，选取文本叙述的哪一部分作为绘画的主轴，均是画家考虑的重点。画家如何转译叙事？图文特点如何配合？图文间的异同具何种意义？这些问题的顺利解决，都建立于画家对图所据文字或故事之了解。通过对史籍的古人《九歌》图式的比较研究，熟悉《九歌图》历史传统的傅抱石开始谨慎地付之笔墨。

　　1954年10月7日，傅抱石通过综合历代《九歌》图像，历数月惨淡经营，极有意识地以册页的形式分别将《九歌》文字加以图绘，殚精竭虑地完成了《九歌图册》，分别是《东皇太乙》《云中君》《湘君》《湘夫人》《大司命》《少司命》《东君》《河伯》《山鬼》《国殇》，用绘画的方式和郭沫若相互应和。

　　为了解决文字上的抽象空间思维和绘画上的图像视觉再现之间的有效融合，傅抱石通过对文学上的整体把握和叙事细节的细腻思考进行思维的时空转换，深入思考，谨慎运笔，力求将文字生动而富有寓意地转为图画。这里，他赋予各种人物不同的鲜明性格，或热烈奔放，或超然物外，或坚毅刚强，其表现手法变化多端，构思意象新颖独特，很好地契合了屈原的诗意。而且，他细心地绘制了每个图像，可以让观者仔细地、饶有兴味地欣赏，进而完成从图像到文字，再从文字到图像的反刍式联想，体会《九歌今译》的要旨。这些书有白话文字的画作，配合民歌般的词意，傅抱石在人物形象、笔墨风格上都做了一定的调整，具有一定的世俗情味。《九歌图册》的叙事表现，处处可见他对细节的讲究与诠释文字的良苦用心。

　　就在创作《九歌图册》期间，傅抱石还根据《九歌今译》精心创作

了两幅巨制《云中君和大司命》，一为立轴，一为横幅，均题识"云中君和大司命。一九五四年九月，据《屈原赋今译》试写，傅抱石"。

云中君是云之神，又名屏翳、丰隆，专司云起雨落。大司命是生命之神，专司人间生死寿命，诛恶护善。《云中君》今译云："云神放辉光，比赛得太阴和太阳。坐在龙车上，身穿着五彩的衣裳。她要往空中翱翔，游览四方。"《大司命》今译云："天门大打开，乘着乌云出来。叫狂风在前面开道，叫暴雨为我打扫。云中君你已旋回着飞往下界，我要翻过空桑跟着你来。四海不少的男人和女人，是我掌握着他们的寿命。"在郭沫若看来，云中君和大司命是一对恋人。他开篇解题时说："十一篇歌辞有六种写法。第一种是叙述祭祀的排场，如《东皇太一》《礼魂》。第二种是歌者或祭者向女神求爱，如《云中君》《少司命》（这两位都是女神）。第三种是男神向女神求爱，如《大司命》（大司命追求云中君）、《河伯》（河伯追求洛神）。第四种是叙述女神的失恋，如《湘君》《湘夫人》《山鬼》，但在这一种中，前二歌是戏剧式的写法，后一歌是小说式的写法。第五种是祭祀者把神丢在一边，不愿意离开欢乐的祭场，如《东君》。……第六种是直接礼赞，如《国殇》，这是赞颂阵亡将士的歌。只有这一首，没有包含恋爱的成分。"郭沫若解释《九歌》不沿袭"君臣关系"说，云中君、大司命虽是天上神祇，或不会有私情之恋，但他将神视为七情六欲的人间男女来讴歌，是一个美丽的神话故事。

因此，傅抱石根据郭沫若的解题，刻画了男神大司命追求女神云中君的情景，集于同一画面。云中君是位娟秀的盛装少女，"龙驾兮帝服"，大司命是位英俊的健美男子，"乘龙兮辚辚"，乘着龙车奔腾于云雾间，讴歌着人间美好的爱情。

在这件煌煌巨构中，云中君身着五彩霓裳，绿内衬，蓝飘带，驾着龙车飞驰，沐浴着朝霞，从云雾中翩翩而来。她裙带飞扬、衣袂飘飘，目光高傲，若有所思，鲜艳的红色袖口与领口醒目耀眼。满天赤霞映红了大地山川，充分显示了"览冀州兮有余，横四海兮焉穷"的豪情。大司命亦乘着龙车，注视着他心中的女神，目光坚毅，追逐不舍，手握宝剑紧随其后，在乌云翻滚、狂风暴雨中冲天前行。画面注重水墨的渲染，以淡墨卷出团团乌云，大笔蘸墨挥笔疾刷，横涂竖抹，成风雨之状，烘托生命之神出行的威风，而人物隐没于风雨浓云之间，雨丝横斜，云雾迷蒙，墨气混沌，制造出一种神秘的幻化效果；而厚重的云气衬托出人物的脸庞，面如冠玉，略施淡彩，神态超然，衣着设色古雅，以淡墨烘染衣带与服饰边缘，彰显宁静古朴之感；衣纹则以高古游丝描疾笔而就，凝练劲健，颇有六朝遗风。龙车造型充满想象力，龙的面目生动、神态威武。显而易见，傅抱石通过环境渲染、笔墨变化、章法虚实等手段，创造出一种既气势磅礴而又深邃幽远的艺术气氛。

1954年10月23日，傅抱石给郭沫若写了一封长信，诉说创作《九歌图》的甘苦："去年由我公号召的全世界性纪念，特别是《今译》的刊出，于是使拙衷不揣冒昧，初以重作《九歌》为任……约自去冬起，遇暇即执笔为之，全部形象均以《今译》为依归，中间亦曾多次遇到困难（如大、少《司命》《云中君》《国殇》等章），揆之旧图，出入实多。拙作除《东皇太乙》外，均作年青人形象，盖几经揣摩尊译精神，未审当否耳？……在上海评选过程中，有人对于'龙车'表示怀疑，拙作是斟酌李龙眠等原图设计，把车（有轮）画在龙身上，龙行云而走的。有人反对说：既有轮，何必龙？此外，又有人对龙的鼻子提出意见。石以为此亦可察对像屈原这富于想象的作品形象化的理解。"这里，他道出了自己经营人物形象时的若干思考，人物依据郭沫若《九歌今译》中关于爱情的阐释多作年青人形象，而"龙车"乃综合了历代《九歌图》传统反复斟酌而来，可谓笔笔有出处。

中国美术史研究出身的傅抱石擅长史论研究，熟悉文学故实，习惯以历史典故、文学名篇为题，尝言："刻画历史人物，有它的方便处，也有它的困难处。画家只有通过长期的广泛而深入的研究体会，心仪其人，凝而成像，所谓得之于心，然后形之于笔，把每个人的精神气质、性格特征表现出来。"显然，这是他创作人物画的深刻体会与经验总结。所以说，《云中君和大司命》便是他研读《九歌今译》而将之图像化的结果，真实体现出他对《九歌今译》的谨慎思考。

众所周知，傅抱石人物画的精妙在于刻画人物表情动态之传神。1940年代中期，傅抱石仕女画风格业已成熟，以面容艳丽、线条动势取胜，所作仕女往往面颊圆润、身材丰腴，设色如烟如雾，皆妩媚动人、风情万种。而且，在不同的环境下产生不同的意涵，她们或转身回眸、或仰头张望、或俯首沉思、或搔首弄姿，笔墨效法顾恺之的高古游丝描，追求速度与力度，富有弹性，动感十足，充分展现出女子的婀娜身

姿和妖艳娇容。但随着新中国社会政治的变化，傅抱石的仕女画也产生了持续的变化，所作仕女往往相对雍容宁静，脸面渐圆而稍丰满，眼目逐渐明媚起来，少了些忧郁与妩媚，多了几分端庄与肃穆。这一细微变化，无疑折射出社会、政治变迁对一个画家之思想、性情的影响。因此，若将《云中君和大司命》置于这一序列中，总体上也呈现出这些细微的变化。云中君尽管也是一如既往地艳丽高贵，笔墨技法果敢洗练不施修饰，化工整严饬为写意飞动，面部刻画精中有细，尤其着力于人物的心境表现，追求主体与客体间的情感共鸣；但人物形象比以往略有不同，脸庞丰盈，体态雍容，眼神也较为明朗，洋溢着一股安详的温情感。画面中，傅抱石十分注重气氛的烘托、意境的营造，笔墨看似潦草

荒率，实质注重节奏与韵律，创造出既潇洒自如又精工古雅的风神。由此可见，他是把山水画的技法融合到自己的人物画之中，独树一帜，个性鲜明。

如果说，郭沫若的想象力最终落实为他的才情文字，那么，傅抱石则借助视觉性的再创造，而发展出充满魅力的形象。他不仅创造性地将云中君和大司命结合描绘，同时又进一步在人物塑造上进行深入构思和想象。云中君、大司命完全是一对俊男美女之形象，云中君的娇美少女与大司命的翩翩少年十分匹配，几乎脱离了神的庄严和凝重，突出了人世的温情和生活化的表现，进而将自己的艺术创作从原先的讽喻转化为进入新时代后的歌颂。

这里，傅抱石在画面中善于运用散锋笔法与精雕细刻的对比，在大刀阔斧中不失细心地营造出了与《九歌》诗意相呼应的贴切气氛，印证了他自己早年所说的一句话："当含毫命素水墨淋漓的一刹那，什么是笔，什么是纸，乃至一切都会辨不清。……我对于画面造形的美，是颇喜欢那在乱头粗服之中，并不缺少谨严精细的。乱头粗服，不能成自恬静的氛围，而谨严精细，则非放纵的笔墨所可达成，二者相和，适得其中。""乱头粗服"式的水墨很好地烘托了《楚辞》的巫歌气氛，而以"谨严精细"的笔法重点突出人物，使画面亦幻亦真，比较完美地呈现出《九歌》之意境。

作为傅抱石为数不多的一件扛鼎巨制，《云中君和大司命》堪称精品佳构。所以，有研究者感叹，《云中君和大司命》"将屈原的构想和郭沫若的演绎，表现为气势磅礴的美丽传说，而成全了画家自己的水墨理想，更为20世纪中国画树立了历史篇章中的标杆"。

2016年3月2日稿

《中国美术报》2016年6月13日第22期

讽刺与宣传

——记傅抱石的三幅时事宣传画

1959年1月，傅抱石在一篇创作随感中写道：

自觉改造思想，争取政治挂帅，不但提高了思想水平，更提高了业务水平。真是政治挂了帅，笔墨就不同。……在党的教育下，画家们的思想认识提高了，心情舒畅了，政治热情高涨，干劲冲天。干什么？画招贴画，反对美英帝国主义出兵中东，画了；反对美帝国主义侵略台湾，也画了。[1]

傅抱石所说的"美英帝国主义出兵中东""美帝国主义侵略台湾"即是1958年夏天的"中东事件"和"金门炮击"。

1958年5月，由亲美国的夏蒙执政的黎巴嫩发生内战，在反西方的埃及、叙利亚统一基础上成立的阿联政府陈兵叙、黎边境；7月14日，伊拉克爆发资产阶级民主革命，纳赛尔推翻了亲西方的费萨尔王朝，建立共和国政府，被时任美国总统艾森豪威尔称为"整个中东火药桶的又一次突然爆发"。为了维持其在这个地区的殖民统治，美国于7月15日出兵黎巴嫩，公然干涉别国内政。[2]

1傅抱石：《政治挂了帅，笔墨就不同——从江苏省中国画展览会谈起》，北京，《美术》1959年第1期，页4。

21958年7月17日，即美国7月15日出兵黎巴嫩两天后，中国美术家协会南京分会筹委会联合文学艺术团体发出了反对美国干涉阿拉伯事务的抗议书（《我们的抗议书》，南京，《雨花》1958年第8期，页1）。1958年7月29日，中国美术家协会常务理事会召开扩大会议，号召各地分会和会员积极行动起来，在各地党和政府领导下，用美术的武器投入战斗，充分利用各种形式，创作时事宣传画，反对美英帝国主义侵略，全力支援阿拉伯各国民族独立运动；并建议全国美协各分会在最近举办时事报告会或座谈会，组织美术就中美关系而言，自1955年万隆会议后，中共中央逐步确立了争取和平解放台湾的方针，但这一努力遭到了美国政府的阻挠。1956年"波匈事件"后，美国调整了对社会主义阵营的冷战政策。1957年12月，美国中断了自1955年8月开始的台湾问题中美大使级会谈，继而怂恿已退居台湾的国民党当局时常骚扰大陆沿海地区，不断向金门、马祖等靠近大陆的岛屿增兵。1958年5月，"美军联合协防军援司令部"成立，台海局势骤然升级，对中国大陆的和平建设构成巨大威胁。

在这一背景下，中共中央决心利用这个时机重新提出台湾问题，以将台湾问题同支持中东地区反美斗争的国际战略意图结合起来，互相配合，互为后盾。毛泽东曾在中央会议上解释说：美国在中东烧了一把火，我们也在远东烧一把火，看他怎么办。1958年8月17日，中共中央综合考察全面形势，在北戴河召开的会议上做出了炮击金门的决定。次日，毛泽东致信彭德怀，亲自部署炮击金门："准备打金门，直接对蒋，间接对美。"毛泽东的信中包含了中共中央决定打金门而不打台湾的策略思想，反映出中国共产党处理中、美、蒋三角关系的方针。后来，毛泽东谈到这个问题时说："我们整金门，我们是整家法，这是我们国内的事。当然，整台湾也是整家法，不过，那个地方有您美国兵，那我还是暂时不去。"由于执行了打金门的决策，中国围绕台湾问题同美国的斗争在政治上始终处于主动。

就在联合国大会紧急讨论通过阿拉伯各国要求美国从中东撤军提案次日的8月23日，毛泽东精心设计，正式下令对金门展开大规模炮击，以试探美国对台湾地区的态度，正如周恩来所说："打炮就是试验他，这回试验出来了，杜勒斯这张牌出来了。"金门炮响后，美国政府十分恐慌，立即从地中海、旧金山、日本、菲律宾等地调舰队和飞机集结于台湾海峡，准备协防金、马。金门炮击的第四天，美国总统艾森豪威尔发表谈话，重申美国将不放弃已承担的以武力协防台湾的"责任"，授权国务卿杜勒斯9月4日发表声明，公开威胁要把美国在台湾海峡地区的武力范围扩大到金门、马祖等沿海岛屿。在复杂的国际情势下，美国政府开始重新审慎地考虑对华政策，在后来的备忘录中隐隐透露出其不与

工作者参加，进行时事政策和国际主义教育。为此，《美术》杂志发表了"彻底粉碎美英帝国主义侵略阴谋"的社论（《中国美术家协会常务理事会发出战斗号召》，北京，《美术》1958年8月，页1）。

中共直接交战的意图。

为此，中共中央根据新的形势决定采取边打边谈、以打促谈的策略，将美国重新逼回谈判之路。9月6日，毛泽东在最高国务会议上发表讲话，进一步重申以战促谈的方针。同一天，周恩来代表中国政府发表《关于台湾海峡地区局势的声明》，强烈谴责美国侵略行径，又公开倡议"同美国政府坐下来谈判，谋求台湾地区紧张局势的和缓消除"。

9月8日，毛泽东在最高国务会议上发表了"绞索政策"的讲话：台湾、黎巴嫩以及所有美国在外国的军事基地，都是套在美帝国主义脖子上的绞索；美国自己制造这种绞索，并把它套在自己的脖子上，把绞索的另一端交给了中国人民、阿拉伯各国人民和全世界一切爱和平反侵略的人民；美国在这些地方停留得越久，套在它脖子上的绞索就将越紧。正在此时，金门守军的海上补给线被截断，美国军舰以为国民党军队运输船护航为名驶入我国领海，中国人民解放军前线指挥部在得到毛泽东"坚决打击"，但"只打蒋舰，不打美舰"的指示后，实施了持续五个多小时的大规模炮击，集中攻击国民党军队补给运输船，击沉、击伤满载弹药、物资和人员的国民党军登陆舰各一艘，而为国民党军护航的美国军舰均在炮击时仓皇逃向外海观望。这进一步增加了中共中央以边打边谈方针取胜的信心。之后，美国政府对毛泽东的谈话和周恩来的声明中关于谈判的信息开始重视，艾森豪威尔立即召集国防安全委员会会议，表示中美之间可以"立即恢复谈判"。1958年9月15日，中美两国大使级谈判在炮击金门的背景下于波兰华沙复会。[1]

1958年9月8日，即毛泽东发表"绞索政策"的讲话和中国人民解放军炮击国民党军队补给运输船、美国军舰逃往公海的当天晚上，倍受鼓舞的傅抱石即兴创作了三幅时事宣传画——《区区美国舰队，算得什么东西》《望风而逃》《有眼不识泰山》，表达了支持中国政府、鞭挞美国的坚定立场，为人们留下了一份难得的时代画卷。

"讽刺性宣传画在反对腐化的资产阶级思想、反对帝国主义侵略者们的阴谋的斗争中，是最尖锐的武器。"[2]以幽默、讽刺的漫画语言进

---

1 杨胜群、田松年主编：《共和国重大决策的来龙去脉》，《炮击金门决策的前前后后》，南京，江苏人民出版社，1999年2月，页315—322。

2 [苏联]维·依凡诺夫：《谈政治宣传画》，转引自陈履生：《新中国美术图史（1949—1966）》，北京，中国青年出版社，2000年10月，页275。

行严肃的政治宣传，是傅抱石三幅时事宣传画的主要特征。他以夸张、戏谑、谐趣、滑稽的笔调极尽嘲笑、挖苦、讽刺之能，将敌人刻画得丑陋不堪，使对国民党当局、美国舰队的极端仇恨得到了快意的宣泄。

《区区美国舰队，算得什么东西》以惯用笔法绘浩瀚大海，红光一片，比喻战火纷飞，一个高大的中国人手捏一艘美国军舰，表示对美国军队的藐视之情。题款云"区区美国舰队，算得什么东西""愤而写此"，传递出画家的愤恨心情。

《望风而逃》以大笔横刷中华人民共和国国旗、中国人民解放军军旗各一，两个美国士兵望着迎风招展的红旗灰溜溜地逃跑，一个小丑式的国民党士兵则紧紧拖住美国士兵的军靴，将无能的国民党当局、美军形象表现得淋漓尽致。

《有眼不识泰山》以擅长的"西风红雨"式的大块山石暗示强大的中国大陆，一个猥琐的美国军人背着一个苟延残喘的国民党军官横跨金门、马祖二岛，仓皇逃窜。

这里，病弱的敌人身躯、渺小的军舰与伟岸高大的中国平民、鲜艳的红旗形成强烈的对比，深刻揭露出美国、国民党军队不堪一击的事实。傅抱石在美国军舰仓皇出逃公海的当天创作了这三幅时事宣传画，其用意是不言而喻的。

作为一种群众喜闻乐见的艺术形式，时事宣传画和其他普及艺术一样，是中国共产党革命文艺的重要组成部分。抗日战争时期，为了揭露日寇的侵略行径与动员全民抗战，许多画家都以画笔作武器，绘制了大量的宣传画，对抗战宣传发挥了积极的作用。中华人民共和国成立以后，宣传画在不断开展的政治运动中广为运用，以配合文字发挥宣传的职能。

1950年10月25日，中国人民志愿军雄赳赳气昂昂，跨过鸭绿江，开始了历时三年的抗美援朝战争。为了响应"中国人民保卫世界和平反对美国侵略委员会"关于在全国普遍深入地开展抗美援朝运动的通告，中国美术家协会向各地的美术工作者发出了抗美援朝的创作号召，掀起了第一次时事宣传画（漫画）创作运动。因政治工作之需，时事宣传画（漫画）得到了快速的发展。各地报刊时常刊登优秀的时事宣传画（漫画）作品，许多中国画家也加入到揭露和讽刺美国侵略朝鲜行径的行列。当时，作为中国共产党文艺政策宣传主笔之一的王朝闻及时发表了

区区美国舰队、算得什么东西

五五年九月廿日博问字厂 傅抱石南京

傅抱石 区区美国舰队，算得什么东西 轴 纸本 设色 89cm×58.7cm 南京博物院藏

傅抱石 望风而逃 轴 纸本 设色 101.6 cm×60.6 cm 南京博物院藏

傅抱石 有眼不识泰山 轴 纸本 设色 60.8 cm×73.7 cm 南京博物院藏

《关于时事漫画》，积极引导当时的时事宣传漫画创作：

　　时事漫画应该像一把钥匙，及时地帮助群众打开疑难的锁，解决群众迫切需要解决的问题。时事漫画最好像预言，预示着现实发展的前景，增强群众改造现实的决心和必胜的信心。……漫画能够在时事问题上较好地完成应有的指导任务，首先当然要掌握充分材料，不熟悉较多材料，想象能力容易枯竭，新鲜的形象很难产生。其次，要求作者具备着敏锐的明澈的正确的感受力和辨别力，对现状有深刻的分析，对作品的效果要有恰当的估计，善于区别什么才是切合当前需要的题材。最后才是寻求适当的表现形式。这中间，比较重要的是用正确的观点，从不断变化的时事中，研究出什么是正在走向胜利，什么是正在走向灭亡。[1]

1 王朝闻：《关于时事漫画》，北京，《人民日报》1950 年 11 月 12 日，第 7 版。

从一定程度上说，漫画式的时事宣传画正是以幽默、讽刺的方式来反映美术家所关心的时事问题，并通过比喻、夸张、变形等艺术手法进行创作，以达到揭露、战斗的宣传功能。作为一种大众艺术形式，时事宣传画紧密配合了抗美援朝、"三反""五反"、"大跃进"等重大政治运动、国际时事形势，多年来一直发挥着作为艺术武器的有效的鼓动作用。1950年代末，时事宣传画获得了高速发展，在社会政治生活中的地位和作用日益突出。据统计，1950—1957年，仅人民美术出版社就出版宣传画286种，印刷1653万份；1958—1959年，出版宣传画241种，印刷1134万份。[1] 这样的社会现实需求，引导了各类画家从事宣传画创作，无论是在过去从事广告、海报、招贴设计等领域的美术工作者，还是探索油画、国画、版画等纯绘画语言的画家们，大多审慎选择适合时代要求的题材，用专业表现能力给宣传画以艺术的表现，同时也使自己的作品更多地具有宣传、鼓舞、歌颂、教育的功能。中国画家从事宣传画性质创作的典型例子，如蒋兆和《把学习的成绩告诉志愿军叔叔》（1953）、方增先《粒粒皆辛苦》（1955）、汤文选《说什么我也要入社》（1956）等，这些作品已很难以纯粹的中国画或宣传画来进行价值判断了。

1958年8月23日，金门炮击正式打响。为了积极配合中国政府的政治、军事行动，全国各地的美术家在极短的时间内创作了大量的时事宣传画（漫画），正如《美术》1958年第10期一篇题为《我们一定要解放台湾！我们一定要解放金门、马祖！》的通讯所言：

正当我国全民大跃进、加速建设社会主义的时候，美国帝国主义公然在台湾地区对我国进行军事挑衅和战争威胁，干涉我国内政，美国的统治者一再疯狂地发表扩大侵略的言论，这大大激怒了正在和平建设中鼓足干劲的中国人民。我国各地的美术工作者，也同全国人民一道，向侵略者展开了斗争。[2]

---

1 邹雅在"十年宣传画展览会座谈会"的发言，见《促进宣传画创作的更大发展——十年宣传画展览会座谈会》，北京，《美术》1960年第2期，页5。
2 《我们一定要解放台湾！我们一定要解放金门、马祖！》，北京，《美术》1958年第10期，页4—5。

傅抱石的三幅时事宣传画就是在这样的背景下创作的。据《江苏省十年美术活动大事记（1949—1959）》记载，1958年9月9日，中国美术家协会江苏分会筹委会举行了"拥护周恩来总理关于台湾海峡地区局势声明"座谈会，不少代表连夜创作宣传画和漫画，正好印证了傅抱石的创作举动。《区区美国舰队，算得什么东西》《望风而逃》《有眼不识泰山》等三幅时事宣传画以幽默讽刺的笔调，通过构造荒诞不经或强烈反差的情节内容，刻画出极其夸张的人物形象，颇具视觉冲击力。当然，这种直观性很强的绘画语言，也容易引起观众内心共鸣，使人在忍俊不禁中得到启示，从而达到宣传教育的目的。[1]

但无须否认，傅抱石长期从事高人逸士题材的创作，似乎一时难以把握对现实人物的处理，显露出对特定题材的不适应性。这里，美军士兵、国民党士兵的形象描绘应该说是不尽人意的，与其历史人物画习惯的娴熟技巧形成了鲜明的反差。尽管他利用夸张的手法以尽量达到丑化的作用，但似乎难以掩饰其中的弊端。

其实，在时事宣传画广为流行的1950年代，傅抱石几乎从不涉及这类创作。之前，有明确记载的仅是1950年2月17日，傅抱石以年画形式创作了《海陆空三军人民子弟兵》（又称《三星在户》），参加了南京市文联举办的"南京市第一届美术展览会"，可惜这幅作品已经不存，令我们无法真实了解到傅抱石当年的创作形态[2]。此后的十年间，出于政治的需要，尽管时事宣传画十分盛行，美术界曾连续多年为宣传画的创作问题进行总结并展开讨论。然而，傅抱石缘于天生的秉性，几乎不为所动，仍以自己的方式从事绘画创作。或许因为真诚响应政治号召，抑或是出于真正的义愤填膺，傅抱石在1958年9月8日接连创作了三幅时事画，成了他一生中仅有的时事宣传画创作实例。虽然，他偶尔在春节时也作过若干颇具时代特征的通俗题材画，如《欣然弛彩笔，鼓劲迎新

1中国美术家协会江苏分会筹委会编：《江苏省十年美术活动大事记（1949—1959）》（初稿），南京，油印本，内部刊行，1959年11月15日，页51。江苏省文艺界发出了"拥护周总理声明，立即行动起来，为反对美帝国主义的侵略而斗争"的号召：全体文艺工作者时刻准备着，运用文艺武器，为了保卫祖国，为了世界和平，为反对美帝国主义侵略而坚决斗争（南京，《雨花》1958年第11期，页1）。

2叶宗镐：《傅抱石年谱》，上海，上海古籍出版社，2004年9月，页138。

傅抱石 欣然弛彩笔，鼓劲迎新年 轴 纸本 设色 39.5 cm×52.4 cm 1960年 南京博物院藏

年》《春风杨柳万千条》等，但这些作品仍基本呈现出他的一贯作风，无法与前者相提并论。

比较而言，《区区美国舰队，算得什么东西》《望风而逃》《有眼不识泰山》等三幅时事画明显区别于傅抱石的习惯风格，尽管作品本身不甚完美，但其惨淡经营之心丝毫未损，成为1958年金门炮击这一历史事件真实的图像记录，不失为研究1950年代时事宣传画的宝贵资料。

2008年7月17日完稿

《收藏家》2008年第12期

傅抱石《毛泽东〈蝶恋花·答李淑一〉词意图》探析

　　1957年春节，湖南长沙十中教师李淑一写信给毛泽东，谈她读了毛泽东诗词的感想，并附了一首在她1933年闻知丈夫柳直荀牺牲后所写的《菩萨蛮·惊梦》：

　　兰闺索寞翻身早，夜来触动愁多少。底事太难堪，惊侬晓梦残。征人何处觅？六载无消息。醒忆别伊时，满衫清泪滋。

　　5月11日，毛泽东回信：

　　淑一同志：惠书收到了。过于谦让了。我们是一辈的人，不是前辈、后辈关系，你所取的态度不适当，要改。已指出"巫峡"，读者已知所指何处，似不必再出现"三峡"字样。大作读毕，感慨系之。开慧所述那一首不好，不要写了吧。有《游仙》一首为赠。这种游仙，作者自己不在内，别于古之游仙诗。但词里有之，如咏七夕之类。

　　我失骄杨君失柳，杨柳轻飏直上重霄九。问讯吴刚何所有，吴刚捧出桂花酒。寂寞嫦娥舒广袖，万里长空且为忠魂舞。忽报人间曾伏虎，泪飞顿作倾盆雨。

　　这首感天地、泣鬼神的《蝶恋花·游仙》（正式发表时，词题改为《蝶恋花·赠李淑一》，后又改为《蝶恋花·答李淑一》），寄托了毛泽东对夫人杨开慧烈士和亲密战友柳直荀烈士的无限深情，传递出他对烈士遗孀和昔日老友的关爱。稍后，毛泽东创作的《蝶恋花》

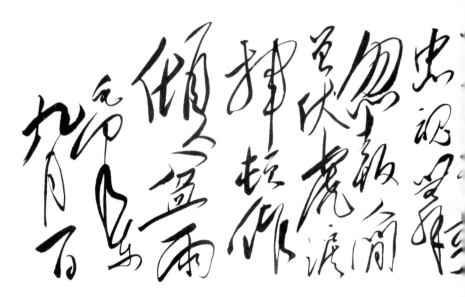

毛泽东 《蝶恋花·答李淑一》 手迹 行草

便流传于中南海。

　　1957年8月21日，傅抱石率中国美术家代表团访问东欧回国暂留北京，受邀前往陈毅家做客。席间，爱好诗词的陈毅深情诵读毛泽东所作《蝶恋花·答李淑一》，傅抱石感慨良多，开始酝酿创作："当时只觉得这首词太好了，若是能够画出来（想的时候，就知道未必能画成功），那才是我此生的大幸。"[1]

　　1958年1月，《蝶恋花·答李淑一》公开发表于《诗刊》1958年1月号，引发了文化界的热烈讨论。许多诗人撰写文章阐释学习该诗的心得体会，激发了傅抱石的创作冲动。4月25日，中国美术家协会副主席蔡若虹来南京布置参加苏联莫斯科"社会主义国家造型艺术展览"的创作任务，傅抱石便选择《蝶恋花·答李淑一》词意的创作。于是，傅抱石创作不可避免地烙上了强烈的政治色彩，受到了相关部门或领导的监督和影响。

　　对《毛泽东〈蝶恋花·答李淑一〉词意图》的创作，傅抱石丝毫不敢松懈，连续构营多幅草图。7月初，他读了《红旗》杂志所刊郭沫若

1傅抱石：《创作毛主席诗词插图的几点体会》，叶宗镐编：《傅抱石美术文集》，上海，上海古籍出版社，2003年9月，页446。

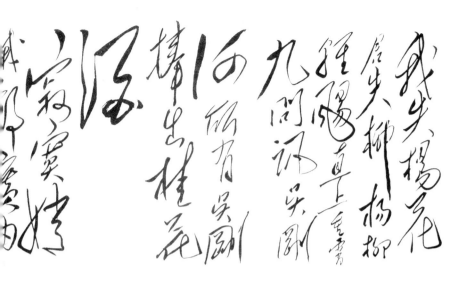

《浪漫主义和现实主义》一文对该词的解释后，豁然开朗，在理论上形成了一个初步的感性认识：

　　去年七月一日出版的《红旗》杂志（第三期），发表了郭老的《浪漫主义和现实主义》。读了这篇文章，使我不但对《蝶恋花》的伟大意义有了进一步的体会，还使我从"革命的现实主义和革命的浪漫主义的典型的结合"这一重要意义重复来瞻对伟大领袖的诗词，特别是新作《蝶恋花》。郭老说："这词的主题不是单纯的怀旧，而是在宣扬革命。"这一句括，启发并指导着我从单纯纪念忠魂的经营转移到从伟大的中国共产党和毛主席领导的人民革命事业的胜利的高度，试着画面的设计。在这儿，主要的初步解决了"忽报人间曾伏虎，泪飞顿作倾盆雨"，尤其前一句的形象。原来我曾经考虑"忽报人间曾伏虎"的字面形象，画只死老虎，代表反动政权及一切反动派，也可以代表三大敌人——三座山。继而也考虑过就画三座大山代表死老虎，把它位置在画面的下部，上部是两位烈士（忠魂）在"月宫"里接受吴刚嫦娥的宴舞，然后，同幅下着"倾盆"的大雨。[1]

这是傅抱石对于画面经营与章法结构的考虑。于是，他尝试性地绘制了几幅草图。对于这些画面元素，他总是考虑"人物的思想活动和相互关系"，在他看来，"两位忠魂和吴刚嫦娥是应该有呼应而且应该有较紧凑的关系的"[2]。为此，他寝食不安。后来，他陪同一批外宾游览玄武湖，其时杨柳正在萌芽发叶，摇曳风中。正是初春的柳条触发了傅抱石的思维，以杨柳象征杨开慧、柳直荀二位烈士！由此，困难最终得以解决[3]。傅抱石惨淡经营，运用所谓"革命现实主义与革命浪漫主义相结合"的方法，创作了《毛泽东〈蝶恋花·答李淑一〉词意图》。据朱葵回忆，在正式创作之前的师生创作草图观摩会上，傅抱石取出两幅草图做详细介绍。他将"忽报人间曾伏虎"一句理解为人民革命战争之胜利，进而他又解释了如何在画中体现，构思"红旗遍山"以充分表达词意[4]。

7月底，《毛泽东〈蝶恋花·答李淑一〉词意图》正式完成，"以浩大壮观的胸襟，激情挥洒的笔墨气韵，使天上人间情融意会，为革命烈士和人民革命奏起了一曲赞歌"[5]。这里，傅抱石着力于刻画嫦娥与吴刚，美丽的嫦娥在高空挥袖起舞，吴刚捧着桂花酒。原词有"泪飞顿作倾盆雨"一句，他以拿手的散锋笔法画出了倾盆大雨的效果，左上角安排嫦娥朝天飞去，与右下角的吴刚两相对望，天上和人间靠劲而密集的雨丝相连接，而嫦娥身边纷纷扬扬的柳叶与地下遍插红旗的山峦大地相互呼应，画面浑然一体，极富浪漫主义色彩。后来，他在一篇为座谈会而写的随笔中比较详细地说明了自己的创作思路：

　　此《蝶恋花》词，大体分作八句，第一句是现实的。（我失去一位

---

1 傅抱石：《我怎样画"蝶恋花"》，北京，《中国画》1959年第3期，页20。
2 傅抱石：《我怎样画"蝶恋花"》，北京，《中国画》1959年第3期，页20。
3 伍霖生：《傅抱石艺事纪实》，《中国画研究》编辑部编：《中国画研究》总第8期（傅抱石研究专集），北京，人民美术出版社，1994年1月，页273。但是，伍霖生在创作完成时间上的回忆与傅抱石的自述有所出入，可能与相隔时间较长有关。
4 朱葵：《抱石先生散忆》，傅抱石纪念馆编：《其命唯新——傅抱石百年诞辰纪念文集》，郑州，河南美术出版社，2004年7月，页247。
5 朱葵：《抱石先生散忆》，《其命唯新——傅抱石百年诞辰纪念文集》，页247。

傅抱石 毛泽东《蝶恋花·答李淑一》词意图 轴 纸本 设色 137.2cm×69cm 1958年7月 南京博物院藏

傅抱石 创作毛主席诗词插图的几点体会 钢笔 1958年12月 南京博物院藏

战友杨开慧，你失去爱人柳直荀。）第二句到第六句都写的天上，是浪漫的。七、八两句又结合在现实。我曾试过各种各样的构图，可是"忠魂"和"杨柳"（妙合姓氏）这一关，总不得过去。还有"人间伏虎""泪飞化雨"，又怎么办？曾经想画两个人影子，代表二位烈士，吴刚向他们敬酒，嫦娥向他们起舞，场面（情节）焦点天上了。主要的意思（全国解放）又接不上去……后来，以红旗代表第七句，大雨代第八句，使天上人间有呼应。而吴刚就只得捧壶侍立在后面了。这是第一幅图画。[1]

　　《毛泽东〈蝶恋花·答李淑一〉词意图》完成后不久，南京师范学院美术系专门召开了两次座谈会，就创作中的若干细节进行研讨。8月8日，傅抱石结合江苏省文联领导的意见创作了第二幅《毛泽东〈蝶恋

1傅抱石：《创作毛主席诗词插图的几点体会》，《傅抱石美术文集》，页447。

蝶恋花

我失骄杨君失柳，杨柳轻飏直上重霄九。问讯吴刚何所有，吴刚捧出桂花酒。
寂寞嫦娥舒广袖，万里长空且为忠魂舞。忽报人间曾伏虎，泪飞顿作倾盆雨。

一九五八年八月敬书 毛主席词意 傅抱石

傅抱石 毛泽东《蝶恋花·答李淑一》词意图 轴 纸本 设色 167cm×83.5cm 1958年8月

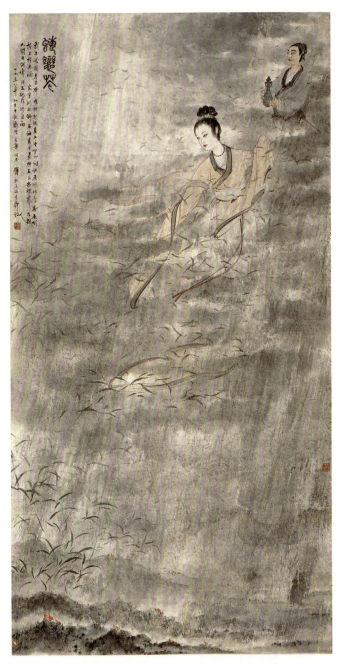

傅抱石 毛泽东《蝶恋花·答李淑一》词意图 轴 纸本 设色 185cm×94.7cm 1958年9月 旅顺博物馆藏

花·答李淑一〉词意图》，特意"把下部的山势扩展了，红旗加多了，因而整个的气氛，就不再是'天上'（浪漫）为主，而是'地上'（现实）为主了"。[1]然而，他似乎对第二幅作品并不十分满意。9月中旬，傅抱石折中地完成了第三幅词意图，下部山头比第一幅有所增加，而比第二幅则相对减少，红旗大致也是如此。

这里，有个细节值得注意，即所谓的"创作座谈会"。其实，这种座谈会从某种意义上说，也是一种政治审稿会。有关方面邀请领导、专家、群众进行多角度的论证，以使作品尽善尽美、精益求精。所以，傅抱石在整个创作过程中近乎小心翼翼，时刻征询建议和意见，这是傅抱石1949年之前创作中不曾有的经历。1950年代开始，从政治角度出发的审稿在美术创作界司空见惯，正如吴冠中所披露："1950年代后的中国文艺领导主要从政治角度审稿，审的结果经常是'内容'破坏形式，也就是摧毁了作者的苦心经营和作品的整体结构。"[2]再回到第二幅《毛泽东〈蝶恋花·答李淑一〉词意图》，傅抱石的苦衷似乎也就不难理解了。当然，这种审稿在当时是必需的。在傅抱石的创作过程中，"如何认真地听取和感激领导和群众的指教以创作、修改自己的作品，对政治较强的作品，创作时那份怕犯政治错误而带来的紧张，我们不难体会到当时画家心态的苦涩，创作的艰难！"[3]无疑，这折射出20世纪五六十年代以完成政治任务的方式去完成绘画创作的画家们的尴尬境地。

对于这种状况，傅抱石在总结江苏省中国画展览会时明确提出了"党的领导、画家、群众三结合"[4]的创作方法，对当时的美术创作树立了一个时代的样板。几年后，傅抱石提出的创作经验在全国范围内得到推广。

1958年9月5日，第二幅《毛泽东〈蝶恋花·答李淑一〉词意图》正式入选莫斯科"社会主义国家造型艺术展"（12月26日开幕），10月6—12日进京预展。[5]而第一幅画作则在北京帅府园12月28日开幕的"江

---

1 傅抱石：《我怎样画"蝶恋花"》，北京，《中国画》1959年第3期，页21。

2 吴冠中：《审稿》，《画里阴晴》，济南，山东画报出版社，2006年8月，页145。

3 林木：《傅抱石评传》，台北，羲之堂文化出版事业有限公司，2004年11月，页170。

4 傅抱石：《政治挂了帅，笔墨就不同——从江苏省中国画展览会谈起》，北京，《美术》1959年第1期，页5。

5 据笔者猜测，第二幅《〈蝶恋花·答李淑一〉词意图》在"社会主义国家造型艺术展"结束后就留在了陈毅处。另据黄名芊披露，1960年12月，傅抱石率团写生，行程至广

苏省国画展览"上亮相,获得一致好评。

1959年1月7日,中国美术家协会专门就《毛泽东〈蝶恋花·答李淑一〉词意图》召开座谈会,在京国画家展开了热烈的讨论。[1]与此同时,《毛泽东〈蝶恋花·答李淑一〉词意图》发表于《新文化报》《中国画》等主流杂志,在美术界影响广泛。数次座谈会上,傅抱石结合自己的实践,畅谈毛泽东诗意画创作心得:

1.深刻体会作者的原意,不拘于迹象,自然合拍。这是最好的画法。但最难,不多见。

2.其次,把全文的意思,全面画出来,句句扣紧,而画面与主题一致。

3.其次,全文包涵太多、太杂,不易在一幅之中联系起来。这种情况下,是允许画其中主要的一句、一联,或一部分的(孤立的画一句、一联、一部分也可以)。[2]

诚如陈履生感言:"中国现代美术发展史的特性决定了形式的要求必将出现一些社会化的艺术活动。作为共产党文艺方略在美术领域内的具体运作方式——组织创作、讨论选题、观摩草图等,为力作的出现做出了前期准备,而力作的出现又是伴随着媒体的不断宣扬,刺激人们的记忆神经,使力作获得相应的社会地位。"[3]针对绘画界对《毛泽东〈蝶恋花·答李淑一〉词意图》的不同意见,傅抱石后来专门撰写《我怎样画"蝶恋花"》一文,就相关问题一一做了辩解与回答,发表于《中国画》1959年第3期。

作为一个美术史家出身的傅抱石,具有敏锐的理论感。正是这种理论感,使他在毛泽东诗意画创作发展过程中独占先鞭。在中国美术家协

州,时任中共广东省委书记的陶铸十分欣赏《毛泽东〈蝶恋花·答李淑一〉词意图》,称"很有意境",并希望傅抱石再创作一幅赠给他(黄名芊:《笔墨江山——傅抱石率团写生实录》,页245、250)。可见,傅抱石《毛泽东〈蝶恋花·答李淑一〉词意图》所取得的社会效益的确非同凡响。

1参阅张文俊:《忆傅抱石先生》,南京,江苏省文德中国山水画研究会,1996年6月,页44—47。

2傅抱石:《创作毛主席诗词插图的几点体会》,《傅抱石美术文集》,页448。

3陈履生:《新年画创作运动与群英会上的赵桂兰》,吕澎、孔令伟主编:《回忆与陈迹——关于1949年之后的中国艺术与艺术史》,长沙,湖南美术出版社,2007年3月,页34。

会的推动下，这个主题发言取得了显著的成效。《毛泽东〈蝶恋花·答李淑一〉词意图》几乎成为一种样板，其创作经验得到了及时的宣传和推广，其影响力在第一时间内迅速辐射到全国，对后来盛行的毛泽东诗意画创作产生了深刻影响。

1959年11月，傅抱石再作《毛泽东〈蝶恋花·答李淑一〉词意图》小幅，与其他五幅毛泽东诗意画一道，提供给江苏省教育厅厅长吴天石所撰《中国革命的伟大史诗——学习毛主席诗词笔记》作为插图。[1]1959年12月，该书由江苏人民出版社出版，次年9月再版，印刷4.2万册。这些不啻为当年毛泽东诗词广泛传播的一个生动例子。这是傅抱石的毛泽东诗意画第一次以插图形式集中出版，在当年的政治环境下其意义不容忽视。

可以说，《毛泽东〈蝶恋花·答李淑一〉词意图》完全是新图像，表明傅抱石在特定政治题材处理上已取得初步成功，也为他后来长篇累牍的毛泽东诗意画创作积累了丰富的实践经验。

2007年12月稿

2013年5月修订

《中国美术馆》2011年第2期

---

1 吴天石：《中国革命的伟大史诗——学习毛主席诗词笔记》，南京，江苏人民出版社，1959年12月，页81。

从南京风景到革命赞歌

——傅抱石雨花台图系列探微

（一）

1949年10月，中国共产党夺取了国家政权，缔造了全新的中华人民共和国，悠久的山水画传统随之面临前所未有的新局面。中国画如何改造，成为新政权文艺建设的首要问题。稍早前的5月，从延安来到北京的马克思主义文艺理论家王朝闻（1909—2004）在《文艺报》上发表了一篇名为《抛弃旧趣味》的通信，向全国的画家们发出了热切的呼吁。

1950年2月，《人民美术》创刊号集中发表李可染（1907—1989）、李桦（1907—1994）、洪毅然（1913—1989）等人关于中国画改造的文章，拉开了中国画改革的序幕。

1953年初，《人民文学》副主编艾青（1910—1996）在"上海美术工作者政治讲习班"上作重要讲话，论述"国画改造"的问题，提出了"新国画"的概念，认为"新国画"必须"内容新""形式新"，并提出了"画山水必须画真山水""画风景的必须到野外写生"[1]。人们普遍相信，中国画的出路只能到人民群众中去，到现实生活的源泉中去，去画真山真水。

1954年2月，中国美术家协会召开山水画创作问题座谈会，确定了"中国画写生"的创作途径，以期突破古人的笔墨章法，创作出有"时代气息"的作品[2]。1954年7月，北京中国画研究会在故宫博物院举办

---

1 艾青：《谈中国画》，北京，《文艺报》1953年第15期，页7-8。
2 记者：《中国美术家协会创作委员会二月份的活动》，北京，《美术》1954年3月，页49。

"第二届国画展览会"，参展作品"画面上出现了一些新颖的细节——电线杆、火车、写实风格的房屋、穿干部服的人物等，也可以说明审美思想的改变"[1]，反映了中国画改造的趣味变化。

于是，大批画家在各级行政部门或文联资助下，有组织地走出画室，到大自然中去，到生活中去，或边远农村，或风景名胜，或革命纪念地，其规模与组织史无前例。写生俨然成为一个时代的潮流，画家们希望通过写生提高绘画技法，体验现实生活，收集创作素材，从而探索自己的绘画语言与风格，甚而期望改变中国画面貌。

与许多画家一样，1950年代初期的傅抱石也积极响应中国共产党的号召，深入农村，走进工厂，来到工地，接触新事物，体验新生活，参加了一些具有"政府组织行为"的写生活动，也经常带领学生来到南京附近地区进行采风。面对文艺为工农兵服务、为政治服务的要求，他以自己的才情和技巧较好地处理了传统技法与现实的关系。

1954年10月，傅抱石运用传统形式创作了《四季山水》屏，小心谨慎地将一些山林间劳作的点景人物移植到他那极具古典诗情的画面中，力图表现新社会的变化。在这些作品里，他仅就题材做了适当的调整，风格则在原有的基础上减去了恣纵激越的情绪，变得相对厚重沉稳。为了符合现实主义的要求，他适当改变了传统程式中的点染、勾皴之法而吸收了水彩画的技巧，以"面""色"塑形，以使画面相对真实，透露出寻求新变的意向。

当时，傅抱石开始将在日本学到的写生方法引入自己的创作之中，不断重组传统笔墨结构，注重整体块面晕染效果，笔墨松秀，尽量使画面气氛产生江南一带水汽氤氲的真实效果。这种方法，除造型上不像现实中某些人物和器物之外，其质感的处理、人物的细节和器物之间的透视关系，明显区别于西方写生方式。

1956年春天，傅抱石为了参加第二届全国国画展，决定以南京风景为题材酝酿创作，前往四个景点进行实地写生，留下了若干记录式的画稿。因时值清明，傅抱石选择雨花台为题创作了《雨花台》，巨大的馒头形山峰郁郁葱葱，盘旋的山路上人群络绎不绝，远处的革命烈士纪念碑若隐若现，红旗招展，点名主题。山体皴法增加点苂，着意营造块面

---

1 王逊：《对目前国画创作的几点意见——北京中国画研究会第二届展览会观后》，北京，《美术》1954年第8期，页36。

傅抱石 雨中雨花台 轴 纸本 设色 51 cm×71.2 cm
1956年4月 南京博物院藏

傅抱石 雨花台 轴 纸本 设色 58 cm×78 cm 1956年4月
中国美术馆藏

的体积感，运笔沉稳厚重，率意的气质大为减弱。他特意以淡墨斜扫画雨，寥寥数笔，出神入化，一切便在雨色迷蒙之中，营造出清明雨纷纷的季节氛围。

就内容而言，傅抱石首先强调自然的再现，着意一般意义的风景描绘。他以破笔散锋连皴带擦，再施渲染，将线皴统一成面，雨帘细垂，于是山、水、云、雾糅合在一起，不经意地经营了一个丰富的清明山雨之景，尽得天地氤氲朦胧之概。

其实，傅抱石写生时除着重写实表现外往往适当融入西画元素，力图表现直观视觉感受，构造出比较开阔的物理空间，在构图、敷色方面以崭新的笔墨形式，完成了对自然景物形与神、光与影、色与墨、虚与实的有机融合。所以，他的写生并不是对景画出物象，而是画出一种感觉和气氛，表达得更多的是气象和心态。

1950年代初，作为南京风景的雨花台是傅抱石关注的题材之一。雨花台，三国东吴时称石子岗、玛瑙岗等；南朝时，佛教盛行，传说高僧云光法师在此设坛讲经，因说法虔诚所至，感动上苍，落花如雨，始得名。明清时期，"雨花说法""木末风高"列入"金陵十八景""金陵四十八景"，成为江南风景游览胜地。无数文人墨客流连忘返，访古探幽，抚今追昔。1927年以后，雨花台则成为国民党当局的监狱和刑

雨花台烈士纪念碑 1950年代

雨花台烈士陵园俯瞰图

场，成千上万革命烈士牺牲于此。1949年12月12日，南京市第一届第二次人民代表会议决议，为缅怀先烈，在雨花台依东岗和中岗兴建烈士陵园，雨花台开始启动全面绿化造林、修建道路的工作。1950年7月1日，雨花台主峰庄严地矗立起烈士陵园奠基纪念碑，正面刻毛泽东手书"死难烈士万岁"，题字上是一颗红色五角星，背后勒有南京市政府的立碑纪言，碑下是圆形的祭台，四周围以铁链。同时，烈士殉难处也建立了纪念性标志。1956年春，"烈士史料陈列室"在永宁寺旧址建成，许多在雨花台牺牲的烈士遗物和文献史料公开展出。在党和政府的倡导下，雨花台成了人们自觉接受革命传统和爱国主义教育的大课堂。每逢清明节，人流如潮。尤其是雨花台成为举办加入少先队、共青团和共产党的宣誓场所，人们通过瞻仰革命先烈的遗容遗物接受革命教育，雨花台成了革命英烈的一种象征[1]。

对于雨花台的历史，傅抱石自然再熟悉不过。1950年6月，他应南京市人民政府之聘，担任南京市建造烈士陵园设计委员会委员，指导过相关的工作。尽管如此，当时傅抱石笔下的雨花台更多以风景名胜而存在，较少表现相关的政治意涵。

傅抱石还创作了两幅《雨花台第二泉》，枝桠纷披，占据整个画面，气势非同一般，远处山岗葳郁，第二泉亭阁赫然入目，一派春意。永宁寺，晋代所建，因寺内有口二眼穴的清泉而知名，南宋时因陆游厚爱而成"江南第二泉"，位列金陵名泉之首，声名远播，引来无数文人雅士品茗，成为金陵一景。随着雨花台烈士陵园的建设，二泉重建茶社，泉池旁叠筑假山。每当春秋佳日，游人如织，无数慕名而至的

1 宋立中：《话说雨花台》，石家庄，《文史精华》1994年第2期，页44-49。

傅抱石 雨花台第二泉 軸 紙本 設色 50.9 cm×70.9 cm 1956年4月 南京博物院藏

傅抱石 雨花台第二泉 軸 紙本 設色 51.2 cm×71 cm 1956年4月 南京博物院藏

远方来客，憩于此间品茗休闲。
与《雨花台》一样，傅抱石充分
发挥水墨技巧，迅疾扫刷而过，
重点呈现了江南春雨连绵的清寂
氛围。构图大开大合，大动而大
静，深得动静之妙。而且，他善
于处理虚实关系，前景的树干先
用大笔写出，细枝则以硬毫小
笔，墨色浓重，用笔放逸，与远
处的山岗形成了强烈的对比。如
此，增强了画面的空间感，取得
了咫尺千里的视觉效果。

　　1956年5月，傅抱石精心完
成了《南京风景》四条屏——
《鸡鸣寺》《中山陵》《玄武
湖》《雨花台》，将他所探索的
表现新生活的山水向前推进了一
步。他以树林间、山路上、屋舍
旁的少先队员来表明时代特征，
原先那种古典雅致的气韵已完全
被一种现代的风情所替代。譬
如，《雨花台》将第二泉、纪念
碑纳入同一画面，描绘了雨花台
风景区春意盎然的明丽景象。近
景枝叶纷披，几乎占据画面的二
分之一，拓展出足够的纵深度，
第二泉亭阁掩映其中，朱柱醒
目，两名少先队员在林间小道上
玩耍嬉戏，拉近了与观众的距离
感。远处高岗突兀，郁郁葱葱，
纪念碑高高耸立，山头红旗点
点，队伍盘旋于山路上，点明了

傅抱石　雨花台　屏　纸本　设色
79.7 cm×28 cm　1956年5月　南京博物院藏

傅抱石 春夜玄武湖 轴 纸本 设色
140 cm×70 cm 1957年11月 南京博物院藏

谒陵的主题内容。显然，他融情入景，写出了优美静谧的情趣。

这里，傅抱石根据对地域、时间、形貌等各方面的细心观察，注重色与墨的轻重与厚薄的处理，大笔皴擦，铺排渲染，将水墨、花青和赭石有机结合，浓淡相宜，轻重相和，淡而不薄，厚而不滞，屋宇、远山、松林无不整而透、透而松，浑厚处顿生微妙与空灵。青绿间黄的色调，光影效果的处理，表现出一种浓郁的空气感。用笔多变，或竖或斜，快慢顿挫，虚实粗细，转折轻重随物而定。如山体渴笔疾扫而成，笔速迅疾而不飘且取奇巧，颇能增强画面的艺术效果。再如，用浓墨画的树，既突出了较之于其他物象浓重的质感特征，又和谐统一于整个画面。

10月，《南京风景》四条屏由江苏人民出版社出版单页画片；11月，值江苏省第二次文学艺术工作者代表大会期间，"江苏省近两年来美术作品展览会""江苏省中国画展览会"相继开幕，《南京风景》四条屏参加展览并获一等奖。1957年8月，四条屏之《雨花台》《鸡鸣寺》发表于《美术》第8期。由此，《雨花台》在美术界取得了一定的社会声誉。

在雨花台烈士史料陈列馆落成开放之际，傅抱石真实描绘清明节人们凭吊烈士之景，突破了"金陵四十八景"的旧思维，塑造了新的南京风景模式，自然承载起一种特殊的价值意义。

就在这段时间，傅抱石一直沉迷于南京名胜春景的描绘，相继创作了诸如《玄武湖一瞥》（1955）、《初春》（1957）、《春夜玄武湖》（1957）等一系列风格清新的作品。《春夜玄武湖》写月下玄武湖静谧之景，水天一色，桨声月影，树影婆娑，柳树的躯干以浓墨写出，薄施淡绿，染出大片绿荫，如同春之帷幕，透过绿色帷幕依稀可见水岸、湖面、游船。湖面上游船散落，月夜游春气氛浓厚。画面清新湿润，传递出春意阑珊的静谧意境，表现出积极乐观的新时代精神。总之，此时的画作，既有传统绘画的功底韵致，又处处透露着新社会的神采。

（二）

1958年是江苏中国画发展史上十分重要的一年。5月，毛泽东（1893—1976）提出了"鼓足干劲，力争上游，多快好省地建设社会主义"的"总路线"。中共中央频繁召开工作会议，不断将"大跃进"和人民公社运动推向高潮。由此，全国各行各业迅速掀起了生产建设的热潮。

为了配合生产"大跃进"的宣传，文化"大跃进"也被提上议事日程。《美术》1958年第7期刊首词倡议："多快好省，画最新最美的画图。"江苏省国画院筹备处的画家们深入工厂农村，创作了大量反映生产建设的作品，举办反映工农业生产的画展。

4月25日，由苏联发起的"社会主义国家造型艺术展览会"筹备在即，中国美术家协会副主席蔡若虹（1910—2002）来宁布置创作任务，江苏省国画院筹备处制定了周详的工作计划，将主题性的国画创作推向了新的高潮。

在火热的时代氛围中，傅抱石也不例外地奔赴工农业生产一线体验生活，收集各类创作素材。或许由于1956年春天的切身体验，他再次选择熟悉的雨花台开展主题创作。

在山水画的范畴内，雨花台尽管草木华滋，修竹苍翠，风景秀丽，但仅是个山岗，地貌不宜入画，故不是金陵山水传统中习惯的表现对象。然对于20世纪中国革命史叙事与政治思想空间而言，"雨花台"具有非常特殊的革命怀想与历史记忆，在南京地区拥有十分广泛的群众基础。这里

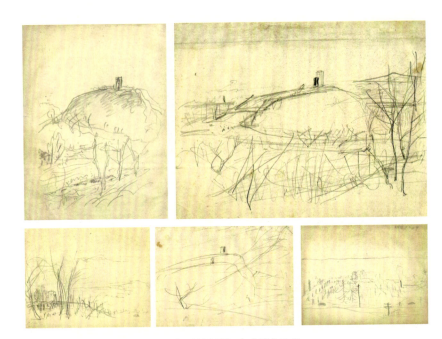

傅抱石 速写雨花台 页 纸本 铅笔 1958年7月 南京博物院藏

与革命的历史有着若干的关联，具有吸引画家们为之讴歌的足够动力。所以，描绘雨花台既有思想观念上的转变，又有形式技法上的新努力。

　　显而易见，雨花台主题创作往往会涉及内容与形式的关系问题。形式属于视觉，傅抱石经过近十年的探索，凭借已有创作经验足以应付，也能够创造出一种崭新的视觉体验。但是，雨花台毕竟不同于他驾轻就熟的西蜀山水，如何进一步将蕴涵于雨花台自然风景下的崇高感表达出来，而不是普通意义上的山水情怀，重要的是在创作过程中务必借瞻仰烈士陵园的革命历史感悟来消解一般审美中简单的表象符号，进而使体验通过艺术语言升华为形而上的思想精神。所以，傅抱石的创作在自然融汇传统绘画趣味中也体现了时代所要求的思想内容，通过对雨花台的视觉处理，使得作品既充满大地泥土的芬芳和大自然清新的气息，又倾注了饱满的革命激情和发自内心的赞颂。

　　7月9日，傅抱石来到雨花台进行实地写生，尤以烈士纪念碑为中心，勾写了不同角度的画稿，或地形地貌，或纪念碑，观察十分细致周到，记录有代表性的景色。稍后，他反复酝酿、多次构图，可谓殚精竭

傅抱石　雨花台颂　轴　纸本　设色　71 cm×109.6 cm　1958年　南京博物院藏

虑。8月1日，即中国人民解放军建军节，傅抱石创作了平生第一幅《雨花台颂》，颇有献礼的政治意味。所以，他绝不是再现纯粹的自然风景，更非表现高人逸士纵情山水，而是描绘一个具有鲜明纪念意义的景物。傅抱石追求的是一种纪念碑的属性，即他自己所说的"颂"，其价值不仅在绘画自身，更在于绘画的社会意涵与政治功用。无疑，这里包含着一个关于艺术社会价值观念变迁的问题。

　　自中国画写生运动以来，以风景名胜写生为基础的中国画革新的确为陷于困境的山水画带来了新的生机。1955年5月，中国美术家协会第一届理事会第二次扩大会议在北京召开，重点讨论了中国画继承传统的问题。两年后，中国美术家协会创作研究室召开"国画山水写生座谈会"，交流近年实地写生经验及探讨传统技法如何与写生结合以提高国画写生质量。此时，写生并没有过多地关注或强调山水画的政治内涵。随着政治形势的变化，山水画写生至1958年前后逐渐发生改变，从几乎纯粹以传统风景名胜的写生为中国画改造服务的最初动机，渐渐演变成为国家的社会政治生活服务。画家到风景名胜区体验生活、描绘山水似有游山玩水之嫌，以风景名胜为题材的创作则成了一种闲情逸致，理应受到限制甚至批判。

　　与此同时，伴随着毛泽东地位的日益神化，相关的革命圣地逐步定型，韶山、南湖、井冈山、遵义、延安、西柏坡等，成为无数民众瞻仰的场所。写生活动无不将目的地由以往的风景名胜转向革命纪念地，并愈演愈烈。于是，画家们风起云涌般地走进韶山、井冈山、延安等地。人们普遍希望，在写生的同时也能得到革命精神的教育和熏陶，这不仅是个人的心愿，更是党和政府的期望。这类写生已不仅仅是观察生活、体验生活、表现生活的过程，也是画家改造自己的态度、立场、思想和灵魂的过程。所以，画家们由最初一般意义上的风景写生，发展到革命圣地写生，逐渐演变成后来专门以革命圣地为题材的创作风潮。画韶山、画井冈山、画遵义、画延安……使得新中国的山水画背离了传统文人画趣味而朝着革命主题的方向发展，进而形成新的形式语言和美学风格。在江苏，茅山、梅园新村、沙家浜、雨花台等在日益政治化的社会氛围中也成了新的革命纪念地。由此，雨花台图像也从原先的写生范畴转化为政治歌颂的象征层面，在一定程度上被赋予了某种革命性质的教化意义。所以，傅抱石对雨花台理所当然地倾注了无限热情，并为之完成图像呈现。

　　创作时，傅抱石改变了中国画传统构图法，采用西方特写的取景模式，大胆取舍剪裁，立意于更为深邃的境界。近景右上角，大笔勾画松

傅抱石　雨花台颂　轴　纸本　设色　60 cm×105 cm　1958年8月　南京博物院藏

枝，浓墨为之，痛快淋漓，如疾风暴雨；松枝下竖立两根高压电线杆，输电线横穿画面以示点缀，线条老辣；中景是郁郁苍苍的雨花台，山体厚重，松柏簇拥，以点染法为之，山顶纪念碑高耸，气象庄严肃穆；远景乃建设中的城市新貌，淡墨渲染，细笔收拾，屋宇、厂房、电线杆、烟囱，浓烟滚滚，一派欣欣向荣。左上角空出云气，一片壮阔，呈现咫尺千里之势。这里，大块面的泼墨山体与相对细致的城市新貌形成了强烈对比，笔墨游离于浪漫与真实之间，虚实相生，能放能收，气势恢宏，从而与古代山水画追求的不食人间烟火的意境产生了根本区别。

与当年盛行的毛泽东诗意画相对自由的创作空间有所不同，由于强调客观存在性，如何处理革命圣地图式，成了画家们费尽心思的当务之急。画家最起码要做到，笔下图像是某一特定的圣地图景，而非其他风景名胜，令人一览便知。于是，他们创作时往往会安排一些标志性的符号，譬如画韶山选择毛泽东故居、画延安选择宝塔山等特定符号以点明意象，着重刻画革命圣地所赋予的崇高庄严。因此，画家必须思考的问题是，如何通过对秀丽山川的表现服务于当时的社会政治需求，做到政治与艺术的统一、内容和形式的统一。在这一前提下，画家们的任务就是努力提炼出概括性的笔墨形式，使自己的艺术语言与这种题材达到完善的结合。至于雨花台，傅抱石首先将烈士纪念碑纳入画面，并置于突出位置，便是自然而然了。

关于《雨花台颂》的构思，傅抱石在一则情况汇报中述及：

> 我的《雨花台颂》就可以为例。我是企图通过这革命的主题反映出南京（伟大祖国的一部分）面貌的急剧改变，重要体现的是由旧时代纯消费的享受的城市改变为生产的工业的城市，所以题为"雨花台颂"。[1]

首先，傅抱石忠实于客观对象，然后在主题思想上做了精心思考。革命烈士纪念碑是主角，居于画面中心偏左，必须醒目突出，远景厂房林立，灰烟袅袅，显示了新社会的不同气象。同时，通过两者之间的互动联系，说明新中国建立的来之不易。左上方的苍松，象征生命不息，

---

[1] 傅抱石：《"江苏国画展"在京展出情况的简单汇报》，南京博物院编：《傅抱石著述手稿》，北京，荣宝斋出版社，2007年12月，页338。

进一步地升华主题思想。自古以来，作为"岁寒三友"之一的松树一直代表着坚贞的精神。在新中国绘画中，青松又被赋予表现中国革命万古长青、新中国生机勃勃之意，展示出人民共和国的恢宏气度。对于傅抱石而言，松树一直是他擅长的题材，诸如"二湘""石涛诗意"等，多以折枝松树布景，都十分精到。因此，他将之运用于革命圣地画，自然十分熟稔。造型挺拔雄劲，笔墨坚涩凝重，营造出一种深邃厚重的意境。张文俊曾回忆："《雨花台颂》从右上方披下的一枝松，是他站在雨花台西南方小山头观察，撷取近景小松加以夸大的。"[1]这种图像处理方式，将对烈士的缅怀和新生活的赞美结合得比较完美，正可谓惨淡经营。尽管如此，傅抱石并没有主题先行而忽视笔墨表现，在追求写生现场感的同时，在山体、松枝的刻画上尽得洒脱之态，而城市新貌仅以点缀的方法巧妙地展示出建设的成就和时代的变化。

早年，傅抱石留学日本，关心过日本画，也接触到西方现代油画，对那种直接源于现实的写实性绘画感受甚深。归国后，他开始引入西方焦点透视式写生结构，往往利用取景框模式的风景画构图因素和近大远小的透视关系，用夸大近景树干的方式，以树木枝干为特写近景，一则使画面产生一定的纵深关系，二则增加画面的现场感与亲和力。但是，傅抱石一直未能全面运用这种构图方式。1950年代中期始，尤以东欧写生为契机，这种从写生而来的焦点构图方式在他的创作中使用频繁。这种构图法，使传统绘画在新的结构中呈现新的意味，令其写生作品带有不少水彩风景画的意味，给人耳目一新的感受。

1958年12月28日，"江苏省中国画展览会"在北京帅府园中国美术家协会展览馆开幕，展出作品161件，从各个角度生动反映了当年社会主义的现实生活，深刻体现了推陈出新的时代精神。在大多数人看来，"国画家用自己的实践证明，国画既可反映现实生活，而且可以结合得很自然。"[2]傅抱石《雨花台颂》也在参展之列，引起了人们的关注。1959年1月10日，《人民日报》刊登傅抱石《雨花台颂》等五幅作品，发表通讯《国画里的时代气息》，评论云："例如有一幅《雨花台颂》，这位画家就没有单纯的只是去描写雨花台的山水草木，也没有作

1 张文俊：《忆傅抱石先生》，南京，江苏省文德中国山水画研究会，1996年6月，页43。

2 秦犁：《国画里的时代气息》，北京，《人民日报》1959年1月10日，第4版。

其他生硬的结合。从画面上看，烈士纪念碑只占了一个不大的角落，而且半截被树木遮掩，树丛中隐隐地出现了来过队日的少先队员。但是，作者也用了饱满的笔墨画出了遒劲遮天的松柏树，树下又淡淡地显出雨花台下一片冒烟的烟筒……很能启发人联想。"[1]

如果说傅抱石1956年所作《雨花台》《雨花台第二泉》具有明显的写生风格的话，那么相对而言，1958年所作《雨花台颂》已基本脱离了写生层面而进入主题创作，比较和谐地融汇了山水画传统与西画造型元素，以一种宽博、高大、雄伟的画面格局，创造了一种浓郁、繁盛、谨严的审美风格，比较成功地完成了从一般风景向一种特定山水，即"革命纪念地山水"的转移，表现出一种与革命纪念地相吻合的庄严崇高的特定意境，实现了视觉语言、文化结构、审美趣味与时代题材的有机融合，昭示着1960年代山水画新兴美学趣味的崛起。

1959年2月3日，"江苏省国画展览会"回师南京，傅抱石《雨花台颂》参展，刊发于《群众》1959年第4期（2月16日）、《江苏文化革命报》1959年2月20日第2版"江苏国画展"专页。1962年，江苏人民出版社还专门印行年历。由此，《雨花台颂》频繁发表于主流报刊，使其在第一时间内迅速传播，为傅抱石赢得了良好的社会声誉，从而获得了广泛的认同，越发引人关注。

（三）

1959年春，人民大会堂竣工在即，中共江苏省委受命组织画家并命令江苏省国画院筹备处为江苏厅创作布置画。因是地方议事厅，自然要选择能体现江苏地域风貌的题材。经过严格的讨论和审定，傅抱石确定了以雨花台为题进行创作。5月，他又创作完成了一幅《雨花台颂》，以为江苏厅创作预热。

虽然，他基本延续了1958年所作《雨花台颂》的基本格局，然稍有调整，删减了原先画幅左侧的景物安排以为题款留白，近景则简略了原先电线杆的过多表现仅作点缀，而增加了松柏的描绘，远景城市新貌的刻画则更为细致，由此内容变得相对丰富。在色彩方面，原先的水墨也被花青、汁绿等彩墨所替代，郁郁葱葱，画面更能呈现出欣欣向荣的意涵。

1秦犁：《国画里的时代气息》，北京，《人民日报》1959年1月10日，第4版。

众所周知，绿色在新中国语境中具有"旧貌换新颜""日月换新天"的意涵，以昭示中国社会繁荣的精神面貌。所以，青绿设色特别流行，一派勃勃生机，意境迥异于传统文人画的荒率格调。晚年，傅抱石写生创作习惯此道，这种意象成为其后期绘画基本美学趣味之一。

1959年9月，奉调北上创作《江山如此多娇》的傅抱石增宽尺幅，再次完成与前述大同小异的《雨花台颂》，与钱松喦、张文俊、魏紫熙、宋文治合作《太湖新貌》，陈之佛《松龄鹤寿》（刺绣），杨建侯、罗尗子、叶矩吾、喻继高合作《孔雀》一道布置江苏厅。

就在完成的当月，《雨花台颂》发表于《新观察》1959年第17期和《中国画》1959年第3期，并被印成16开单页发行。12月22日，《雨花台颂》又发表于《人民日报》。在持续的传播过程中，《雨花台颂》的政治意涵不断得到强化。

人民大会堂是中华人民共和国政治生活的重要场所，具有浓厚的国家意识，所以，傅抱石的创作已不再只是纯粹的个人创作行为，而是一项神圣而庄严的政治使命。在创作过程中，他必然会受到多方政治力量的监督和指导。《雨花台颂》完全不是个人情趣的表述，而在一定程度上体现出国家形象性的审美诉求。

从某种角度来说，《雨花台颂》是一件历史感与现实感相融汇，境界壮阔、情思激荡的作品。画面写在铁干虬枝苍松掩映下的雨花台，远

傅抱石 雨花台颂 轴 纸本 设色 123.3 cm×205.2 cm 1959年5月 南京博物院藏

傅抱石 雨花台颂 轴 纸本 设色 125 cm×225 cm 1959年9月 江苏省国画院藏

接钟山烟岚，近挹长江浩荡奔涛。山岗绿树茂密，中央巍然矗立着烈士纪念碑，于林海之中似群星拱月，气势雄伟。一队少先队员手持红旗，拾级而上谒陵，十分醒目。山下苍松翠柏，高压电线点缀其中，连接远景井然有序的厂房、民居街景，水墨结合淡彩，充分展示出石城的蓬勃新姿。傅抱石以浓墨大笔挥写倾斜而下的苍松，形成遮天盖地的磅礴气势，象征着革命英烈岁寒不凋之节操和万古长青之精神。远处天空几抹红云渲染恰当，起了烘托主题的作用。最后，他篆书题识"雨花台颂"更显古朴庄重之风。

尽管傅抱石对于《雨花台颂》的构思可谓缜密慎重，但外界评论似乎对此仍有若干疑虑，正如1958年所作《雨花台颂》在北京展出时，有人曾提出过质疑："有一位观众认为很坏，并说作者把'颂'字歪曲了……我的意见是：是否歪曲了'颂'了，还可以研究；但我应该画得更好些（也可能）是十分正确的。"[1]

不仅如此，还有人甚至认为傅抱石的水墨方式不足以体现新社会的时代精神。1959年1月4日，傅抱石在与中央美术学院国画系师生座谈会

1傅抱石：《"江苏国画展"在京展出情况的简单汇报》，《傅抱石著述手稿》，页339。

傅抱石 雨花台颂 轴 纸本 设色 55.4 cm×79.2 cm 1960年2月 南京博物院藏

上曾结合《雨花台颂》等谈及颜色问题："我不会画桃花，不喜欢画富丽色彩的画，人家说我是'冬天画家''秋天画家'。"[1]这种超越艺术形式而上纲政治思维的批评似乎令人无能为力。或许就是因为这个原因，也可能出于布置尺幅的因素，傅抱石在数月后奉命重新为人民大会堂江苏厅创作《雨花台颂》。就尺寸而言，后来的新作比原先增加一倍。与以往的习惯一样，傅抱石在创作大幅之前也绘制了一幅小尺寸的初稿。与前几幅《雨花台颂》不同的是，傅抱石在前景的部分几乎做了彻底的改变。这里，傅抱石似乎对上述的批评做了适当的回应。

　　1960年2月27日，傅抱石经过深思熟虑，完成了《雨花台颂》小幅，在原先"颂"的内涵上，更以松、竹、桃花为前景，着意于"春"之意境的表达，气氛热烈，而使作品更具象征性。近景右前方大笔挥写松枝，伴以竹子、桃花，生机盎然；中景便是雨花台，烈士纪念碑仍居画面的中央，主题明确突出；远景则展现南京新城，起到讴歌时代的作用。晴朗温馨的天空，孕育着花草清香的气息，弥漫着春天的乐曲。在

---

1 张文俊：《忆傅抱石先生》，页44。

笔墨上，他弱化了独立的形式奇崛，而强化工整细致；在色彩上，他以笔墨为骨加强色彩渲染，冷暖对应相谐，营造出和谐安宁的气氛和明丽清纯的情调，从而进入一种雅俗共赏的层面。尤其为求得"春"之意，他大面积地刻画桃花，虽在色调上并不冲淡画面表现，但一种刻意而为的情绪明显高出自然平缓的画面抒写，折射出不同于历史的时代光彩。这里，傅抱石通过多变的线条加以丰富的皴擦、点染，含蓄地表现了雨花台的怡人春景，淡淡的青绿山水，青松、翠竹、红花，充满着朴素、秀美与温暖，又不失冲融雅逸之品格。或许因为是小稿，傅抱石的创作十分轻松率意。

傅抱石　雨花台颂　镜心　纸本　设色　241 cm×362 cm　1960年3月

稍后，傅抱石或接受审查意见调整构图，将桃花改为梅花，以"松、梅"的景物配置与烈士纪念碑完成呼应，追求主题的升华。他利用现实素材重新组合一种带有理想情绪的画面氛围，通过点缀于画面的梅花、人物、工厂的烟囱，以青翠温润的笔墨刻画了一幅朝气盎然而又不失壮阔的雨花台春景，而崇高感和稳定感、宏大叙事成了《雨花台颂》构图与叙事的核心概念。因此，他突破实景之局限，采用鸟瞰式构图，咫尺千里，将以烈士纪念碑为中心的景色尽收眼底。这里，傅抱石以酣畅之笔描写近景苍松，中景山冈反复渲染，浓郁厚重，山下松柏簇拥，又梅花盛开，或红或绿，灿如彩云，热烈明艳，纪念碑置于山顶，气象庄严。远景中的城市新姿，在春色中同中景的雨花台主峰、纪念碑交相辉映。就布局而言，他采用了间接的象征与比喻的表达方式，相对缩小了对具有标志性意义的真实意象的刻画，极力彰显了具有巨大体量感之山体和挺拔直立之青松的自身力量，纪念碑处于最顶端的位置，并以红色渲染，略显"朝晖"之主体意味，从而使寓意更加深入。出于迎合时代心理的考虑，他在画面中将绿色这一具有象征意义的色彩做了巧妙的布陈与表现，富有装饰性，充分呈现出雄伟、宏大的政治品性。全图笔墨塑造严谨精细，层层积染，以求得形象的庄重整肃，如山体的皴擦、树木的点乱、厂房的勾勒、云雾的刻画、人物的穿插、花朵的烘染等无不经过周密安排，主体突出，极具庙堂仪式性。

相对而言，此作与其他《雨花台颂》相比表现得并不清纯，在1956年写生中灵活清秀的笔法有所减弱，那些富于感性色彩的笔墨趣味有所消失。由于极力追求视觉上的"崇高感""庄严感"，画面的处理表现出刻意的精心，少了轻松写意，充分体现了一种政治要求下的拘谨。这种过于细密的写实画法容易产生繁缛之感，无法与早年的概括简练相提并论。

5月，大幅《雨花台颂》发表于《江苏画报》1960年第5期。几乎同时，江苏省国画院编辑《江苏省国画院画集》，《雨花台颂》被收列其中，由江苏文艺出版社出版。刚就任院长不久的傅抱石拟稿前言，郑重地谈及画家的思想与创作状态：

有些老画家，过去都是以画山水为主的，不同程度的"一丘一壑，聊以自娱"，追求的无非所谓"意境"，陶醉的无非是笔墨。解放之初，改进较少，通过整风、反右派斗争，特别是自"总路线"、"大跃进"以后，出现了很大的变化。现在诸家的画面，基本上去除了陈旧的那一套而富于生活的气息和时代的精神。[1]

这里说的"老画家"的变化，当然也包括傅抱石自己。这番陈述，有助于人们了解"雨花台图"系列创作的思想背景。

有目共睹的是，在傅抱石后期的艺术生涯中，一画多稿、多本的现象十分普遍，尤其是诸如《雨花台颂》《延安》等革命纪念地主题更是如此，反复锤炼，精心经营，生动地说明当年画家在特殊政治时空背景下的拘谨心态。在政治至上的年代里，这种从属于政治的艺术创作表现于心理上的诚惶诚恐、谨小慎微，个性容易泯灭，很难进入自由的创作状态。由于强调写实性的自然再现，傅抱石放弃多年来得心应手、挥洒自如、长于气势而弱于细节的笔墨风格，使得诸如《雨花台颂》等一批表现特定内涵和特定情景的写生作品，或多或少带有拘谨的特点。

对于这种状况，傅抱石在总结江苏省中国画展览会时明确提出了"党的领导、画家、群众三结合"[2]的创作方法，为当时的绘画创作树立了一个时代的样板。无疑，傅抱石创作《雨花台颂》时也无时无刻不遵循这种创作原则。正如林木感慨："如何认真地听取和感激领导和群众的指教以创作、修改自己的作品，对政治较强的作品创作时那份怕犯政治错误而带来的紧张，我们不难体会到当时画家心态的苦涩，创作的艰难！"[3]《雨花台颂》就生动地见证了当年画家们以完成政治任务的方式去完成绘画创作的尴尬境地。

后来，《雨花台颂》一直悬挂于人民大会堂江苏厅，见证着江苏人大代表和党代表商议国事的全过程，时而作为时事新闻背景出现在各大主流媒体上。所以，它以富于象征意味的价值实现形式，在缅怀与歌颂中国共产党的先烈和英雄的伟大革命的实践中，获得了纪念碑式的象征意义。它所承载和播散的精神价值和文化价值，也非一般的山水画所能比拟。无论是创作主体，还是意境内涵，抑或是展示场地，《雨花台

1傅抱石：《江苏省国画院画集》前言，叶宗镐：《傅抱石美术文集》，上海，上海古籍出版社，2003年9月，页483。

2傅抱石：《政治挂了帅，笔墨就不同——从江苏省中国画展览会谈起》，北京，《美术》1959年第1期，页5。

3林木：《傅抱石评传》，台北，羲之堂文化出版事业有限公司，2004年11月，页170。

傅抱石 虎踞龙蟠今胜昔 镜心 纸本 设色 225 cm×327 cm 1964年9月 人民大会堂藏

颂》可以说是政治与艺术结合的产物，充分代表着国家主流意识和社会主导价值观最集中、最有力的美学审美趣味，其意义已完全超出绘画之外。直至1964年，值中华人民共和国15周年国庆前夕，《雨花台颂》因为视觉效果的原因，被傅抱石的新作大幅《虎踞龙蟠今胜昔》所替换，而退回江苏省国画院。多年后，《雨花台颂》不知通过什么途径流散于社会，引起不小的社会争议。[1]

（四）

　　由上所述，"雨花台图"系列随着政治的变迁，呈现出不同的时代特色。1956年的雨花台写生较多地呈现出自然主义的倾向，尽管也有明确的政治意味，但相对宽松的政治氛围使笔墨语言的表现力获得了较大的自由空间。傅抱石并未因主题先行而削弱或放弃对中国画笔墨线条韵味的直觉表现，也未伤害各自独特的艺术风格和美学品位。所以，在题材背后仍能展现出具有浪漫色彩的笔墨风格。后来，随着社会的泛政治

1 季涛：《傅抱石〈雨花台颂〉是怎么进到拍卖场的？》，北京，《市场周刊（艺术财经）》2014年第1期，页128。

钱松喦 雨花台 轴 纸本 设色 139 cm×96.3 cm 1964年11月 江苏省美术馆藏

化，作为革命纪念地的雨花台景观在意识形态的强大作用力下形成了超乎个人意志之上的统一的创作规范，傅抱石或多或少地丧失了自我的艺术创造性，表现出几分难以自主的状态。当然，这是时代的无奈。不仅如此，这种基本以歌颂为主务的主题创作在主流舆论的支持下于南京持续地产生了发酵效应，所谓"革命的崇高感"和"新社会的新气象"的有效融合在其他画家的雨花台图像中亦得到了合理的响应。所以，傅抱石的"雨花台图"系列不仅留下了深刻的时代烙印，而且生动见证了绘画与社会的复杂关系。

无可非议，傅抱石的"雨花台图"系列在全民革命的政治思潮中，自然承担起重要的精神引导作用，从一个细小的侧面反映了一种特定的风格趣味和思想观念，足以呈现出二十世纪五六十年代中国社会政治结构和文化生活的变迁。

必须承认，一个时代的艺术样式和审美趣味，在很大程度上取决于特定社会背景下，国家、政党对艺术功能的具体认可与要求。1949年以后，中国共产党的执政理念和文艺政策是推动当时山水画艺术样式和风格演变的主要动力，画家的思维模式往往被一种高度统一的意识形态所支配和制约，他们对题材的选择已然不是一种单纯的个人喜好，更是一种社会化的抉择。因此，从某个角度来说，傅抱石的"雨花台图"系列便具有丰富的社会文化意义。

仅就创作而言，人们能从"雨花台图"系列中窥见画家在政治的观照下如何思考、经营、创作的生动过程。譬如，傅抱石在创作先期的小幅时往往展现了平时挥洒自如的气度，笔墨形式变得略为自由奔放；而在正式的布置画时由于种种原因则多了若干约束，显示出不可避免的拘谨。其一前一后，再现了傅抱石对于一般的风景山水和特定的纪念地山水、一般的主题创作与特定的厅堂布置画的不同创作心态和处理方式。面对"雨花台图"系列，人们真真切切地领略到画家的种种尝试和诸多努力。

由于社会政治生活的不断变化，傅抱石在生命最后的十几年里，在绘画语言上做了不同的调整和探索，尽管某种共性的时代审美特征略胜于个性的真情流露，但他总是试图在艺术个性和时代精神之间找到自己适合发展的契合点，并保持了相当的个性特征，从而确立了他在新中国绘画史上的历史地位。

平心而论，"雨花台图"系列在傅抱石一生全部作品中并不十分重要，也算不得典型之作，但其绘制，令人们看到傅抱石处理某一特定题材的生动面目，可视为画家后期创作的一个精彩缩影。

2016年6月15日完稿

《美术学报》2016年第4期

待细把江山图画

——傅抱石《西岳雄姿》赏析

 1960年9月15日，在中共江苏省委宣传部的支持下，傅抱石率领由一批久居江南的画家组成的江苏省中国画写生工作团一行十三人离开南京，"开眼界，扩胸襟，长见识"，历时三个月，相继走访了河南、陕西、四川、湖北、湖南、广东等六省十几个大中城市，成为当时中国绘画界一件极为轰动的大事，同时也将1950年以来的中国画写生活动推向一个历史的高潮。

 在行程中，傅抱石兴致勃勃，瞻仰革命纪念地，游览风景名胜，参观工矿企业，一路走一路画，不断地将个人的主观感受和歌颂新时代的主题注入画幅之中。10月12日，写生工作团抵达玉泉院并向华山进发，晚宿娑罗坪道观，次日经十八盘登上青柯坪，饱览西岳美景。一路上，他还饶有兴致地与写生团的画家们谈论明代王履《华山图》的创作。

 西岳华山，位于陕西省华阴市境内，南接秦岭，北瞰黄渭，扼守着大西北进出中原的门户。其海拔两千一百五十余米，山势峻峭奇险，有"华山天下险""奇险天下第一山"之誉。它有东、西、南、北、中五峰，南峰"落雁"、东峰"朝阳"、西峰"莲花"，三峰鼎峙，称"天外三

1960年10月13日，傅抱石等在华山清柯坪写生

傅抱石 华山 页 纸本 铅笔 1960年10月

峰"。还有云台、玉女二峰相辅于侧，三十六小峰罗列于前，气象森森，因山上气候多变，形成"云华山""雨华山""雾华山""雪华山"，美不胜收。

面对这一切，长年居于江南的傅抱石内心受到了强烈的震撼，目睹太华奇峭的西峰雄姿和变幻的烟云，不无感慨："对于长期生活在平畴千里的江南水乡的山水画家，对于长期沉潜在卷轴几案之间的山水画家，一旦踏上了'天下险'的华山，您能禁得住不惊喜欲狂吗？"他在青柯坪停留数小时，观其气势，察其形态，速写西峰、青柯坪和东、西两侧诸峰，以扼要简练的线条速写画稿多幅，为稍后的华山创作积累了丰富的素材。

11月1日，傅抱石经过数日的构思在成都绘成《漫游太华》，题识"庚子秋深，漫游太华第一日，宿青柯坪，始写于成都，抱石并记"，是为其第一幅华山图。诚然，华山陡峭壁立，直上直下，缺少变化，比较难以入画，但在傅抱石笔下，却出乎意外。是图虽为册页小品，但小中见大，十分精彩。笔直的山势，重重叠叠，增强了整体气势的雄伟巍峨，再加山间云雾飘飞，使画面灵动而活跃了起来。

后来，傅抱石在旅途中一连创作了多幅华山图，皆精彩纷呈，如《华山青柯坪》《华岳耸翠》等，尽管并未完整描绘华山全貌，但华山险峻、奇崛、雄健的气象被成功地表现出来。1961年4月，回到南京后的傅抱石完全沉浸在华山图的经营之中，反复推敲，数易其稿，终于完成《待细把江山图画》，真实再现了华山的险峻山姿和雄伟气势，题云："待细把江山图画。庚子深秋，随江苏国画家漫游太华，归来写此，并题稼轩词句。一九六一年四月，傅抱石南京记。"这里，山峰直入云霄，气势逼人，又云雾缭绕，虚幻空灵，近景树木葱郁，房屋、车辆、游人井然有序，更能衬托山之险峻。傅抱石根据华山结构肌理，运用独创的抱石皴式的荷叶皴，用笔极为豪纵，上下翻飞，忽轻忽重，纵横挥洒，如乱柴积薪，而嶙峋之山岩、劲健之肌理，却又巨细无遗。其吞吐变幻之神妙，真使人难测高深！自1961年5月北京"山河新貌：江苏省中国画写生工作团汇报展览会"展出后，《待细把江山图画》引起了极好反响，成为傅抱石后期山水画中最具影响力的作品之一。

的确，二万三千里写生激发了傅抱石莫大的创作热情。他将自然

傅抱石 漫游太华 页 纸本 设色 28.1 cm×40.3 cm 1960年11月 南京博物院藏

傅抱石 华山 轴 纸本 设色 98.5 cm×60 cm 1961年 广东省博物馆藏

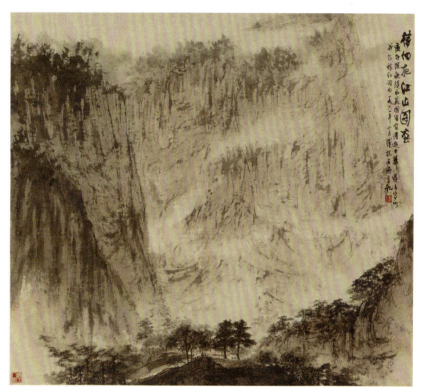

傅抱石 待细把江山图画 轴 纸本 设色 100 cm×112 cm 1961年4月 中国美术馆藏

山水发挥到了极致，其绘画艺术由此得到了进一步的升华。以"华山""三峡"为代表的自然性题材，是壮丽的北方山水和奇秀的西南风光在傅抱石心灵中的震撼和映现，对他生命最后五年的绘画创作产生了深刻影响。后来，傅抱石以华山为题材创作了一大批追求浪漫气质的作品，或立轴、或长卷、或册页、或扇面，乐此不疲，猛刷猛扫，乱而有法、法而不板、潇洒而健利、阔远而飘逸，风格向抽象的大写意方向发展，"抱石皴"再次得到丰富完善。在这些纵横跌宕的作品里，多了几分洒脱和率真，少了几分拘谨和板滞，傅抱石又恢复了往日"往往醉后"的激情形象。

1963年3月，身在杭州陪同长女疗养的傅抱石，应国务院外事办公室副主任兼中国驻缅甸大使李一氓之邀，为正式启用还未满四年的钓鱼台国宾馆绘制布置画。他便以华山为题作大幅《西岳雄姿》，题云

傅抱石 西岳雄姿 镜心 纸本 设色 145 cm×360 cm 1963年3月 北京钓鱼台国宾馆藏

"一九六三年三月，傅抱石写于杭州"。后来，《西岳雄姿》布置于北京钓鱼台国宾馆，至今仍在。

　　说起李一氓，傅抱石在1955年通过郭沫若即已结识。李一氓（1903—1990），四川彭县人。早年留学法国，曾参加北伐战争、南昌起义，后任陕甘宁省委宣传部长、新四军秘书长等职。新中国成立后，他任世界和平理事会常务理事兼驻会书记。1958年4月到1963年9月任中国驻缅甸大使，1962年后又兼任国务院外事办公室副主任。1960年5月，傅抱石应李一氓之邀，为中国驻缅甸使馆作厅堂布置大画《长城》。

　　这里所要介绍的无款《西岳雄姿》也是傅抱石应李一氓之约同一时间创作的，尺幅与前述几乎一致，构图、笔墨、意境也大同小异，然未及题款。晚年，享有盛誉的傅抱石经常受邀为各类会堂、宾馆、机场等建筑绘制大型布置画，奔走大江南北，为此他一般选择自己熟悉的题材精心创作。有必要说明的是，在傅抱石后期绘画生涯中，一画多稿、多本的现象比比皆是，尤其诸如《西岳雄姿》这类的大型布置画更是如此，反复锤炼，苦心经营，还往往同时绘制多件，最后挑选最为满意者交付相关机构。

　　根据傅抱石的创作习惯，无款《西岳雄姿》应该是他在1963年3月间留下的一件重要作品。其章法结构基本沿袭了两年以来《漫游太华》《待细把江山图画》等构图模式，西峰高耸出画外，同时强化西峰的山纹皴法，显示出华山之美。左面两个山峰一低一高，高峰耸出画外。山脚下屋舍几乎居中，向右树木郁郁葱葱，不断延伸至画外。只是因为是大型厅堂布置，傅抱石在尺幅上增加左右的山体部分，重峦叠嶂，高耸挺拔，气势撼人，笔墨则与上述诸件华山图几乎一致。而与北京钓鱼台国宾馆所藏《西岳雄姿》相比，仅少了云雾和若干远峰，却多出了山脚下屋舍之描绘。

就技法而言，傅抱石在《西岳雄姿》中，先用淡墨写出山体的大概轮廓，在淡墨的轮廓上用淡赭石渲染上去，然后以中墨调和赭石画出山石的走向及其肌理，待其将干未干时，用浓墨焦墨以散锋笔法写出，浑然一体。画面中心山峦所用的皴法是融合了荷叶皴法的散锋皴，近景处的山用斧劈皴法式的散锋皴法，远景处则用乱云乱柴皴法画出山的肌理和质感。傅抱石用笔雄肆奔放，以大块重墨和独特的抱石皴式的荷叶皴法交替使用，既画出了山上林木之繁茂，又使山势有了丰富的变化，既体现了"华山天下险"，也表现出华山独具的特殊美，充满浪漫主义激情。这里，"抱石皴"完美呈现了山石的结构、质地和植被所具有的多样变化。它比披麻皴生动，有动势，更能表现出山石嶙峋的质地；它比斧劈皴运用自如，变化多，更能表现风化的石质山的多种特征；它比乱柴皴更加丰富，线条有曲有直，乱而有章；它比卷云皴更富表现力，柔中带刚，空间感强。真可谓"寓苍劲于雄浑之中，藏秀美于宏壮之间，集概括与丰富一体，笔力与墨韵同构"。

正因为"对于大自然有异常的感受和激动，近乎苦恋的心情"，傅抱石痴迷于华山的自然美景，也钟情于"西岳雄姿"之创作。从一系列华山图中，我们看到傅抱石的精思竭虑和惨淡经营。他总结创作华山图的经验，不断锤炼画面，集中表现华山的磅礴气势，大笔皴染，充分显现出其特有的壮美风光，而华山的雄伟奇秀正契合了傅抱石豪爽率真的性情，更助长了他下笔时的那种尽情挥洒和奔放不羁的意态。在一定程度上说，华山成就了傅抱石，傅抱石也成就了华山！

毋庸置疑，如此《西岳雄姿》可以说是难得之佳构，无论是尺幅之大，还是笔墨之精，皆值得一书。尽管傅抱石未及题款，是为"美中不足"，然经傅氏家属补钤白文方印"傅抱石印"，也算是弥补缺失之憾！

1983年8月，曾与傅抱石合作《江山如此多娇》、后联袂东北写生的关山月在广州得见《西岳雄姿》，欣然题跋："此图系傅抱石于一九六一年畅游东北后之遗墨。一九八三年八月，关山月拜观并记于羊

傅抱石 西岳雄姿 横幅 纸本 设色 145 cm×360 cm 1963年3月

城。"郑重钤盖朱文方印"漠阳"、白文方印"关山月印"。虽然时间基本无异，联系到傅、关两人之共同经历，关氏所跋容易令人产生误解，认为《西岳雄姿》乃东北写生时所作，其实不然。这也难怪，关山月在东北写生途中曾目睹傅抱石即兴创作《华岳千寻》留存中国美术家协会吉林分会作为纪念，此幅《西岳雄姿》勾起了他多年前的美好回忆。

2004年10月，江苏省人民政府、中华人民共和国文化部联合举行"其命唯新——纪念傅抱石诞辰一百周年"系列活动，作为项目之一的大型画册《傅抱石》由上海古籍出版社在活动前夕的7月正式出版。这

件《西岳雄姿》著录于该画册第46—47页。2008年2月，广西美术出版社出版《傅抱石全集》，《西岳雄姿》再次著录于第四卷第112—113页。但需说明的是，编者将其定为"1961年"所作，实乃有误。根据傅氏创作习惯以及该图与北京钓鱼台国宾馆所藏《西岳雄姿》之密切关系，可确凿断定其创作年代同为"1963年3月"，特此更正，希望能引起同好们的注意。

2012年5月稿
《中国收藏》2013年第2期

傅抱石 华岳千寻 轴 纸本 设色 89cm×45cm 1961年6月 吉林省美术家协会藏

声声入耳

——傅抱石《听泉图》赏读

　　1957年2月，江苏省人民委员会批准筹建江苏省国画院，傅抱石任筹备委员会副主任，并负责具体业务。筹建之初，江苏省国画院即将教学纳入工作任务之一："有计划地吸收学员，根据国画的特点进行教学以提高艺术水平，培养下一代的国画人才。"其所规定的中国画教学的职能，是围绕着中国画创作的自身特点而展开的，有别于西式美术教育体制，具有中华民族传统的特殊性。

　　1960年3月，江苏省国画院正式成立。9月，首届学员培训班正式开学。来自全省各地，由地方推选，经画院考试合格者共三十人入学。

1963年6月15日，江苏省国画院学习班结业留影

傅抱石 听泉图 轴 纸本 设色
142 cm×46 cm 1946年1月

1963年6月15日，即癸卯端午，第一届学员完成三年学业即将毕业，在总统府西花园举办结业典礼并举行座谈。作为院长的傅抱石，主持仪式为学员们送行，时任江苏省文学艺术界联合会主席李进也应邀出席。时桐荫馆外，风雨如注，而室内人声鼎沸，热闹非凡。师生们济济一堂，深情地回顾了三年来的学习生活，说不完的话语，道不尽的情谊，欢歌笑语盖过了窗外的风声雨声。

因为学员们的要求，傅抱石应院方特别安排教学示范，选择了自己最顺手、最熟练的题材："听泉"。这是傅抱石画水的经典性画题，也称"日日凭栏洗耳听""不辨泉声抑雨声"，有时则题"虹飞千尺走雷霆"，从1940年代始创作无数，或遣兴，或应酬，疾笔挥洒，发人意兴，忘乎所以，精品力作迭出。譬如1946年1月，傅抱石率意完成《听泉图》，乃遣兴佳作，题识"天削危峰万仞青，虹飞千尺走雷霆。不知何处餐霞客，日日凭栏洗耳听。乙酉大寒一日前，遣兴之制也。"画面中，远景壁立千仞不见天，飞瀑直泻，云气缭绕，以奔放之笔一气呵成，雄壮之势跃

然纸上。近景画大树巨岩，树荫下临溪筑亭，有白衣文士靠栏谛听瀑声。大树浓墨皴擦的，似无法而又有法，与以淡赭涂抹的山体形成对比，墨气浑润；巨石与山壁营造出临近瀑布的紧张感，似可听到水流呼啸之声，并呈现水雾氤氲之感；人物虽为点景，却刻画细致，表情入微，有呼之欲出之妙。

或许受到现场热烈气氛的感染，傅抱石创作饱含激情，以茶代酒，将"泉""雨"充分结合起来，"皴水法""破笔点""扫雨法"尽情展现，形成一个奇妙的水世界。《听泉图》以左角中段两组瀑布和近景的流泉构成山洪暴发的泻水系，中间隔以巨岩深壑和茂林茅亭，使水系时隐时现，或泻水击石，或烟雨蒸腾，或湍流奔涌，雨、雾、泉、水尽在笔下翻滚，任兴而挥，表现出瀑布的磅礴气势和速度。虽是截取山中局部，不见远山和山体结构，然层次清晰，勾皴之后以淡墨分层渲染出基本的气氛和色调，再以干笔及湿笔皴擦，描绘出被水打湿的石壁的肌理和质感；远瀑取其影，朦朦胧胧；中瀑显其形，晶珠激荡；近流映其光，银波粼粼。特别是近景用浓墨破笔点画出巨石茂树，以拉开前后层次，使通幅水墨鲜活透脱；寥寥数笔勾出草屋水榭，一位骚客倚栏眺望，瀑布打石的流泉中隐约传来他吟诵的诗句。

这里，傅抱石将"听雨""观泉"完美地糅合在一起，可闻泉瀑的轰鸣，夹杂雨声的飒沥，也有疾风夹雨扑面之感，可谓出神入化。目睹了傅抱石驾轻就熟的作画过程，学员们纷纷赞叹不已，佩服其技艺的炉火纯青。为此，擅长古体诗词的李进吟诗助兴，实现了一次完美的诗画互动："底事人群挤满堂，非关风雨闹端阳。桐荫馆里茶当酒，不读文章读画章"，生动地将作画的起因、现场的气氛、观众的情绪和作品的寓意，充分地表达了出来。

众所周知，中国山水画蕴含着中国人对生存环境中山水的依恋情结，古云："山以水为血脉，故山得水而活。"因此，画山就离不开画水。元代黄公望曾言："画中唯水最难画"，难的是水是动态的、鲜活的。不同的地域环境、不同的季节乃至不同的风向，水的姿态又千变万化。古人画水无论泉瀑、溪流，大都用线表达。傅抱石突破"古法"，画水全赖散锋皴擦，画泉瀑则似闻雷鸣，画溪流则有敲石之声。他感之于景，会之于心，发之于情，运之于笔，心手相应，进入最佳状态，由此成就了其一生最为著名的一幅《听泉图》。

傅抱石 听泉图 轴 纸本 设色 110.5cm×52.8cm 1963年6月

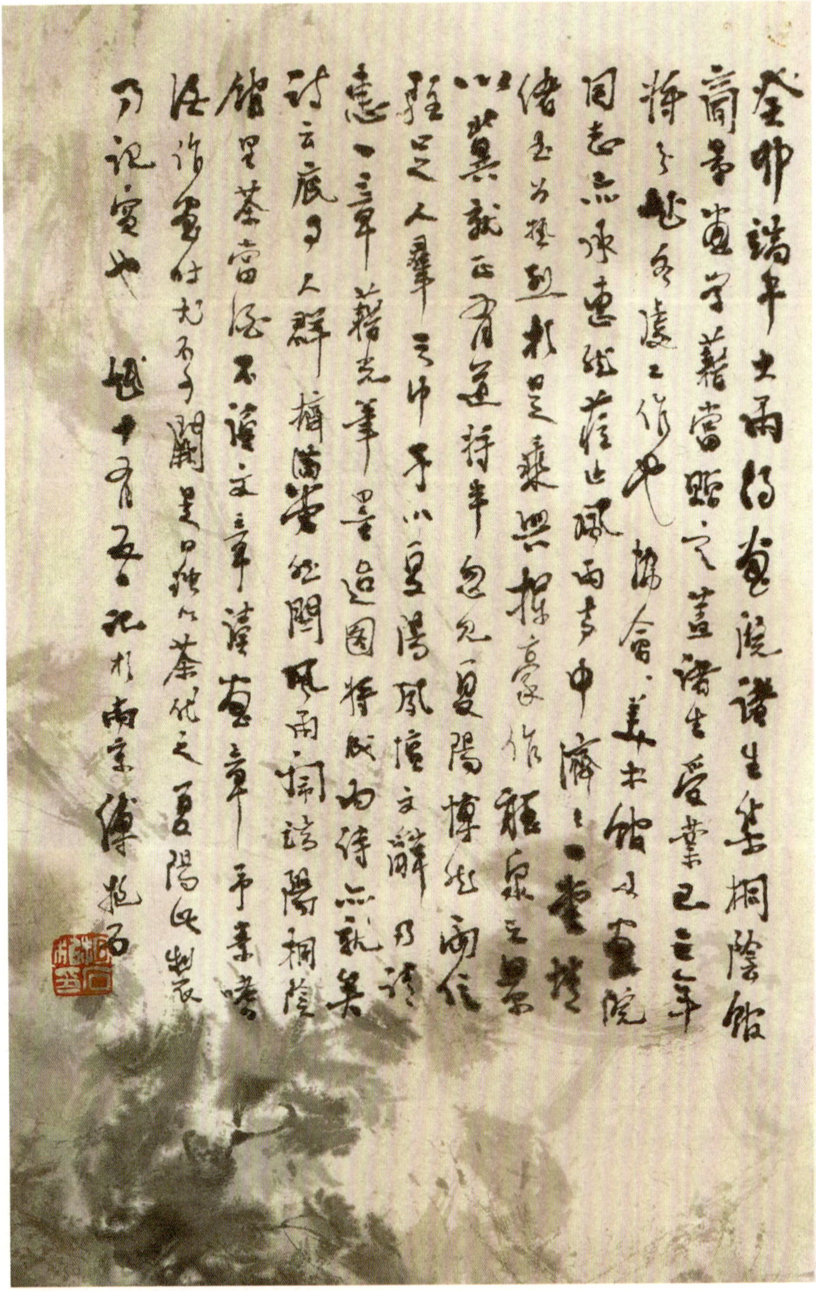
癸卯端午大雨得藝院諸生集桐陰館
傅抱石

不仅如此，美术史研究出身的傅抱石习惯以长跋的形式表达心情，雅情雅致，以使作品富有内蕴、更有意境。所谓"言为心声"，这种类似于自言自语的叙述文字，真挚浓郁，连同其绘画作品，一起成了他的心声。十五天后，傅抱石经不断润色，在画幅右上方认真题识："癸卯端午大雨，约画院诸生集桐阴（荫）馆商量画学，藉当赠言。盖诸生受业已三年，将分赴各处工作也。协会、美术馆及画院同志亦承惠然莅临，风雨声中济济一堂，情绪至为热烈，于是乘兴挥毫，作听泉之景，以冀就正有道。将半，忽见夏阳、博然两位驻足人群之中。予以夏阳夙擅文辞，乃请惠一章，藉光笔墨。迨图将成而诗亦就矣。

傅抱石 听泉图 轴 纸本 设色 70 cm×41.2 cm
1963年12月 北京画院藏

诗云：底事人群挤满堂，非关风雨闹端阳。桐荫馆里茶当酒，不读文章读画章。予素嗜酒，作画时尤不可阙，是日独以茶代之，夏阳此制乃记实也。越十有五日记于南京，傅抱石。"书、画、题珠联璧合，相映生辉。真可谓：一点一画、一字一句，用心用情，洋溢其间。

无疑，傅抱石示范教学，《听泉图》实乃即兴之作。在这种诸如笔会、雅集等场合中，画家多半即兴创作，宣纸一铺，笔墨一放，四周围着一群观众翘首以待，在较大程度上具备了表演的性质，几乎容不得过多的思考。画家面对纸素，不能过于迟滞，久久不开笔，不能满足观众要求；而大笔挥毫纵横，足以令人瞠目结舌。俗云："内行看门道，外行看热闹。"即兴表演讲求现场气氛，注意与观众的互动。所谓"以气势胜"，首先在心理和环境上与观众完成碰撞。因此，拿手绝活是必需的。章法经营、笔墨处理，一切需要得心应手，不然不仅不符合观者期待，也"对不起自己"。因此，"识时务者为俊杰"，顺水推舟，可达一帆风顺之致，否则吃力不讨好，还落得不近人情之嫌疑。在即兴创作时，很少公开绘画的傅抱石却深谙此道，往往与周遭人事互动良好而融洽，意到笔随，率写而为。所以，作为最为熟稔的题材之一，"听泉"便是他即兴创作的首选，随时做到不假思索，游刃有余。有时，傅抱石在书斋内遣兴自娱，也往往创作"听泉图"，将内心思绪形诸笔墨书写，物我相忘，充分展现出昔日"往往醉后"的激情形象。

对于"听泉"的创作，傅抱石一般仅根据需要在构图上有细微调整，水榭或左或右，比较随意，山体、瀑布等渲染或简或繁，视受画人、绘画环境和时间等具体因素而定，故结果则有精有次。然诸如结业聚会，又逢端阳佳节，他自然心性洒脱，热情高涨，泼墨写意，勾、皴、擦、染一气呵成，自由灵活，完全展示出他率真的本性与浪漫的情怀。他心仪于斯，陶醉于此，自我遣兴于笔墨江山之中。所以，《听泉图》精彩迭现，虽比早年之作少了几分激荡刚猛，多了一些沉着浑厚，但雄健潇洒依旧，深深地感染了每一位观众。多年之后，作为学员班辅导员的喻继高在一篇名为《深切怀念抱石老师》的文章里仍记忆犹新：

癸卯端阳节，老师到画院桐荫馆为全体同志作画表演示范，他收入画集中的一幅《听泉图》就是那次画的。……大家看到傅老师的精湛技艺，高山流水，潺潺若有声，茅亭中静立一人，聚精会神地听着泉声；画得惟妙惟肖，大家无不为之叹绝。

而时任江苏省国画院办公室主任，也是此次结业仪式的具体操办者张文俊在后来的回忆文章《桐荫馆里茶当酒》里，则有更生动的描述：

1963年，江苏省国画院学习班的学生将要结业，学生要求请傅老作画示范，我向傅老汇报了学生的愿望，他满口答应。五月端阳这一天，他到了院长办公室桐荫馆，大家已在那里等候，师生见面都很高兴。于

傅抱石 听泉图 轴 纸本 设色 134.2 cm×66.2 cm 1963年 北京荣宝斋藏

傅抱石 虹飞千尺走雷霆 轴 纸本 设色 61.5 cm×48 cm 1961年12月

是傅老挥毫落墨，先从近处亭子人物画起，背后山石流泉大笔挥扫，亭
下流水先用淡墨横笔很快画出波纹，树木用墨绿重染，水墨淋漓形成一
片，近处石坡用浓墨，为全画最黑色块。山色赭墨，笼罩云雾之中，远

山画出，更显境界苍茫高远。泉声由远而近，波光粼粼、气韵生动。师生得饱眼福，又听傅老讲授画理，受益良多，情绪热烈。……傅老在桐荫馆里作画，没有备酒，实为工作上疏忽，……此次以茶代酒，同样兴奋，因为画院诸生学成结业，傅老藉以赠言，饮茶也高兴。

　　如此详细的趣味文字，生动再现了傅抱石即兴创作时的挥洒自如，以致给两位当事人留下了如此清晰的记忆。虽然，"创作现场"已经无法复原，但借助这些记载，人们依然能够悬想当初傅抱石在桐荫馆里是如何挥毫泼墨的精彩片段。补充一句，书画鉴定家萧平作为"画院诸生"之一目睹了这次创作的全过程，成为《听泉图》名副其实的见证者之一。

　　至于《听泉图》的流传，似也值得一说。在创作后的几年间，《听泉图》一直被傅抱石珍藏在自己的书斋中，"文革"期间，几经辗转，与其他四百余件傅氏画作被寄存于南京博物院。1979年，傅抱石夫人罗时慧化私为公，慷慨捐赠，365件傅抱石画作入藏南京博物院。《听泉图》则和其他五十余件同有特别纪念意义的作品一道归还傅家，成为傅氏子女的一份永远的精神寄托。

　　在后来的二三十年间，《听泉图》数度参加各类"傅抱石纪念展览"，反复出版，传播极广，成为一件著录累累的赫赫名迹。1994年，邮电部发行特种邮票《傅抱石作品选》一套，以表现傅抱石在绘画方面的卓越成就。整套六枚，山水、人物各三，穿插排列，具有一种变动的节奏。《听泉图》也列其中，几成家喻户晓的傅抱石画作。至21世纪初，《听泉图》才从傅家散出，流传至香港。

　　这里，笔者不吝笔墨，不厌其烦地介绍其创作缘起、风格渊源以及流传经过等，无非希望引起广大藏家和研究者的关注。再次强调，《听泉图》堪称佳构，不容错过！

2016年3月27日稿

《书与画》2016年第8期

青山着意化新颜

——傅抱石《茅山雄姿》读记

峰峦叠翠，溪涧流清，泉池涌珠，天台凌云。江苏句容茅山，道教圣地，自古有"秦汉神仙府，梁唐宰相家""第一福地，第八洞天"之誉。相传上古帝喾时，展上公修炼于句曲山伏龙地；秦时，李明真人修炼于古炼丹院；东晋时期，葛洪于抱朴峰修炼，并著书立说，杨羲、许谧则制作《上清大洞真经》，创立上清派。至唐宋，茅山道教达臻鼎盛，峰巅峪间，宫观、殿宇达三百余座，故有"三宫、五观、七十二茅庵"之说。

在地理上，茅山地势险要，西邻南京，北望长江，东至常州、无锡、苏州，南下浙西，历来乃兵家必争之地。1938年6月，陈毅、粟裕等率领新四军第一、二支队和先遣支队从皖南出发，东进抗日。他们来到茅山，发动群众，创建了敌后抗日根据地，展开了艰苦的游击战，用万丈豪情壮实茅山伟岸的身姿，以气壮山河的誓言印证茅山不朽的风采。茅山抗日游击根据地，犹如插入敌人心腹的一把尖刀，大大牵制了日伪的军事力量，为中国人民抗日战争的胜利做出了卓越贡献。

于是，茅山注定凝固成历史。风景如画中，秀美的自然景观、深奥的道教文化、优良的革命传统融为一体，一抹红色越染越浓！1958年春，中共江苏省委、江苏省军区为了纪念新四军东进抗日，决议在茅山植树造林，在大茅峰西坡开垦一百亩山地，栽植马尾松造出陈毅元帅所题"东进林"三字，以麻栎镶嵌四周，成为当时山上主要的革命纪念物。每字占地三十多亩，即便很远，也清晰可见。在广阔翠绿的绿色植被衬映下，"东进林"三个大字秋红冬黄，象征着革命精神万古长青！

1965年春，时任江苏省国画院院长的傅抱石应江苏省人民政协之邀，接受了政协礼堂布置画的创作任务。省政协礼堂位于南京市长江路

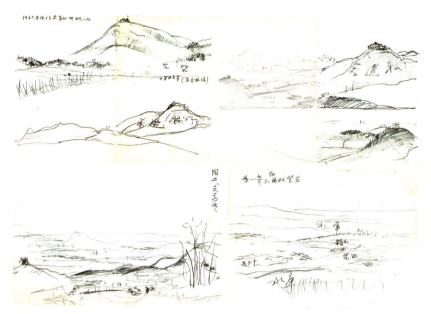

傅抱石 茅山景色 纸本 铅笔 1965年4月 南京博物院藏

292号总统府内，即国民大会堂，曾见证了近代史上许多重要的历史时刻。1950年以来，中共江苏省委、江苏省人民委员会每年都要在此召开各种会议和社会各界人士新春团拜会。显然，政协礼堂成为江苏省政治生活的重要场所，具有非同寻常的政治意识。因此，政协礼堂布置画的创作不再是一般的个人创作行为，已然是一项神圣庄严的政治任务，需要表达国家形象性的审美诉求。当时，江苏省国画院办公地址就在总统府政协大院桐荫馆，傅抱石自然十分熟悉。在大多数人看来，作为点缀礼堂建筑内部的一个重要景致，政治要求下的布置画必须体现"高度的政治内容和完美的艺术形式的统一"，多采用大山大水的格局，呈现雄壮辽阔之势，以吻合颂歌式的神圣气局。

后来，有关部门决定以茅山为题进行政协礼堂布置画的创作。众所周知，以茅山为中心的苏南抗日根据地坚持抗日民主统一战线，制定了与敌情、地情、社情、民情相适应的作战方针，破坏敌人后方，分割、钳制敌人，歼灭敌人有生力量，减轻正面战场压力，从而在战略上有力地支持、配合了华中和全国的抗战。所以，茅山伴随着政治形势的变迁，成为江苏的革命圣地，地位不可或缺。不仅如此，江苏省的党政干部大多是新四军出身，茅山对他们来说自然有着许多特别的情感与意义。

4月14日，傅抱石在江苏省国画院办公室主任张文俊的陪同下抵达茅山，兴致勃勃地考察实地环境。他边走边看，听着随行人员如数家珍的介绍，感慨万千。一路上，他从不同角度认真地勾画山上山下的草图，速写式地记录着各种代表性的素材，不断地将个人的主观感受和歌颂新时代的主题注入画幅之中。然而，茅山作为与中国共产党革命历史相关的特定场景，没有现成的画谱可资参考，但有着实景的相对要求。所以，他通过速写一则获得具体的形象资料，同时也可于此中研究皴法或其他笔墨上的问题。

诚然，茅山属于江南丘陵地貌，并不太高，也无奇峰险崖，但山林滴翠，草木葱茏，风光清新秀美，有"九峰、二十六洞、十九泉"之说。峰峦叠嶂之中，华阳洞、青龙洞等洞中有洞，千姿百态，而人工水库使茅山更显湖光山色，可谓"春见山容，夏见山气，秋见山情，冬见山骨"。但是，茅山并不是山水画传统中的表现对象，从未进入文人视野而成为中国山水画中的名山系列。所以，用山水形式描绘茅山，又不同于一般的表现自我或抒写胸中逸气的山水画。茅山因为所连带的革命历史背景，除了绿水、青山、云雾等自然内容，还有作为革命纪念地的一些基本要求，尽管这种要求没有明文规定，却有着基于崇敬心态的革命现实主义或革命浪漫主义的品评标准，如果用以往的笔墨显然不能达到时代的要求。因此，描绘茅山既有思想观念上的转变，又有形式技法上的新努力。

根据张文俊晚年回忆，傅抱石在写生中不断联想当年新四军领导下的抗日根据地与陈毅元帅的革命活动事迹，深深为革命前辈无畏的战斗精神所感染，表示要好好画画，一定准确地表现、弘扬茅山精神。由于体力原因，他还特意嘱咐张文俊登山观察山顶的房屋及其他建筑，帮忙勾画下来以作素材。在他看来，那些建筑不仅是茅山的外形特点，还是当年新四军工作的地方，具有相当的革命象征意涵，所以也是需要表现的主题。可见，傅抱石十分重视素材的取舍，并服务于主题思想。如此，茅山也从原先的写生范畴转化为政治歌颂的象征层面，被赋予了某种革命性质的教化意义。于是，茅山写生已不仅仅是观察生活、体验生活、表现生活的过程，也是画家改造自己思想灵魂的过程。

当然，创作茅山往往涉及内容与形式的关系问题。形式属于视觉，

傅抱石 茅山雄姿 横幅 纸本 设色 34.5 cm×114 cm 1965年6月 南京博物院藏

傅抱石凭借经近十五年探索，已有足够经验能应付此类主题，也创造出诸如《韶山图》《延安》《井冈山》《长征第一山》等崭新的视觉形式。那么，如何进一步将蕴涵于茅山自然风景下的崇高和温馨表达出来，而不是普通意义上的山水情怀，重要的是在创作过程中务必要用茅山之行的革命历史感悟，消解一般审美中简单的表象符号，使体验通过艺术语言升华为形而上的精神内涵。通过对茅山的视觉处理，画家在自然融汇传统趣味之时，也要体现时代所要求的思想内容，使作品既充满大地泥土的芬芳和大自然清新的气息，又倾注饱满的革命激情和发自内心的赞颂。正如傅抱石所说："笔墨原是受制约（发展）于表现形式的，而表现形式又从属（服务）于主题内容，几千年来中国绘画优秀传统的继承和发展不正是这样的么？""笔墨当随时代"，在傅抱石手下绝不是一句空泛的口号。在写生、创作、阅读之时也能得到革命精神的教育与熏陶，这不仅是个人的心愿，也是欣赏者所需，更是党和政府的期望。当时，一些重要的公共建筑正因如此需要绘制大量布置画的。

　　回到南京后，傅抱石开始整理素材，认真构思，初步完成了小幅茅山横卷，以为大幅经营奠定基础。因为小稿，他少了创作全景时所受的在心境、主题等方面的约束，有的景物也是意到笔随，或可说是逸笔草草，笔墨运用相对自由洒脱。

　　6月的一天，傅抱石经过深思熟虑，开始大胆经营，以俯瞰视角展现了茅山的壮阔景象，创作完成了丈二横幅《茅山雄姿》，题识"茅山雄姿。一九六五年六月，傅抱石南京写"。这种从左到右的题款方式，应该出于礼堂布置画一般民众阅读的习惯。这里，他没有夸张山的高度来突出"雄姿"，而以宽银幕式的构图，巧妙地采用传统三远法，扩展了画面的空间和深度，将茅山全景尽收眼底。创作时，他虚化近景山体的"抱石皴"而强化"破笔点"，用笔细腻，慢慢皴染，真切表现了

傅抱石 茅山雄姿 镜心 纸本 设色 106.5 cm×276.5 cm 1965年6月

茅山林石结合的地理特征。近景大片松林，以重墨画成，支撑画面；主峰山体大茅峰从画面右上方一直延伸到左下方，既真实又雄浑，山顶房屋数间，乃茅山道观；远处山峦起伏，由浓到淡，渐行渐远，呈千里之势；山下河流由远而近，蜿蜒流淌，水库大坝清晰可见；广阔田野中，村落、工厂错落有致，浓烟滚滚，乃建设新貌，生动呈现了茅山的蓬勃新姿。大块面的泼墨山体与相对细致的建设新貌形成了强烈对比，笔墨游离于浪漫与真实之间，虚实相生，能放能收，大处山势恢宏，小处如城镇村庄、车辆行人皆历历在目，可谓"大处见气魄，小处见精巧"，最后则钤盖白文方印"江山如此多娇"讴歌新社会，与古代山水画追求不食人间烟火的意境产生了根本区别。依边款云，白文方印"江山如此多娇"，寿山石质地，刻于1965年2月3日，似乎专门为《茅山雄姿》所

治。因为资料显示，除此之外，该印仅钤盖1965年8月为瞻园所作大幅《林海雪原》一例而已。

有目共睹的是，绿色在新中国绘画中具有"旧貌换新颜""日月换新天"的政治意涵，昭示着欣欣向荣、蓬勃向上的特定意象。在《茅山雄姿》中，傅抱石以浓郁的笔墨语言来描绘与歌颂茅山，青绿着色，重在突出一个"新"字。创作时，他适当融入了西画因素以弥补传统中国画的若干不足，利用近大远小的原理，加强了近景树木的特写表现，增强了视觉经验的亲切感，使传统绘画在新的结构中呈现新的意味。在画面主体位置之外，傅抱石画出了现实生活中建设的场面——远处烟囱林立，烟雾缭绕，近处水库大坝横跨两岸——象征着建设的成就，表现出烈士的牺牲与今日生活的关系。画面以虚衬实，疏密相宜，笔墨层次浓

傅抱石 江山如此多娇 寿山石 白文 46 mm×47 mm×91 mm 1965年2月 南京博物院藏

郁滋润，加强了茅山苍莽雄伟之势。而且，他在大面积渲染时亦注重色与墨的轻重缓急，远山、松林等整而透、透而松，平和怡静的主调中蕴涵着丰富醇厚的层次。这种建设主题与革命圣地的结合，虽不能说是傅抱石的首创，但他将其结合得天衣无缝，成为这一时期在处理新山水画题材方面的代表。

显而易见，傅抱石将主要精力放在了画面素材的选择、构图、色彩运用以及画面叙述的节奏感上，这是他"遵照革命的现实主义和革命的浪漫主义相结合、思想与题材先行、形式和内容相一致的原则"的自然选择。由于强调客观存在性，如何处理革命圣地图式，成了当时画家们绞尽脑汁和费尽心思的首要问题。画家首先要做到，笔下图像是某一特定的圣地图景，而非其他风景名胜，令人一览便知。于是，他们时常在绘画表现中安排一些标志性的符号，譬如画韶山选择毛泽东故居、画延安选择宝塔山、画井冈山选择纪念碑等特定符号，以点明意象；而精神内涵则着重刻画革命圣地所赋予的崇高庄严，如关山月为《井冈山画集》作序云:"怎样去歌颂这个革命圣地的无与伦比的英雄气概?怎样去描绘这些高山大岭、这些最美的秀丽山川?怎样去体现出伟大的毛泽东思想的胜利开端?"如何通过描绘秀丽山川来满足当时的社会政治需求,做到政治与艺术的统一、内容和形式的统一,这是画家必须思考的问题。如此,画家们的任务就是努力提炼出概括性的笔墨形式,使自己的艺术语言与这种题材完善地结合。为了突出革命的主题,傅抱石在主体山顶右上部隐约书写了"东进林场"四字表明大茅峰马尾松栽植的"东进林"以作标志性意象,既点明创作茅山图的深情用意,又使政治意涵变得十分鲜明,从而将画面意境得到进一步扩展与升华。观赏者面对作品,自然也会产生相应的联想,并得到一定的思想教育。

作为傅抱石生命中最后的巨制,《茅山雄姿》已经完全脱离了写生层面而进入主题创作,以一种宽阔、高大、雄伟的画面格局,创造了一种浓郁、繁盛、谨严的审美风格,比较成功地完成了从一般自然山水向革命圣地山水的转移,从而实现了视觉语言、文化结构、审美趣味与时代题材的有机融合。

但毋庸讳言,傅抱石由于年龄的原因,创作如此大画又无可避免地显现出力不从心的某些特征,有些笔墨显然不够精到,在一定程度上呈现出雷同刻板的趋向。又由于过分拘泥于写实性的自然再现,傅抱石放弃了多年来得心应手的挥洒自如、长于气势而弱于细节的笔墨风格,或多或少带有拘谨的特点。

完成后不久,《茅山雄姿》即被悬挂于江苏省政协礼堂的显要位置,多年来见证了现代江苏历史上的一些重大政治活动。因此,它以独特的创作方式和富于象征意味的价值实现形式,在缅怀与歌颂中国共产党的伟大革命实践中获得了纪念碑式的象征意义。9月,《茅山雄姿》先后发表于中共中央机关报《光明日报》、中共江苏省委机关报《新华日报》,在第一时间内迅速传播,并获得了广泛的认同。

总之,无论是创作主体,还是意境内涵,抑或是展示场地,《茅山雄姿》可谓是政治与艺术的结晶,充分代表着特定历史时期主流意识和社会主导价值观最集中的美学趣味。因此,它所承载和播散的精神价值和文化价值,也非一般的山水画所能比拟。

2017年5月13日稿
《南方文物》2017年第2期

画家书的风范

——傅抱石行书《刘勰〈文心雕龙〉节选》读记

南朝刘勰所著《文心雕龙》，是中国文学理论批评史上第一部体系严密的文学理论著作，凡十卷五十篇，除《序志》一篇外，可分为"文之枢纽论""文体论""创作论"和"批评鉴赏论"四大部分，全面总结了齐梁时代以前的美学成果，系统论述了语言文学的审美本质及其创造、鉴赏的美学规律等诸问题，可谓内容丰富，见解卓越，乃集大成之作。

作为一部富有卓识的文学批评史专著，《文心雕龙》一直受到中国文学史家的重视，自古以来，相关的研究、注释、翻译著述久盛不衰。现存最早写本为中国国家图书馆所藏唐写本残卷，以上海古籍出版社影印元至正本为最早版本，并有《四部丛刊》影印明嘉靖本。清代黄叔琳《文心雕龙辑注》出现，成为《文心雕龙》的通行本。20世纪以后，范文澜、詹锳、杨明照、周振甫、王利器等人先后校注，尤以范文澜《文心雕龙注》最具盛名。1958年9月，人民文学出版社编纂"中国古典文学理论批评专著选辑"丛书，范文澜《文心雕龙注》入选出版，多次重印，影响深远。

1962年11月，身居上海复旦大学的中国文学批评史家郭绍虞将迎来七十大寿，这是一个值得庆贺的日子。深秋的某一天，即郭绍虞七十寿诞（农历十月十四日）前夕，傅抱石毕恭毕敬地节录刘勰《文心雕龙》句以贺，行书"原道""征圣""宗经""正纬"全篇及"辨骚"部分，纵32.8厘米、横448.8厘米，共二千六百七十余字，洋洋洒洒，一丝不苟，末署"节录刘勰《文心雕龙》句以贺郭绍虞同志七十寿，傅抱石"，钤印"傅"（朱文圆印）、"抱石"（朱文方印），可谓云门大卷，成为其平生仅见的字数最多的书作。

傅抱石 刘勰《文心雕龙》节选 卷 纸本 行书 32.8cm×448.8cm 1962年11月

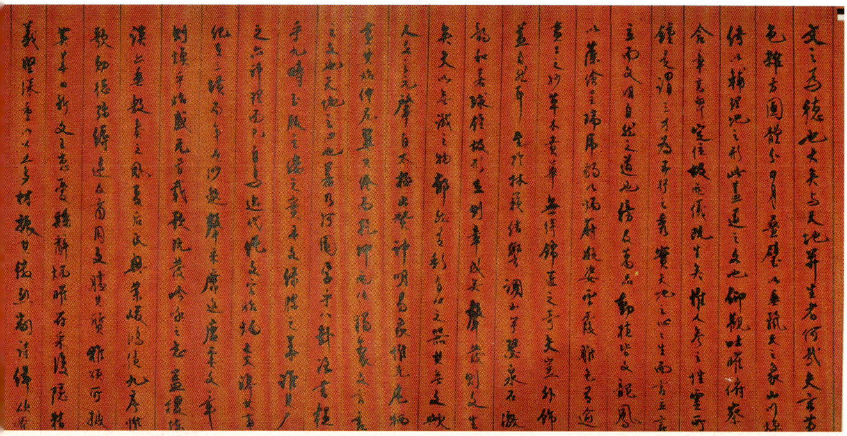

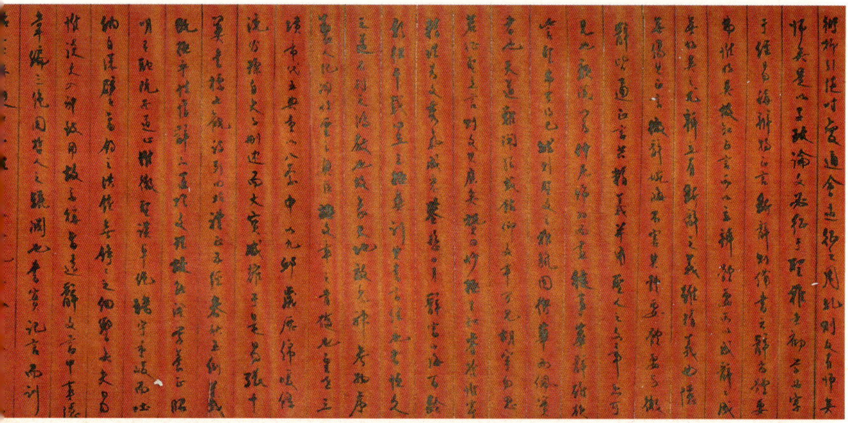

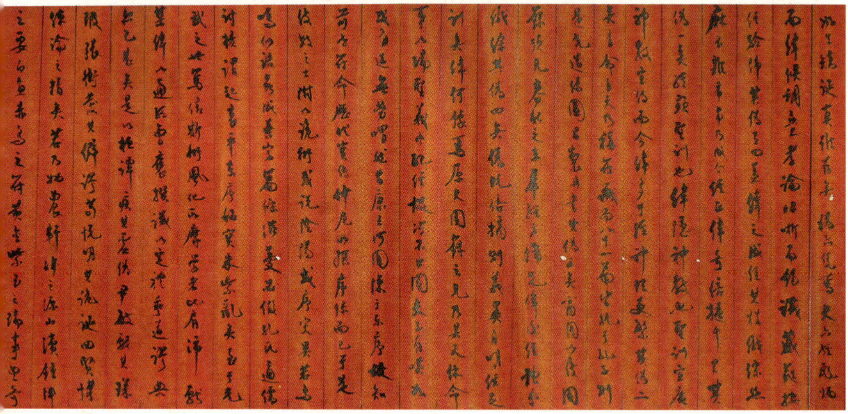

郭绍虞长期致力于古代文学理论的整理，钻研中国古典文学、中国文学批评史，著作甚丰。1934年5月，所著《中国文学批评史》上卷由商务印书馆出版（下卷迟至1947年2月出版），条分缕析地写出了历代理论批评发展概况及前后继承、革新关系，系统严密，立论精湛，被誉为现代中国文学批评史的开山之作。1955年8月，他由上海新文艺出版社出版《中国文学批评史》修订本。1959年11月，他又修改成《中国古典文学理论批评史》，由人民文学出版社出版。1962年1月，他受教育部委托主持编选《中国历代文论选》，为中华书局出版，使更多高等学校得以开设批评史课程，为中国文学批评史学科的建设和发展做出了突出的贡献。从某种程度上说，郭绍虞堪称中国文学批评史学科的奠基人，也可视为现代"刘勰"；《中国文学批评史》如同《文心雕龙》一样，也是一部奠基之作，具有非同一般的学术史意义。

晚年，傅抱石画名日隆，经常往来于沪宁之间，出席上海文艺界的各种会议，也曾应邀为上海某些公共建筑创作布置画，故与上海文学艺术界的许多知名人士多有互动。傅抱石与曾任上海市文学艺术界联合会副主席、中国作家协会上海分会副主席兼书记处书记的郭绍虞也有一定的交往，在当时的若干文学随笔杂记中多有提及。这里，傅抱石未敢懈怠，全力以赴，且又深思熟虑，于红蜡笺节录刘勰《文心雕龙》句以贺，明显以某种内容的关联类比，前后呼应，向郭绍虞传递出无比的敬意。

众所周知，傅抱石是20世纪中国最为杰出的美术家之一。早年，他钩沉于古籍，考证于文物，析义解疑，以精深的中国美术史论研究驰誉学术界；晚年，他大胆革新，勇于探索，勤于创作，以"思想变了，笔墨不能不变"的重要论调引领20世纪中期中国画的发展潮流。他的绘画拔古超今，或元气淋漓，或清新细腻，影响广泛。然因其绘画成就卓著，傅抱石的书法创作一直为画名所掩，鲜有关注。

1965年2月，香港唐遵之集其近年信札付裱，傅抱石应邀题跋："盖余既不能书，又苦于缀辞，友朋间函牍往还，亦多草草了事。数十年来，家人每以此为诟病，谓过于不严肃、不尊敬，殊非待友之道。尚留之今日，雅谊固自铭心，而惶恐愈益无既矣。"作为画家的他，对自己的书法向来保持低调自谦之态，也极少从事独立的书法创作。尽管如此，他年轻时因为从事篆刻之故，即在书法上下了一番苦功，始终对书法一直保持深刻的认识。

1940年9月，傅抱石应国际文学中国艺术简史之征撰成《中国篆刻史述略》，开篇明确阐述书法的意义："中国艺术最基本的源泉是书法，对于书法若没有相当的认识与理解，那么，和中国一切的艺术可以说是绝了因缘。中国文字为'线'所组成，它的结体，无论笔画繁简，篆隶或其他书体，都可在一种方形的范围内保持非常调和而镇静的美的平衡。这是和别的民族的文字不同的地方。"可以说，这段精辟论点是傅抱石将中国书法的作用视为整个中国艺术之首的心底呼声。他明确认为书法是中国一切艺术境界与美的源头，以一"线"而牵所有艺术的"因缘"，以有限的方形而妙造无限的趣味与新意。由此可见，书法在他心中的地位至高无上。

傅抱石的书法风格，最为鲜明的莫过于他的题画了。他十分讲究书画在审美作用上的创意与融合，一直将题款书法作为整体绘画创作实践中重要的组成部分来表现。所题往往因画面内容而异，力求古雅变化，或考订美术史实，或记事遣怀，或叙述画理，或诠释画境，韵味深长，皆为实在心得；而书写率性自如，布局惨淡严谨，或小篆、或隶书、或小楷、或行书、或行楷、或行草，不拘一法，而妙趣横生。书亦画，画亦书，书画益彰，皆直抒胸臆而臻于唯我之境，是内心性情的彼此唱和，故气息相通、笔性同构；书法不仅是傅抱石诗以言志、文以传心的载体和符号，也是他自觉地用来与笔墨造型共同营构形式关系的因素之一，成为画面不可分割的组成部分，故书与画章法同构。无疑，书法之于傅抱石绘画的章法已极其重要，以致失去了书法便失去了画面的完整与平衡。当然，这些书写文字、款题书法，成了傅抱石绘画的有机组成部分。

傅抱石擅长写意山水，决定了其书法也必定是"写意"的。他的书法，最有特点者乃是小楷、篆书、行书。他早年擅长小楷、篆书，晚年则侧重于行书和行草。其小楷师法唐人写经，点画精美细致，结体工稳而不乏生动；其小篆则一改前人安静的用笔方式，章法苍茫斑驳，点画流畅自然，节奏稳重内敛；其行书结构准确生动，章法平缓端庄，用笔老辣迅疾，线条则富有弹性；所书无不散发出文质彬彬、文气勃发的风神，与他那种"往往醉后"的画面感觉形成一种互补性的对比。作为画家的傅抱石将画意入书、以书法入画，成为自家的画格与书格。可以说，他的书法配合他的绘画，从随意布置到自立门庭，都体现出画家作书的成功风范。

在总体认识傅抱石书法风格之后，我们对行书《刘勰〈文心雕龙〉节选》应该有了一个比较清晰的审美框架。由于祝寿的实用目的，傅抱石的书写不可能等同于平日率性的创作心态。大概出于恭敬之心，行书卷以墨线间隔，运笔小心谨慎，行势几乎垂直，字字独立，然上下贯气，字势承接准确，提按顿挫明显，聚散对比鲜明，结构时见微妙变化之趣味，主要表现于笔画向中间收紧，字形瘦而紧密，具欲放而敛之意，风格趣味倾向清劲方严，时刻显露出一种严谨认真的心态。

就风格而言，行书《刘勰〈文心雕龙〉节选》通篇中锋用笔，写来如行云流水，字态舒朗清纯，结体的纵横聚散恰到好处，而笔意挺拔，富于弹性美和节律感，点画之形态随笔势的节奏而起伏，重心或托起，或又压下，不无表现出肯定的法度。从局部看，傅抱石十分强调字态的外显，运用大量的露锋以求得这一趋势，故笔锋锐利，笔势爽畅，点画承启利落而风神跃动，足见其遒劲之韵。但由于刻意追求这一效果，又因红蜡笺不易着墨，整体面目虽斩钉截铁，然相对有些拘谨，且因用笔速度之迅疾，撇捺及长横斜昂取势，间用提按战抖，略有波磔挑剔之势。而一些细节也缺少变化，譬如，撇画过于雷同而略显僵硬，缺乏意犹未尽之感。同时，点画用笔多呈现出若干纤弱的尖锋而过于跳跃。尽管如此，行书《刘勰〈文心雕龙〉节选》总体趣味坚决匀整，通篇结体的笔法起笔、收笔形态力求规整划一而自成一种范型。沉实而富有弹力的用笔，与其几分奇险峭劲意趣的体态，加上纵向开展、中宫收紧的笔势，共同构成了傅抱石的书法风格。在一定程度上，不以书名的傅抱石充分调动各种娴熟的形式技巧以增加审美强度，譬如，夸大了主笔在字中的主导作用，打破用笔上潜在的刻板，结构上采用字形的长短、大小、宽窄进行调节，在相对统一的笔势连贯中出之自然而又能做到变化有度，表现出大体统一的形式技法规律制约下力求变化的意境。或许，这能算得上是晚年傅抱石的成熟风貌，尽管比不上典型的"抱石皴"之淋漓酣畅和随心所欲。

无须争辩，行书《刘勰〈文心雕龙〉节选》作为少见的独立展现更加弥足珍贵，成为傅抱石晚年难得的书法佳作。

今年仲夏的一天，笔者有幸观瞻《刘勰〈文心雕龙〉节选》，内心激动万分，得知叶宗镐老师从东瀛归来，次日便携卷请之鉴定欣赏。叶宗镐老师得见后，也兴奋异常，详加勘察，仔细把玩，直呼："此乃真迹，足以珍视！"

2015年10月7日稿

《文物鉴定与鉴赏》2015年第12期

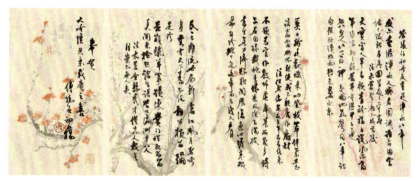

傅抱石　和川沙张伯初重游泮水诗稿　册　纸本　行书　1956年

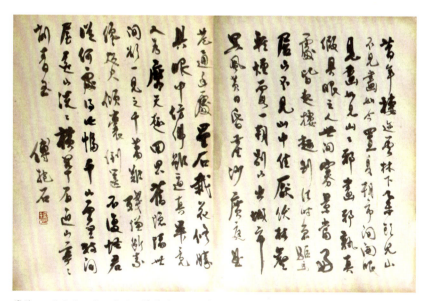

傅抱石　明丘浚《题山水图》诗节选　页　纸本　行书　33 cm×48 cm　1960年代

君子交 篆刻情

——小记傅抱石为陶白刻治的两方印章

　　1957年2月2日，经江苏省人民委员会批准，江苏省国画院筹备委员会成立，吕凤子任主任，傅抱石、陈之佛、胡小石、亚明任副主任，拟定了筹建方案。5月4日，筹委会决议聘请钱松嵒、魏紫熙、费新我等人担任画师或副画师，江苏省国画院一时人才聚集。8月1日，江苏省国画院筹备处在南京颐和路正式办公。

　　一年后，江苏省国画院因国画工作之重要，由江苏省文化局监管转为江苏省文学艺术界联合会编制，受中共江苏省委宣传部直接领导，先后组织了诸如"江苏省中国画展览会""莫斯科第一届社会主义国家造型艺术展"等系列创作活动，取得了丰硕的成果。

　　在业务工作中，傅抱石与时任中共江苏省委宣传部副部长陶白过从频繁，展开了若干书画交酬，建立了深厚的友谊。

　　陶白是中共高级干部中的知识分子，抗战初期便任教于抗大五分校，早年从事文学创作，喜好书画鉴藏，又长期履职宣传文化系统，对知识分子体现出足够的关心与尊重，赢得了许多文化名流的尊敬。于此，陶氏二女谢舒在《父亲陶白——二十年祭》一文中留下了诸多记载：

　　　　父亲对出入于社交场合非常淡漠，但跟江苏几个书画巨匠之间，有着非常密切友好的关系，像傅抱石、亚明、林散之、高二适，跟父亲都相当谈得来。他们也不当他是个做官的，之间只是同气相求，惺惺相惜，彼此怀着真情。

　　　　……

　　　　傅抱石、亚明这些画家，都是随时到家里坐坐的，坐下来就说：陶

1964年春节，南京莫愁湖胜棋楼雅集，欧阳惠林、陶白等观看傅抱石挥毫作画

部长，把你的石头拿出来看看！把你的砚台拿出来摸摸！于是书房里烟雾腾腾，气氛热烈浓郁，大家哈哈大笑，欢喜不已，放达的文人性情溢于言表。

　　傅抱石三女傅益瑶回忆傅、陶之交时则说：他们的友谊是一种君子之交，聚时谈天说地，散时各行其是，但友情是不断的。

　　2006年，大众文艺出版社出版《南京往事50年：1949—1999》，时序1962年页刊登了两张珍贵的照片，乃南京文艺界春节期间在莫愁湖胜棋楼雅集留影，一为傅抱石在作画，一为陶白在写字，一左一右，颇为有趣，充满了"棋逢对手一声彩"的痛快。

　　1960年代初，傅抱石拿出珍藏多年的一对上等清代寿山石老料，用心经营，刻治白文"东方既白"、朱文"一唱雄鸡天下白"赠予陶白，用心用情非同寻常。作为相知之物，两方印章成为陶白相伴一生的珍藏，见证着二人之间的深厚交往和真挚友谊。1979年，即傅抱石逝世15年后，陶白写下追怀老友的诗句：

> 萧萧墓场忆傅邓，天南地北寂无声。
> 朔风怒吼吹大漠，夜半推窗看星斗。

作为20世纪成就卓著的美术家之一，傅抱石从小即与篆刻结缘，青年时以篆刻知名，自号"印痴"，名噪南昌。1935年5月，"傅抱石氏书画篆刻个展"在日本东京举行，篆刻、微雕为他带来了相当的声名，被誉为"篆刻神手"。而且，他还长期倾力于篆刻理论、篆刻史的考察与研究，成为现代中国篆刻学术史上一个承前启后的人物。

在傅抱石看来，篆刻不仅是一门技术和艺术形式，更有着思想观念、思想情感的真切表现。为此，他明确提出自己的篆刻美学主张，即"摹印之学首在雅正"。他取法高古，以秦篆汉印为根本，化入甲骨、金文、碑版、瓦当、封泥等，转习多师，对清末赵之谦、黄牧甫等均有师承，食而化之，自成一家，所作往往真率自然、雄秀峻拔、刚正博雅，独具特色。傅抱石一生治印近千，书画用印，自篆自刻，成艺林典范。

傅抱石　白文"东方既白"、朱文"一唱雄鸡天下白"

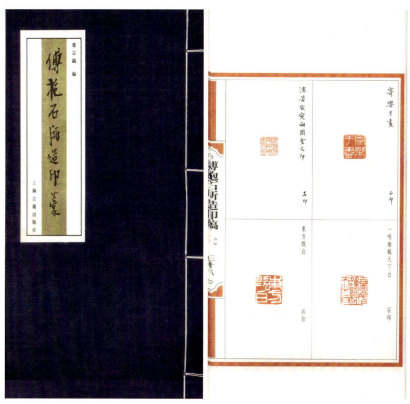

叶宗镐编《傅抱石所造印稿》书影及内页，上海古籍出版社，2004年12月

　　"东方既白"是陶白最常用的笔名，语出苏东坡《前赤壁赋》："客喜而笑，洗盏更酌，肴核既尽，杯盘狼藉。相与枕藉乎舟中，不知东方之既白。"所谓"东方之既白"，用白话文来说，即东方已经露出白色的曙光。陶白省去"之"字而作"东方既白"，表达了他对中国发展前途的乐观心境，蕴涵着一种自强不息的民族精神。1950年代后，他以"东方既白"为笔名，发表杂文，言之有物，有思想、有见地。为此，傅抱石特以毛泽东《浣溪沙·和柳亚子先生》之句"一唱雄鸡天下白"篆刻做了形象上的完美注解。

　　傅抱石晚年治印独取心源，与其绘画、书法日益结合，达到书、画、印三者的完美统一。白文"东方既白"，2厘米见方，完全是一种写意的手法刻治，单刀直入，行笔稳健迅疾，可谓元气淋漓。整体上密下疏，笔画多处反以密实法布白，笔画少处反用疏虚法布白，虚虚实实。尤其是"既"字刻得很不经意，左边横平竖直，布白宽大，右边则显瘦细狭小，笔画呈歪斜弯曲之状，意到笔到，脉络分明，十分自然。其余三字各具特色，皆野趣横逸。此外，在点线之间、字字之间，用刀如笔，粘连相接，不假修饰，意象朦胧，妙在似与不似之间，具有浓郁的笔墨书写韵味。而朱文"一唱雄鸡天下白"，亦2厘米见方，分三列"二二三"布置，篆刻轻松自如，线条书写性极强，以方折为主，没有太多的屈曲与重叠，横竖斜直简洁扼要，粗细轻重自然随意，或长或短，不计工疏，一任自然，充分体现出他在运刀时的游刃有余。边栏与印文的线条浑然一体，而印文布白与结体巧妙地营造了长方形、方形、圆形等几何图形，变化丰富，更显意趣超然。从实物来看，傅抱石晚年篆刻用刀力度加大，印文凹槽明显加深，且修改痕迹较少，十分果断。这里，他善于造险，而又笔笔还其本分，天真烂漫，由熟返生，雅正之外频添老辣之势，达到了比较和谐的艺术境界。

所以，白文"东方既白"、朱文"一唱雄鸡天下白"，一白一朱，完成了一次完美的阴阳互动，充分呈现了傅抱石晚年篆刻的真实风貌。白文印圆融明快，朱文印则凝练爽利，文气充溢，书意浓厚，真乃力度与韧性结合的产物。

需要补充的是，傅抱石晚年有印蜕集册的篆刻习惯，留痕纪念。笔者在叶宗镐老师家曾目睹这样的印蜕册子，朱痕旁有时还留有傅抱石创作年代的铅笔记录，极为珍贵。2004年12月，叶宗镐老师整理编辑《傅抱石所造印稿》由上海古籍出版社线装出版，"东方既白""一唱雄鸡天下白"二印亦收列其中，著录于上册页三十八上。

2016年5月6日稿
《文物鉴定与鉴赏》2016年第9期

下辑

茹苦文字叹世稀，

　　同心丹青赋平生。

橡笔搜尽造化魂，

　　江山点染清湘神。

傅抱石研究三十年评述

作为20世纪最为知名的美术家之一，傅抱石生前参加过各种展览，出版了多本画册，他的绘画不断被人效仿、学习。然人们对傅抱石的关注似乎仅限于绘画技巧、风格样式等方面的研究，相关撰述大多是零散的、片段的，对其艺术风格、历史成就的评析缺乏一定的系统性。对于这种状况，我们基本可以用评论性撰述来概括。傅抱石逝世不久，伴随着十年动荡的来临，傅抱石研究被迫停止了。

1980年代以后，中国实行改革开放，随着思想禁锢的势力逐渐受到质疑和冲击，文化艺术研究重新得到重视。1980年，《美术》第7期发表了江苏省国画院一级美术师伍霖生的《傅抱石的中国画艺术》，自此傅抱石绘画又开始受到关注，特别是经过文化浩劫之后，人们开始重新审视傅抱石的价值。

1980年代中期以来，伴随着西方文明再次大肆涌入，传统文化的价值日益受到怀疑或批判，中国画问题的争论也再一次展开，各种观念、论断层出不穷，有人甚至提出了"中国画穷途末路论"，引起了当时美术界、学术界的反省和深思[1]。作为中国画现代转型的一个成功范例，傅抱石理所当然地、适时地引起研究者的广泛关注。人们想以傅抱石为参照系，立足当代，以之为突破口来探讨当代中国画的前途，客观分析傅抱石艺术实践的意义，希望能对中国绘画发展有所启示。

在这一背景下，傅抱石研究逐渐步入正轨，不断深入，中国美术史学界出现了一系列较有价值的研究成果。笔者汇编研究资料，研读相关论文，不揣浅陋，对三十余年以来傅抱石研究的历程和成果作粗略检视和冷静思考，介绍其研究方向和方法，评判得失，分析缘由，希望有助于今后该课题的进一步拓展。

---

1 李小山：《当代中国画之我见》，南京，《江苏画刊》1985年第7期，页3—8。

傅抱石　菜蔬图　轴　纸本　设色　65.1 cm×40 cm　1930年代　江西省新余博物馆藏

傅抱石纪念馆南石斋一角

（一）

　　1985年9月20日，江苏省人民政府举办傅抱石逝世20周年纪念活动，首先在南京市汉口西路132号傅抱石故居成立傅抱石纪念馆，使之成为传播傅抱石艺术及其精神的重要窗口。事实上，集纪念、陈列、收藏、研究、交流、宣传、教育于一体的傅抱石纪念馆多年来接待了海内外一批批专家和学者，在无形中促进了傅抱石艺术研究的发展。其次，约请傅氏生前友好、门生、亲属及有关专家学者，或追思回忆，或研究考察，写出具有资料性和一定学术性的文章，汇编《傅抱石先生逝世廿周年纪念集》，召开座谈会，拉开了现代傅抱石研究的序幕。

　　这些文章大体分为两类，一类是回忆录形式，多为记述对于傅抱石的难忘印象，赞扬其人品，表达深切缅怀之情，为傅抱石研究留下了宝贵的第一手资料。在后来的几年里，这一类文章还不断出现。另一类是对傅抱石艺术的初步探讨，研究者从不同的角度就傅氏绘画、篆刻、学术等方面阐发了不少新见解，对拓展研究傅抱石生平与艺术具有一定的积极意义。

傅抱石纪念馆所编"傅抱石研究文集"四种
叶宗镐编 《傅抱石美术文集》上海古籍出版社 2003年9月

在这本纪念集中，重要者如沈左尧《艺术之峰、远而弥高》[1]，对傅抱石绘画做了概括性的叙述，虽有笼统之弊，阐释算不上精深，但在当时已殊为难得，有助于形成关于傅抱石的一个总体认识。1985年7月，沈左尧在此文基础上完成了《傅抱石的艺术》[2]，洋洋洒洒，近7万字，以传记文学的形式详细介绍了傅抱石的生平及其艺术，阐述了傅抱石艺术的特征。然而，作为傅氏门生，沈左尧在叙述中带有强烈的个人感情色彩，还称不上典型意义上的学术论文。

另外，夏普《试论傅抱石山水画的皴法美》结合具体画作考察了傅抱石的用笔皴法，阐述了"抱石皴"的内涵[3]；黄鸿仪《傅抱石先生的美学思想》则从"动"与"情"两个方面论述了傅抱石的美学思想：傅氏对动的妙悟反映在他对艺术发展的整体观和艺术局部造型观的认识和表现两个方面，傅氏强调以"感情"作画，而不单纯用"技法"画画[4]。

当时，有关傅抱石的文献得到初步整理，对后来相关研究的深入展开极具促进作用。

其一，在江苏文艺出版社1982年提出《傅抱石美术文集》的出版计

1纪念傅抱石先生逝世二十周年筹备委员会编：《傅抱石先生逝世廿周年纪念集》，南京，内部刊行，1985年，页112—120。
2傅抱石艺术研究会编：《傅抱石研究论文集》，附集，南京，内部刊行，1990年10月。
3《傅抱石先生逝世廿周年纪念集》，页121—126。
4《傅抱石先生逝世廿周年纪念集》，页148—154。

划后，江苏省美术馆一级美术师叶宗镐
殚精竭虑，走遍京、沪、宁各大图书馆
搜寻傅抱石遗稿，两易寒暑整理成《傅
抱石美术文集》，1986年正式出版。后
来，叶宗镐占资料之先完成了《概述傅
抱石先生的美术论著》[1]《中国美术史
研究的先驱——傅抱石先生在美术史研
究方面的贡献》[2]，对傅抱石的美术史
论著和学术活动多有介绍或论述，成为
最早关注傅抱石美术史论研究的研究者
之一。在后来的几年里，《傅抱石美术
文集》成为研究傅抱石人生、思想、绘
画、学术等必备的资料书，举办的几次
傅抱石纪念活动、艺术研讨会几乎都离
不开这部文集，对傅抱石研究的发展发
挥了积极作用。当然，叶宗镐十几年间
一直没有停止过相关工作，积极奔走，
多方搜寻，又觅得傅抱石著述三十多
篇，对旧版文集全面修订勘误，2003年9
月由上海古籍出版社重新出版。无疑，
作为基础性的文献资料，《傅抱石美术
文集》增订本的出版，为傅抱石研究的
不断深化提供了基础和保障。

其二，作为傅抱石的学生兼助手，
伍霖生随侍傅氏多年，根据多年来记
录的傅抱石谈画论艺资料整理成《傅
抱石谈艺录》，1987年5月由四川美术

傅抱石 杜甫《九日蓝耕会饮》诗意图
轴 纸本 设色 59.5×208cm 1944年

---

1 《傅抱石先生逝世廿周年纪念集》，页132—
136。
2 《中国画研究》编辑部编：《中国画研究》第
8期，北京，人民美术出版社，1994年10月，页
67—76。

伍霖生整理《傅抱石谈艺录》 四川美术出版社
1987年1月

出版社出版。该书收录傅抱
石1950年以后的中国画理论
文章多篇——《谈山水画写
生》《中国画的特点》《中
国山水画的空间表现》《论
皴法》《中国山水画的发
展》《谈山水画创作》等，
对研究傅抱石绘画理论、思
想观念有极大裨益。后来，
该书经伍霖生重新整理、台
湾师范大学何怀硕教授校订
而编成《傅抱石画论》，
1991年由台湾艺术家出版社
出版，成为台湾地区傅抱石
研究的一部重要参考资料。

综合地看，1980年代的傅
抱石研究基本处于"纪念性"
阶段，老一辈作者多属傅抱石
的故友、门生、子女，文章内
容多怀念和赞扬，带有浓厚
的感情色彩，尚未真正进入客
观、系统的深入研究。尽管如此，这是一个不可忽视的重要阶段，其意义
在于为深入研究抢救了大量的宝贵资料。

（二）

与此同时，大量公私藏品不断面世，大批精美画册、图谱相继出版，
为傅抱石研究提供了许多直接的图像资料。其间，对傅抱石研究产生积极
作用的有《傅抱石画集》（江苏美术出版社，1985）、《傅抱石速写集》
（江苏美术出版社，1985）、《傅抱石画选》（朝华出版社，1988）、
《傅抱石画集》（文物出版社、大业公司，1988）等，当然，傅抱石生前
已出版的画册如《傅抱石画集》（人民美术出版社，1958）、《傅抱石访

傅抱石 柳荫高士图 轴 纸本 设色 88.5 cm×60 cm 1943年5月 重庆博物馆藏

傅抱石 夏山图 轴 纸本 设色
191 cm×61 cm 1944年10月

问捷克斯洛伐克写生作品集》（江苏文艺出版社，1958）、《傅抱石访问罗马尼亚写生作品集》（江苏文艺出版社，1958）、《傅抱石浙江写生画选》（浙江人民美术出版社，1962）、《傅抱石中国画选辑》（人民美术出版社，1963）、《傅抱石东北写生画选》（辽宁美术出版社，1963）等依然发挥着重要作用。

随着文献资料、图像材料的公布，研究者开始比较系统地开展傅抱石艺术的研究活动，一些中青年学者写出了少量的研究性论文，虽处于起步阶段，却实为难得。南京师范大学教授陈传席得天时地利之便，在傅抱石生前执教的南京师范大学多方采访，收集第一手口述材料，1989年3月完成《傅抱石生涯与绘画》，连载于《艺术家》1990年第9—11期，成为当时傅抱石研究最为重要的论文之一。该文分三个部分：（1）记叙傅抱石的坎坷人生，他的坚忍不拔的学艺、治艺精神和豪放直率的性格；（2）研究傅抱石的绘画创作，分析他一生中山水画创作的六次变化及其主客观因素；（3）剖析傅抱石获得成功的几个具有普遍意义的因素。应该说，陈传席的论文探讨了傅抱石的师承、风格、成就、影响等方面，演绎出傅氏艺术的发展脉络、演变轨迹，对于各期绘画风格的梳理较为清晰，具综合、概括之功。后来，陈传席几经增补、修订，不断深入，1996年7月编入"巨匠与中国名画"由台湾麦克股份有限公司出版，2001年5月编入"中国名画家全集"由河北教育出版社出版，产生了一定的学术影响。

在台湾，自鸿禧美术馆1980年推出"吴昌硕、齐白石、傅抱石'三石'画展"、出版"三石"画集以来，傅抱石引起了美术史界的关注和重视。1981年7月，吕理尚在《雄狮美术》第125号发表《傅抱石论》，从"雨中得来的启示：大气的空间""泰纳和傅抱石的比照：从光的发展所引申出来的问题""傅抱石的美术史观：空间的问题和水与水墨的关系""傅抱石和石涛的关系：笔墨、皴擦和点法的继承及推展""日本明治绘画的经验及蜀中山川的感染：自然主义的写实观""人物画的线描与传统绘画的渊源：速度、压力和节奏的有机进行"和"往往醉后的政治挂帅：傅抱石晚年的转变"等几个方面，详细论述了傅抱石绘画的风格特征。吕理尚对傅抱石绘画的考察明显迥异于时人，特别是对傅抱石绘画的空间处理的研究和将泰纳与傅抱石对比分析，颇具探索意义。这是台湾地区较早、较有价值的论文之一。

当时，最值得关注的要数台湾师范大学美术研究所张国英1990年完成的硕士论文《傅抱石研究》，从傅抱石生平、画历、交游、著述等各方面加以推敲与探讨，结合绘画作品尝试作一合理的解释与判断。20世纪六七十年代以来，台湾的中国美术史学者受西方美术史研究思潮影响，一直反思中国传统的美术研究方法，开始关注方法论的探讨。作为当时美术史研究的权威，台北故宫博物院研究员李霖灿"提倡使用科学方法，用画迹本身的现象来排比研究，试图将科学的绘画史在新基础上建立起来，呼吁有更多的后来朋友加入此一阵容"[1]。至1980年末，这种绘画史研究的新风气逐渐形成，方法也更臻进步。受此影响，张国英参用社会学、风格学、图像学等方法，对傅抱石生活、治艺等方面做综合的推理和考察，希冀探讨傅氏绘画创作的环境与立场。

在介绍傅抱石的生平和学艺历程后，张国英在第二章"傅抱石艺术特质与风格流变"中，"以传统渊源、自然界的启迪、理论画史研究之启示，融合表现时代精神的特质为经，而以内心变革之需求与艺术表现之意图为纬，并佐以图片之说明作为引据，以确立各个时期之风格

---

1 李霖灿：《序》，陈肆明《吴昌硕花卉画的创作背景及其风格研究》，台北，台北市立美术馆，1989年6月，页5。

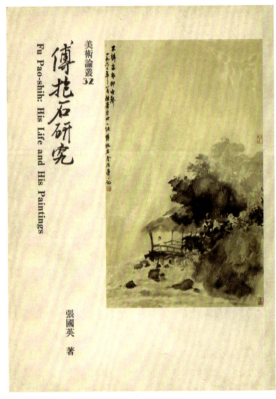

张国英著《傅抱石研究》台北市立美术馆 1991年7月

的划分，详述其创作心路历程之孤心苦诣和千锤百炼的可贵成果"[1]。他详细考察傅抱石与日本绘画的关系，基本厘清了傅抱石的日本美术因素，后来发表了《傅抱石受日本画的影响与突破——透过画迹对比探讨艺术根源》（台北，《典藏古美术》第19期，1994年4月，页142—147），这是以往研究者较少涉及的。在张国英看来，傅抱石终其一生历经不同环境，而能把志趣、胸怀、心境做不同层面的表达，在昂扬、成熟、内省三个不同的表现时期，皆各具特色，充分发挥了其风格典型而难分轩轾。

张国英的研究严谨深入，采集资料颇为宏富，形诸流畅的文字，通过理性的整理，将傅抱石绘画的真义发表出来，得到台北市立美术馆1990年举办的第三届美术学术论文双年赛的优选奖，入编《美术论丛》正式出版，成为傅抱石研究的第一部专著。其观点常为后来者所引用，特别是傅抱石深受日本绘画影响的观点，取得一定突破，受到了研究者的普遍关注。只可惜由于特定条件的限制，两岸的文化交流并未完全开放，其成果没有对大陆学术界产生广泛影响。

1张国英：《傅抱石研究》，台北，台北市立美术馆，1991年7月，页26。

（三）

对傅抱石研究的推动，傅抱石子女所起的作用非同一般。宣传傅抱石及其艺术，在他们看来责无旁贷。多年来，他们积极奔走，为传播傅抱石的艺术、流布傅抱石的艺术精神而不遗余力。尤其是傅二石在担任傅抱石纪念馆馆长期间，利用傅抱石纪念馆这个有效平台积极活动，先后举办多次研讨会，邀请海内外专家学者对傅抱石进行讨论、研究，编辑不定期刊物，交流学术信息，客观上推动了学术界对傅抱石的关注。

1990年10月，傅抱石纪念馆筹备"傅抱石逝世25周年纪念活动"，引发了傅抱石研究的第二次讨论热潮。20日，"傅抱石作品回顾展"在南京博物院开幕。21日，"傅抱石艺术研讨会"在江苏省国画院举行，来自中国大陆、香港、台湾地区以及日本、俄罗斯的专家学者三十余人就傅抱石的艺术各抒己见，展开热烈讨论[1]。譬如，伍霖生《一代宗师 艺术永存——再论傅抱石卓越的艺术成就》列出傅抱石艺术的5个特征：（1）傅抱石把中国诗词与创作意境结合，使他的作品充满诗意美、意境美；（2）傅抱石将书法与绘画技法相结合，发展了中国画笔墨的形式美，强调中国画笔墨要抽象美与具象美相结合；（3）傅抱石将山水画笔墨的形式美与真山真水的自然美相结合；（4）傅抱石把人的主观感情倾注在客观景物的描写之中，使主观精神与客观景物描写在艺术表现上巧妙结合；（5）傅抱石创造性地发展了山水画技巧，强调线的运用，独创"抱石皴"，积极运用点法，将点提高到用墨的首位，发展成"破笔点"[2]。

会前，傅抱石纪念馆以"傅抱石艺术研究会"的名义编辑出版了《傅抱石研究论文集》，收录与会人员有关傅抱石研究的已有成果和若干纪念文章，内容涉及傅抱石生平、绘画、篆刻等方面，相关叙述具有一定的参考价值。譬如，叶宗镐《傅抱石先生的篆刻艺术》结合傅抱石自用印对其篆刻的师承、作法、风格及观念等问题详加考察，分析了傅抱石篆刻艺术的特色和印学史地位。叶宗镐认为，傅抱石治印从晚清

---

1 施叔青：《傅抱石艺术研讨会》，台北，《艺术家》第189号，1991年2月，页268—276。

2 伍霖生：《一代宗师 艺术永存——再论傅抱石卓越的艺术成就》，香港，《名家翰墨》第19期，1991年8月，页44—76。

傅抱石 山雨图 轴 纸本 设色 101.5 cm×37 cm
1945年12月 中国现代文学馆藏

陈鸿寿、赵之谦入手，上探秦汉，博采众长而创新，自成风格；"雅正"是傅抱石篆刻的本色，作品无造作炫奇之态，却富于变化，往往在平正中出奇制胜[1]。叶宗镐是第一位从事傅抱石篆刻艺术研究的专家，他的论文极具开拓之功，对后来者影响颇大。

四年后，值傅抱石诞辰90周年，海内外纷纷举办了一系列纪念活动，为傅抱石研究的展开提供了颇为难得的契机。

首先，1993年12月—1994年1月中华文物学会、台北"国立历史博物馆"联合举办"傅抱石画展"，展出傅抱石1940—1965年之间的绘画精品120件，出版傅抱石作品画册，举办系列讲座、座谈会，拉开了"傅抱石诞辰90周年系列活动"之序幕。

1994年10月上旬，江苏省文化厅在南京博物院举办"纪念傅抱石诞辰90周年特展"及纪念座谈会。与此同时，日本松涛美术馆联合东京武藏野美术大学联合举办傅抱石作品及

1 参阅叶宗镐：《傅抱石先生的篆刻艺术》，《傅抱石研究论文集》，页106—117。后来，该文发表于《西泠艺术》1991年第3期。

其早年留学日本时的资料展。香港、新加坡也举办傅抱石画展，特别是香港《名家翰墨》丛刊自1994年10月起分门别类，连续推出"傅抱石特辑"（第4—11期）："扇面""毛泽东诗意""东欧写生""东欧速写""屈原赋""唐人诗意""历史故实""上古衣冠"，约请相关人士撰写评析文章，以系列丛刊的形式为学术界提供了最为直接的图像、文字资料，不同程度地促进了香港、台湾地区傅抱石研究的发展，推动了傅抱石绘画在海外的传播。之前，《名家翰墨》月刊于1990—1993年间曾推出第9期"傅抱石专号"、第10期"傅抱石瀑泉雨景专号"、第19期"两岸珍藏傅抱石精品特集"、第45期"傅抱石特集"等四个专集，介绍了傅抱石的生平、艺术和市场趋势。近年来，傅抱石绘画在海内外艺术市场的持续走俏，与《名家翰墨》的宣传不无关系。

傅抱石 携琴访友图 轴 纸本 设色 142.1 cm×68.1 cm 1947年 旅顺博物馆藏

　　10月26日上午，由中华人民共和国文化部、江苏省人民政府联合主办的"傅抱石画展"在中国美术馆开幕，将纪念活动推向高潮。展览汇集了南京博物院、傅抱石纪念馆、江苏省国画院、中国美术馆、故宫博物院、郭沫若纪念馆、荣宝斋等单位提供的傅抱石各个时期的代表作近200件，堪称一个典型的"回顾展"。下午，文化部艺术局、江苏省文化厅在北京国际艺苑召开"纪念傅抱石诞辰90周年座谈会"，有关方面领导、傅氏亲属和美术界专家学者三十余人出席座谈会，围绕傅抱石的人生和艺术展开热烈讨论。与会者认为：傅抱石以大无畏的革新精神和崭新的绘画风貌著称于世，他精深了解传统，深刻认识时代，特别关注转折时期的画家和具有首创性的画家，对美术史国策性的研究、笔墨当随时代、材料变革等均做了大量的工作；他的绘画、著作对当代的美术创作、美术史研究都有直接的借鉴意义，值得现今美术界、学术界认真研究。[1]

为配合座谈会的召开，中国画研究院编辑《傅抱石研究专集》由人民美术出版社出版。与前两次一样，该专号收录与会人员的研究性、纪念性文章24篇，内容多属一般性概述，缺乏深入的个案研究，但仍有少量文章具有一定的参考价值。譬如，刘曦林从四个方面阐述了傅抱石的艺术思想及艺术表现：（1）"史癖重变"："史癖"傅抱石通过美术史的研究，把握了艺术在变革中获得新生的规律；（2）重人重文：他以"文、人、画"三字代表中国画三原则，在"画学"中尤重"文学"的修养和高尚的"人格"；（3）坚定又开放的民族意识：他具有现代的民族意识，并以此区别于狭隘的国粹主义和全盘西化论者；（4）解衣磅礴中的精谨，激情挥运中的理性：这种理性沉潜与激情爆发的统一，是傅抱石的绘画特色，也是他山水、水墨、写意统一的美学追求[2]。王鲁相从美学的角度论及傅抱石的绘画精神：（1）傅抱石认为中国绘画的民族主体精神是"天才贵我"和"人格至尊"，他自己的主体精神对应于此而体现为"逸"与"悲"的互补人格，并由此决定其画风；（2）他以"老"为核心范畴，构织了中国绘画"老境之美，有复于无"的审美逻辑网络，从"存在"的形上意义探讨"线"的哲学属性，因而从根本上区分了中国画和西洋画；（3）"傅家山水"以宇宙万物为自由意志的表象，其美学使命是将深潜于中国绘画"老境之美"

1安远：《纪念傅抱石诞辰90周年系列活动综述》，傅抱石纪念馆编：《傅抱石研究》第1辑，南京，内部刊行，1997年12月，页44。

2刘曦林：《理性沉潜与激情爆发——兼谈傅抱石的艺术思想与艺术表现》，《中国画研究》第8集，页89—95。

傅抱石　泰山巍巍图　轴　纸本　设色　85 cm×58 cm　1946年

胡志亮著《傅抱石传》百花洲文艺出版社
1993年12月

中的最伟大、最紧张、最积极的
"酒神精神"张扬出来[1]。

1990年代初期，随着学术界对
傅抱石的关注，傅抱石传记应运而
生，一方面满足了社会了解傅抱石
的需求，另一方面则为傅抱石研究
提供了一系列基本素材。

1989年，江西新余市政协编
撰《江西文史资料选辑·傅抱
石》（江西人民出版社，1992年
10月），身为傅氏家乡人的胡志
亮受命负责征稿工作，往返于新
余、南京之间，并以此为契机，
走遍全国各地，花了大量精力搜
集资料，采访傅抱石生前友人、
学生、同事、亲属达百余次，掌
握了许多第一手资料，为《傅抱
石传》的创作积累了充分的素材[2]。在不到一年的时间里，胡志亮完
成了《傅抱石传》的写作，洋洋数十万言，从独特角度反映了画家
独特的人生经历、丰富的情感世界和卓越的历史贡献。然传记属于
文学创作，毕竟不同于纯粹的学术研究，其任务是向读者展现一个
人的生命历程，描述影响一个人成长、发展的各种因素。正如傅抱
石夫人罗时慧所说："像傅抱石这样一个在国内外有很大影响的艺
术家，人们不会满足于欣赏他的绘画作品，而总想更多地了解他的
身世，想知道是什么样的家庭环境和社会环境造就了这样一个艺术
天才，想知道傅抱石的个人生活怎样影响了他的艺术创造和发展，
他的为数众多的优秀作品的艺术感染力是纯粹来自他的天才、灵
感，还是也有其他因素的影响……所有这些，只有艺术家的传记中

---

1 王鲁相：《天风海雨啸抱石——傅抱石的绘画精神》，《中国画研究》第8集，页96—
117。
2 胡志亮：《傅抱石传》，南昌，百花洲文艺出版社，1993年12月，页532。

才能得到解答。"[1]因而,《傅
抱石传》的问世,仍是一件很
有意义的事情。

　　而沈左尧怀着对恩师的深
情厚意,从1991年经过大量实
地考察、采访之后,开始了傅
抱石传记的写作,后因病只完
成了前半部,以"傅抱石的青
少年时代"为题连载于《人民
日报》海外版,在读者中产生
一定反响。1994年9月,南京
出版社结集成册,以单行本的
形式正式出版,以作为对傅抱
石诞辰90周年的纪念[2]。客观地
说,《傅抱石的青少年时代》
资料翔实,文笔生动,全方
位地记录了傅抱石早年的生活
经历、学艺历程和精神观念,
再现了傅抱石青少年时代的形
象。出版后,该书对傅抱石早
年生平研究发挥了一定的参考
作用。

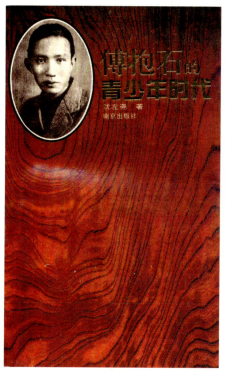

沈左尧著 《傅抱石的青少年时代》 南京出版社
1994年9月

（四）

　　综合考察1985—1994年间的相关著述,傅抱石研究的文字初具
规模。其一,生平传记的撰述和文献材料的整理,建立了傅抱石研究
的基本资料;其二,有关论述性文章内容涉及傅抱石的诸多方面,研
究者在傅抱石艺术师承、风格演变、历史地位等方面,特别是对傅抱
石绘画美学的分析,取得了比较重要的成果。但是,这十年属于起步

1 罗时慧:《序》,《傅抱石传》,页2。
2 沈左尧:《傅抱石的青少年时代》,南京,南京出版社,1994年9月,页251。

傅抱石 双蝶仕女图 页 纸本 设色 28 cm×36.5 cm 1946年3月

傅抱石 渊明沽酒图 镜心 设色 纸本 35 cm×45.2 cm 1947年7月

阶段，傅抱石研究并未进入学术意义上的理性阶段，其原因是多方面的。首先，与其他学科一样，受社会文化大环境影响，傅抱石研究的确起步不久，尚不成熟；其次，与中国长期以来形成的学风存在一定关系，诸如"社会背景+生平介绍+作品评析"的八股文式叙述习惯严重约束了研究者的思维模式和写作方式，西方流行的一些新的美术史研究方法刚刚传入中国而未产生积极影响，研究者往往习惯于就画论画，很少利用其他方法融会贯通；再次，当时的研究人员基本以傅抱石门生、故友为主，一时难以摆脱浓郁的感情因素，在一定程度上制约着辩证、理性的研究方向。尽管如此，这十年相关工作的作用仍是至关重要的。

从1990年代后期开始，随着研究队伍的不断壮大、研究视野的不断开阔、研究方法的日益进步，傅抱石研究逐渐向精微、细致、严谨、理性的方向发展。许多研究者不再满足于统而概之的泛论式叙述，往往以某一问题为切入点深度挖掘傅抱石的学术价值，而且能从艺术本体的分析逐步扩展到从人文内涵的高度去审视，结合社会背景、文化情景及个人际遇等历史环境，探究傅抱石的艺术心理、审美观念、绘画思想等，出现了一些较有价值的个案研究成果。

2004年12月，四川大学艺术学院教授林木所著《傅抱石评传》由台北羲之堂文化出版事业有限公司出版。这是第一本关于傅抱石的评传，长达20万字，论证严谨，叙述生动，写作方式不乏耳目一新之处。林木"以人生为经，成就为纬""较多地从傅抱石一生的经历及其相关的社会现实入手去探索"，客观地"再现出一个有机统一而生动完整的较为真实的艺术家来"，行文时又"不乏史论的严谨、深入，又有文学的轻松、自由与抒情表现"，于是，傅抱石的艺术和学术在"与时代有极为密切关系的人生经历为线索"下都"能妥妥帖帖地找到了根据和理由"，从而解决了傅抱石研究中的若干问题[1]。首先，林木肯定了傅抱石美术史论著述的学术价值，"阐明了傅抱石在中国画创作上的成就与他在中国画理论方面的研究及其理论的坚实铺垫的因果关系"[2]；然

---

[1] 林木：《傅抱石评传》，台北，羲之堂文化出版事业有限公司，2004年12月，页6—13。

[2] 傅二石：《傅抱石评传序》，傅抱石纪念馆编：《其命唯新——傅抱石百年诞辰纪念文集》，郑州，河南美术出版社，2004年7月，页306。

林木著《傅抱石评传》 台北義之堂文化出版有限公司
2004年12月

后，林木详细叙述了傅抱石在中国画方面的成就，力图揭示出傅抱石绘画风格形成的过程、绘画新风格与相应技法的延续性、独特性、时代性，以及这种新风格与技法的哲学依据和美学意义。在深入分析的基础上，他阐明了傅抱石对中国画传统观念与技法的大胆革新对推动现代中国画的形成与发展所具有的划时代意义，着重论述了傅抱石后期创作思想与实践的某些变化，强调了社会环境的变化对画家产生的巨大影响。

《傅抱石评传》不仅仅是一部评传，更是一本具有价值的美术史学著作。林木对傅抱石的人生、艺术之得失做出了客观、公正的评判，没有一味地褒扬与赞美，体现出一位美术史家应有的学术精神。这种至情至理、深刻独到的分析，有助于人们全面了解傅抱石的艺术人生及其在20世纪中国绘画史上的地位。

同时，研究者们以回顾20世纪中国美术史学发展为契机，开始关注傅抱石的美术史研究。首先，清华大学教授陈池瑜将傅抱石置于中国现代美术史学的大格局下对其美术著述做综合考察，分析了他在中国现代美术史学史上的贡献和意义[1]；中国美术学院教授陈振濂将傅抱石置于中日绘画交流的背景下，对其学术生涯和著述做了认真梳理和细致分析，通过和日本相关研究动态的对比，指出傅抱石的美术史研究"沿袭与批判并存""无论是形成前的资料选择对比，还是形成后的内容与方

---

1 参阅陈池瑜：《中国现代美术学史》，哈尔滨，黑龙江美术出版社，2000年3月，页240—242、274—275、281—284。

法特征本身，都带上了浓重的近代中日绘画理论交流影响的痕迹"[1]。林木以傅抱石早期著作为例，分析了傅氏的治学方法和学术成就：傅抱石学术研究不仅"充满感情，能有兴味而更具可读性"，继承了司马迁"史家之离骚"的史学传统，而且"显示出不同时流的独特学术个性""在史学研究中也开一代新风"[2]。而中央美术学院博士研究生于洋则选择傅抱石《中国绘画变迁史纲》做专门考察，首先指出傅抱石美术史研究的三大特点：（1）傅抱石对中国绘画史框架、脉络的理解把握极具系统性，有别于古代美术史论著作的即兴点评式的行文特点与文学化逻辑结构；（2）文化嗅觉的敏锐使傅抱石注重对中国古代文人画论的深入发掘和对中国绘画传统体系内在深层精神的研读；（3）直取其意的犀利文风与20世纪二三十年代的白话杂文语言特点相得益彰，使其对感性精神的描述、评论更加到位。进而，他阐述了《中国绘画变迁史纲》作为1930年代的一本重要绘画史著作所具有的叙述特点和重要意义：（1）文化观与艺术观的民族主义立场；（2）研究思想和治史体系的系统性；（3）崇尚南宗，肯定文人画的鲜明倾向；（4）清新而有力度的语言风格。[3]以一本著作为对象，其研究显得相当细致而深刻，对了解傅抱石青年时期的美术观念不无裨益。

在新世纪，傅抱石研究被两岸各地高等院校学生作为硕士学位课题来攻读，内容多就某个问题展开，而不像以往的通论性阐述，虽然有的论述难免有空泛之弊，但也值得借鉴。其中较为突出者如：

2002年，中央大学艺术学研究所李丽芬完成硕士学位论文《傅抱石对〈画云台山记〉的诠释与其国画改革的关系》，探讨傅抱石对东晋顾恺之《画云台山记》的研究内涵，以考察其与中国画改革之间的内在联系。李丽芬首先通过资料的整理和排比，结合时代背景，就傅抱石的相关研究进行内容上的了解与诠释，检视其作为一位画家型的学者对《画

---

1 参阅陈振濂：《近代中日绘画交流史比较研究》，合肥，安徽美术出版社，2000年10月，页250—268。

2 参阅林木：《傅抱石的中国美术史论研究》，南昌，《江西社会科学》2004年第2期，页212—219。

3 于洋：《傅抱石〈中国绘画变迁史纲〉的研究》，北京，《荣宝斋》2006年第1期，页82—91。

云台山记》研究的学术价值："傅抱石为文的时代背景，一为1933年的留日期间，一为1940年左右的抗日时期，前一阶段延续着他一贯强调的，必须中国人自己担负起整理国故的重责大任，后一阶段则是在抗日的背景之下，此项研究在当时，无论就傅抱石本人，抑或国人的认知，都将其视为在学术领域内也打倒日人的伟大成就，显然已被上纲为民族主义、爱国情操之下的具体表现。"然后，她又通过《云台山图》与傅抱石前后期绘画风格的比较，以呈现《云台山图》的变革意义，"试图进一步解析此项研究对傅抱石于思想及创作层面的影响"：傅抱石对《画云台山记》的研究，是其绘画思想转变的一个关键，为其日后的绘画创作提供了变革的"参照系"，后来傅抱石变革风格中有意弱化线条的表现，与《画云台山记》不无关系。[1]因而，傅抱石之《画云台山记》的研究对其实际的绘画创作也具有特殊的意义。

2007年，南京艺术学院美术学院黄戈完成博士学位论文《踪迹大化其命唯新——傅抱石绘画思想研究》，这是第一篇专门对傅抱石绘画思想做整体、系统考察的论文，在选题上颇有学术价值。作者以画论为基础，结合对画家、作品的分析，并通过联系、比较的方法，从纷繁的材料中归纳类型，进而阐释、推论，试图对傅抱石绘画思想的内部结构和外来影响的基本状况、思想渊源、类型划分，以及对创作实践的切实影响等问题做出细致、全面的探究，史论结合，不做臆想，揭示出傅抱石绘画思想的基本特征。论文分三章，第一章"'文、人、画'三原则——傅抱石绘画思想的内在特质"、第二章"'思想变了，笔墨就不能不变'——傅抱石绘画思想的外部因素"，通过梳理傅抱石绘画思想中相对稳定的内在特质和因时而变的外部因素，勾勒出傅抱石绘画思想的基本状貌。在第一章中，作者结合《中国绘画变迁史纲》，从傅抱石民族情感的历史心态、接纳外来思想和扬弃传统价值、中国绘画的民族性三个方面剖析傅抱石所持有的面对超越艺术本体的民族情感和直面绘画实践的普遍要求之间的矛盾统一心理，分析了傅氏早期"民族主义"心理对其绘画思想的影响。通过层层剖析，阐明傅抱石的"民族主义"倾向是在特定环境下的各种思想交织、冲突乃至权宜、妥协的产物。所以傅抱石的"民族主义"心理在本质上不同于狭隘、封闭、排他的传统

1李丽芬：《傅抱石对〈画云台山记〉的诠释与其国画改革的关系》，台北，中央大学艺术学研究所，2002年，页3—4。

傅抱石 湘夫人图 轴 纸本 设色 99 cm×54 cm 1960年6月

"民族主义"，具有开放性、变通性和创新性。在第二章中，作者通过分析傅抱石一生两个阶段对"现实主义"的认识，阐释傅抱石绘画思想的时代特点：在其画论中，"现实主义"在特定的历史年代，不仅仅作为主流的艺术思潮和表现手法，而且肩负着调节和平衡传统与创新关系的作用。在黄戈看来，傅抱石在1940年代通过中国画"内化"作用来变革传统，晚年则以经过"内化"的中国画来适应外部社会、政治环境的需要，也就是对传统的维护和运用。这一认识极为概括、辩证、中肯。第三章则将傅抱石的绘画思想与两位影响近代中国画走向的代表人物——陈师曾和徐悲鸿的绘画思想加以比对，力求对傅抱石的艺术观做出相对客观的评价和历史定位。[1]

两篇论文以小见大，将傅抱石置于特定的社会、文化环境中，视野比较开阔，论说较为精深，得出的结论具有一定的说服力；但其习惯于结论的分析，而少于过程的阐述，这是不足之处。

近年来，傅抱石研究出现了一个新动向，即傅抱石与同时代李可染等画家的比较研究。这种比较，早在1994年"纪念傅抱石诞辰九十周年座谈会"上，中央美术学院教授邵大箴已经提出，只可惜十几年来一直未得深入展开。对比研究是一种很有效应的艺术研究与批评方法，适用于不同门类艺术与风格之间的研究，也适用于不同地域、民族和文化背景之间的区分，更适用于同类艺术作者与作品之间的比较。通过与相关尤其包括有差异的方面加以对比，触类旁通，加以引申，进而尽力摆脱研究中的片面性与单薄性。当然，这种比较研究也是"智者见智、仁者见仁"的事情，关键要看其到底有无价值以及对实践有何启迪，往往会落入比较不当或各自为政的陷阱，即分别阐述而无法得出正确、恰当的比较结论。[2]故在对比研究中，"寻找共同点与差异性虽然同样重要，但是进一步探讨差异性产生与形成的多方面的缘由，知其然知其所以然，则有'沿波讨源，虽幽必显'的意义"[3]。

---

1 参阅黄戈：《踪迹大化 其命唯新——傅抱石绘画思想研究》，南京，南京艺术学院博士学位论文，2007年5月，页11—19、62—68。
2 参阅石守谦：《中国绘画史研究中的一些陷阱》，卢辅圣主编：《中国画研究方法论》，上海，上海书画出版社，2000年7月，页46—58。
3 崔自默：《傅抱石与李可染的对比研究》，北京，《解放军艺术学院学报》2006年第4期，页26。

2006年，台湾屏东教育大学视觉艺术学系蔡俊旭撰写《傅抱石与李可染山水画风格比较之研究》，采用了历史研究法、艺术社会学研究法与比较研究法等研究方法，通过"创作背景""创作理念""山水画分期特质""山水画作品风格"等四个方面的比较研究，洋洋洒洒，十余万言，对傅抱石与李可染山水画风格之异同做了较为系统的考察，使人们对傅、李两人绘画之间的关联与差异形成了总体上的认识，具有概括之功；但是对傅、李两人进行比较的宗旨似乎未能形成客观上的总结，未免遗憾。[1]中国艺术研究院副研究员崔自默也选择傅抱石与李可染作为个案专门做对比分析：傅抱石的迅捷挥洒与李可染的稳重敷写形成对比，又异曲同工地传达同样一个审美内容，达到同样一个精神高度。究其原因，既有艺术道路的差异，又有具体而微的用笔用墨的区别。作者通过对这两位中国现代山水画代表人物作品特征的分析，得出一些关于艺术风格形成与表现的启示价值，继而以科学的发展观念来探讨艺术的创造性思路，以期在新时期发现更多有开宗立派意义的艺术大师。[2]

当然，进一步开展全方位的傅抱石研究应该建立在傅抱石文献资料的整理基础之上，两者宜相辅相成，交叉进行，互为补充，相互促进。

与前述《傅抱石美术文集》增订本一样，2004年9月，在傅抱石百年诞辰前夕，叶宗镐倾廿五年之功，锲而不舍地搜集材料，终于编成国内首部《傅抱石年谱》，由上海古籍出版社出版，着实让傅抱石研究者们为之鼓舞。《傅抱石年谱》内容宏富，考订精严，详细记载了傅抱石的身世、生活、工作、经历，还收录了大量的作品、信件和著述，为研究者了解傅氏艺术经历提供了珍贵的第一手资料。对于傅抱石的绘画作品，凡所能见到的，包括画册、照片，可以认定为真迹的，尽行收入，而且详列作品的尺寸、款识、印鉴、收藏情况，以及资料来源，为研究者提供最基本的比较翔实的资料。《傅抱石年谱》的正式出版，必然促进傅抱石研究向纵深发展。研究者利用其披露的新材料，重新考察傅抱

1 参见蔡俊旭：《傅抱石与李可染山水画风格比较之研究》摘要，该资料来自于台北"国家图书馆"博硕士论文资讯网http://etds.ncl.edu.tw/theabs/site/sh/detail_result.jsp。
2 参阅崔自默：《傅抱石与李可染的对比研究》，北京，《解放军艺术学院学报》2006年第4期，页26—30。

石的人生与艺术，可以发现许多值得深究的新课题，正如叶宗镐感言：
"我期盼着这本年谱的资料，能给研究者以新的启发、新的命题，并据
此进行深入的研究，从而取得更大的学术成就。"[1]

而且，傅抱石篆刻、绘画等图像资料也相继面世，为傅抱石研究的
继续深入提供了可能，必然会促进傅抱石研究的发展。2004年12月，由
叶宗镐搜集、整理、编辑的《傅抱石所造印稿》宣纸套红印刷线装本由
上海古籍出版社出版，收集傅抱石一生的篆刻拓本642方，全面展示出
傅抱石篆刻的治艺历程和风格面貌，改变了以往傅抱石篆刻作品比较零
散的局面，颇具资料价值。2006年12月，傅抱石家属捐赠、南京博物院
藏《傅抱石中国画》由荣宝斋出版社出版。这批作品十分重要，既有傅
抱石后期用于展览、出版的绘画精品，也有其未竟之作，立体地呈现出
傅抱石1950年至去世之间的十五年创作过程。这部作品集的出版改变了
以前"深藏大院""束之高阁"的现状，使研究者基本得见傅氏晚年创
作的全貌，势必会引发研究者对傅抱石及其绘画创作的更多思考。

（五）

2004年，适逢傅抱石百年诞辰，为缅怀这位集美术史家、教育家、
画家、金石家于一身的艺术大家，展现他在中国美术方面的深沉魅
力，中国各地纷纷举行纪念活动。从8月开始，中国美术馆（8月11—
18日）、江苏省美术馆（8月25日—9月6日）、南京博物院（9月1—15
日）、台北"国父纪念馆"（2004年12月15日—2005年3月31日）相继
举办以"其命维新"为主题的"纪念傅抱石百年诞辰画展"，出版精美
图录，在美术界掀起一股"傅抱石热"。[2]

同时，美术界举行了相关的学术活动。8月11日下午，"其命唯
新——傅抱石百年诞辰学术论坛"在北京华侨大厦多功能厅举行，近百
名来自全国的知名美术评论家、美术史家、艺术家出席论坛，从不同角

1叶宗镐：《傅抱石年谱》，上海，上海古籍出版社，2004年9月，页3。

2据叶宗镐先生提醒，"其命唯新"是傅抱石的一方常用印，取《诗经·大雅·文王》
"文王在上，于昭于天。周虽旧邦，其命维新"之语。其大意是：周文王禀受天命，昭
示天下：周虽然是旧的邦国，但其使命在革新。而相关策划者将其识为"其命唯新"，
实乃错误，特此说明，但引文与注释中保持原样。

叶宗镐著 《傅抱石年谱》 上海古籍出版社 2004年9月

叶宗镐编 《傅抱石所造印稿》 上海古籍出版社 2004年12月

度、不同侧面对傅抱石的艺术成就给予了充分肯定与深入研讨。学术界
主要侧重于在21世纪的立场上回顾20世纪的美术历程，借考察傅抱石之
际，对中国画的前途进行思考，总结一代美术家的历史性创造，希望为
今后的中国画发展提供一点启示。正如《美术》杂志主编王仲所说：
"我们对上个世纪的大师进行回顾，进行总结，都是为了本世纪中国画
发展的现实需要服务的。我们在研究他们的时候，还不仅是对他们的缅
怀，对他们的成就进行一番重新的梳理而已，而是要从他们身上发现对
21世纪的启示意义。"[1]当然，这种感慨是站在绘画本体发展的立场上
发出的。2007年1月6日，值"傅抱石作品捐赠仪式活动"之际，在南
京博物院举行的"傅抱石艺术研讨会"上，与会专家发出了同样的感
叹。[2]

1京云、贺绚整理：《其命唯新——傅抱石百年诞辰学术论坛举行》，北京，《美术》
2004年第9期，页34。

22007年1月6日，由江苏省人民政府主办的傅抱石作品捐赠系列活动在南京博物院隆重开
幕。傅抱石写生画稿、论文手稿、常用印章等一批极具研究价值的作品正式入藏南京博
物院，连同1979年由罗时慧女士代表家人捐赠的365件傅抱石绘画作品一道，使南京博物
院成为国内外名副其实的收藏傅抱石作品最多、最精的文化机构。经上级同意，南京博
物院正式成立"傅抱石艺术陈列馆"，定期陈列傅抱石作品；筹备建立"傅抱石资料信

傅抱石 林海雪原 橫幅 紙本 設色 70cm×128.5cm 1961年10月

南京博物院编《傅抱石中国画》荣宝斋出版社
2006年12月

按照上海大学美术学院教授徐建融的说法，传统的中国绘画史论研究的目的和方法，大体上有两种，第一种侧重于社会历史学的角度，其研究主体重在绘画的历史文物价值，将作品作为形象的史料，来充实、佐证也可能是纠正人们对于文献资料的认识。这种研究方向强调的是艺术在社会发展中的史学价值，伴随着中国博物馆事业的发展，和其他文史研究人员加盟美术史论的研究，自1960年代以来，已逐渐自成体系。第二种研究方向侧重于艺术本体的研究，强调绘画史论研究应对书画的创作、鉴赏具有促进作用，其研究主体一般为画家或鉴赏家，他们的研究不仅仅是为绘画史而研究绘画史，更侧重于具有实践性的借鉴意义。[1]在新时期，美术界对傅抱石的研究和思考明显具有上述的第二种倾向，将着眼点放在傅抱石绘画技法的本体阐述和对今后美术发展的启迪意义的探讨。

虽然，这种探讨具有一定的启示意义，但是，如果从学术研究的角度出发，这显然是远远不够的。笔者以为，研究画家个案，既要对研究对象的方方面面进行美术史意义的梳理、考证和阐释，又要从美术理论的角度去总结和阐发其在美术发展史上的意义和价值。因此，我们迫切需要更详尽地对傅抱石进行美术本体、美术史学、美术史学史上的系统诠释和研究，而不能局限于点评式叙述或一般性描述。

综观1985年以来，傅抱石研究的著述已具有一定规模，其中，对傅

息库"，启动相关资料的搜集、研究工作，利用藏品优势、大馆优势和研究优势，有计划地出版傅抱石绘画图录、专题画集、篆刻图录以及相关研究成果，推进傅抱石研究整体水平的提高。"傅抱石诞辰90周年纪念会"成立"傅抱石艺术研究机构"之倡议（沈左尧：《傅抱石诞辰九十周年纪念活动综述》，香港，《名家翰墨资讯》第3期，1995年3月，页11）在时隔十余年之后得到了初步落实。现在，南京博物院艺术研究所的工作人员正在积极筹划，并以此为契机开展相关的傅抱石研究计划。

1徐建融：《中国美术研究四题》，《中国画研究方法论》，页74—90。

2007年1月 南京博物院举办"傅抱石绘画、印章、著述手稿特展"现场

抱石艺术演变、美学风格的总体研究已取得大量成果，而且关于傅抱石在20世纪中国美术史上的地位的探讨，研究者在各类论述中多有述及，并达成共识，这是无可争辩的。然平心而论，总体上仍旧失之于笼统、片段，缺乏足够的微观研讨，少有极为深入、极有价值的突破。其间当然存在着一个研究方法论的问题。

的确，傅抱石研究的研究方法尚有待精进。长期以来，中国绘画史家比较注重社会环境影响绘画创作之研究，大多关注画家的生平传略、时代背景、宗教信仰的影响等方面，并使这种方式成为一个固定的模式。但是，研究者往往忽略了这些外围因素与作品之间究竟可能存在何种关系，或者说，他们的研究只是简单地提供作品的"背景"而已。[1]因此，限于长期的思维定势、撰述模式，1990年代以前的中国美术史学仍没有足够的研究成果，可以使人明白绘画和外围客观环境之间真正存在的关系。西方的中国绘画史研究自1980年代起就十分注意将外在的社会环境与艺术相结合，即从绘画研究的"内在要素"与"外在要素"两方面入手，还试图深入分析作品本身，进一步思考作品的多层次意义，

1高居翰：《中国绘画史方法论》，《中国画研究方法论》，页30—31。

取得了一系列显著的研究成果。这就是后来盛行于国际美术史研究的"内向观研究"和"外向观研究"。

"内向观研究"注重的是艺术作品本身性质的描述与分析,包括研究艺术品的材料、技法、作者、真伪、年代、作品流传的历史、形象或象征意义的特征以及功用等问题。"外向观研究"则从作品产生的影响要素着手,包括作品产生的时空因素、艺术家生平、心理学和精神分析学因素,以及社会、文化、思想观念等方面的因素,说明风格发展的根源和动力。通过内、外要素的探讨,实际已包括作品本身与有关作品以外的证据上之考察与解释。

1990年代以来,随着"科学方法的引进和采用,加强了对具体史实和历史联系的把握,并推动了在历史阐释中寻求当下和未来美术发展的方向"[1],及时运用新的、先进的研究方法成了中国美术史学界的普遍认识。以往,中国传统的研究者习惯于"就画论画""为美术史而研究美术史",较多地关注诸如笔墨、章法、形式、意境等绘画本体范围内的讨论,在相当程度上解释了傅抱石"怎么画"的问题,而忽视了美术以外的探究。所以,我们不妨运用新方法、新观念,突破美术之范畴,将傅抱石及其艺术纳入整个社会文化领域去观照,研究视域也许会变得更为开阔。这种研究有助于理解傅抱石绘画的风格选择和发展动力,可突出傅抱石绘画的历史性和独特性,有助于解释傅抱石治艺历程中的若干演变问题,即"傅抱石为什么如此画"的问题。当然,林木《傅抱石评传》已经取得了一定的成果,但仍可以继续深入研讨。因为,这种社会学、文化学研究仍十分必要且富有意义,有助于傅抱石研究相关微观课题的展开。再加上综合运用图像学、风格学和中国传统研究方法,假以时日,傅抱石研究必将取得更大突破。

正是鉴于以上认识,一些研究者就傅抱石研究的发展方向进行展望,范迪安认为,运用新的研究方法还可以提出更多有待解决的课题,如果用比较科学的艺术史论方法来研究一位艺术家,如果从图像学的角度去研究,恐怕有必要把他的山水、人物、花鸟几个领域打通起来,特殊的图像结构和图像主题有待做进一步的分析。[2]陈履生反思近年来傅

1 薛永年:《20世纪中国美术史研究的回顾与展望》,北京,《文艺研究》2001年第2期,页114。

2 京云、贺绚整理:《其命唯新——傅抱石百年诞辰学术论坛举行》,北京,《美术》2004年第9期,页33。

傅抱石 李白《题舒州司空山瀑布》诗意图 轴 纸本 设色 138cm×68.8cm 1964年12月 四川江油李白纪念馆藏

抱石研究成果，则提出存在三个方面的不足：个案研究缺失、图像研究不足、鉴定研究模糊。其中个案研究最为重要，依赖于对"图像"的分析，而图像分析的结果，往往会影响到鉴定研究。譬如，傅抱石"上古衣冠"图像研究可能带动对傅抱石艺术的整体研究，还有毛泽东诗意图、傅抱石与郭沫若的关系问题，都有待深入分析和研究。[1]

还有一个现象需要特别指出，即在中国美术史界，一般评论画家，正面评价几成惯例，不管好歹，只要是某人的作品，无疑都好。傅抱石研究中也同样如此，这是不符合实际的。一味颂扬而没有批评，难免会失之片面。傅抱石是一个平凡、丰富而活生生的人，他的创作活动有着十分复杂的多个方面，因此，他的绘画作品也存在多个层面，既不应回避他的不足和局限性，勿将他神化，也不能苛求于他。如果一味地加以概念化而不区别对待，容易流于武断、偏激。

也许因为傅抱石在美术界地位崇高，受到一定程度上的权力话语的"保护"，所以，综合考察三十余年来的傅抱石研究，几乎见不到突破性的评价，譬如，"傅抱石是否受到日本影响、又如何影响"这个议题，我们至今没有看到十分深入、客观的研究。此一问题牵涉到上一辈学者对于外来影响的否认，所以，大多数研究者似乎有意避开了这一问题，这显然不是科学、严肃的历史研究应有的态度。因为敢于提出问题、敢于质疑的态度值得提倡，能不能、敢不敢提出新问题，能不能有新的思考，是关系到傅抱石研究能否走向深入的关键问题之一。不必讳言，傅抱石绘画深受日本绘画的影响，张国英的硕士论文中已有述及，但缺少严格的论证。因此，相关议题有待进一步阐释，研究者可结合具体作品具体分析，相信会有突破。

除此之外，笔者综合考察傅抱石艺术生涯发现，有些课题尚待深入：

其一，傅抱石早年绘画研究是至今无人问津的课题，日本武藏野美术大学美术资料图书馆藏有傅抱石早年绘画数十件，南京博物院亦藏有四件，山水、花鸟皆有，从画迹来看，傅抱石早年绘画是极为稳定的，而且基本还没有形成个人风格。但是，这一课题仍是值得探究的，对于了解傅抱石早年绘画经历和他对传统的取舍大有帮助。

其二，傅抱石前期绘画风格的选择以及图式选择与社会环境的关系到

---

1 京云、贺绚整理：《其命唯新——傅抱石百年诞辰学术论坛举行》，北京，《美术》2004年第9期，页37—38。

傅抱石 毛泽东《忆秦娥·娄山关》词意图 轴 纸本 设色 34.2cm×46.1cm 1964年
天津博物馆藏

底如何？譬如，石守谦从20世纪上半叶美术家"雅俗抉择与国难"的关系
来考察傅抱石的绘画风格选择，傅抱石等人转向不易为一般民众理解的传
统笔墨之探讨，企图重新发现中国文化传统的根源与生命力，以"至雅"
来抒解他们面对国难而起的心理焦虑，肩负起他们救亡图存的责任。[1]这种
研究显然是极有启发性的，能引发对傅抱石之社会文化的讨论。

　　其三，傅抱石前期中国美术史论研究与中国画创作之间的互动关系
究竟如何？如前述李丽芬关于傅抱石对顾恺之《画云台山记》的讨论，
颇具参考意义。这个"互动关系"的问题值得深究。同样，傅抱石后期
绘画创作是不是也有类似情况？

　　其四，傅抱石后期美术思想的转变从1959年1月的"政治挂了帅，
笔墨就不同"到"时代变了，笔墨就不能不变"，再到1961年2月的"思想
变了，笔墨就不能不变"，傅抱石这种先受到外部环境影响，进而内心观

1参阅石守谦：《绘画、观众与国难：二十世纪前期中国画家的雅俗抉择》，台北：《美
术史研究集刊》第21期，2006年9月，页151—171。

念发生主动转变的过程值得探讨；这个问题的细致考察，对研究傅抱石后期的画风演变至关重要。虽然这个问题也有人关注，但大多数研究者仅限于描述性的阐说层面，而忽略了"为什么转变、怎样转变"的过程分析。加强其转变过程的探究，能立体地呈现出傅抱石创作家的身份。

其五，诸如《黄河清》《丰满道上》等许多作品，"创造性地在山水画中把高压线作为画面的主体""把工业文明的视觉图像纳入画面，暗示了传统山水画从自然形态的表现到工业化人文环境描绘的转换"，傅抱石那种"以实景为依托""带来鲜活丰富的视角变化和图式调度"[1]的转变过程、历史特征和价值意义，亦可详细论述；而且，将傅抱石后期绘画创作纳入20世纪五六十年代特定的历史情境下加以综合考察，廓清其特定的历史价值、艺术价值，也值得进一步探讨。

其六，傅抱石画作在近年艺术拍卖市场上价格一路飙升，保持强劲的上扬趋势，其中固然缘于傅抱石绘画本身的艺术价值，然而这种现象可称之为"傅抱石现象"，其本身就值得关注，当然这已经超出了傅抱石绘画研究的范畴。市场研究牵涉的因素较多，通过对傅抱石艺术市场的探索，可拓展当代艺术市场研究，将会产生积极的、现实的指导意义。而且，傅抱石画作在艺术市场的走红，引发了傅抱石伪作的大肆泛滥，所以其鉴定问题也成为当务之急。

当然，以上种种都可纳入陈履生所说的微观的个案研究，因为，泛论性研究已不是21世纪中国美术史学的发展趋势，而且当今美术史学已基本不再需要概述性的空泛之论，所以，精微、细致的个案分析理应成为今后傅抱石研究的主要任务。

2006年12月完稿

2007年9月修订

《当代中国画》2007年第6期

1尚辉：《从笔墨个性走向图式个性—二十世纪中国山水画的演变历程及价值观念的重构》，上海书画出版社编：《二十世纪山水画研究文集》，上海，上海书画出版社，2006年6月，页105。

完善与补充

——叶宗镐编《傅抱石美术文集续编》推介

  傅抱石是20世纪中国最为杰出的画家之一，一生致力于中国画的传承、改革与创新，勇于探索，勤于创作，留下了许多精彩的画作；晚年以"思想变了，笔墨不能不变"的重要论述，引领20世纪中期中国画的发展潮流。

  其实，傅抱石还是一位造诣精深的美术史家，一生治史，敏于思考，勤于著述，或钩沉于古籍，或考证于文物，析义解疑，以精深的中国美术史论研究驰誉学术界，成为现代中国美术史学界当之无愧的先行人和实践者。

  1932年，傅抱石留学日本，回国后任美术史教授，先后在中央大学、国立艺术专科学校、南京师范学院从事中国美术史的教学、研究工作，直到1950年代中期江苏省国画院成立担任院长止。他以谨严的态度和睿智的思索，历经35年辛勤劳作，撰写了数百万字的著作或论文，举凡美术史、美术理论、篆刻学、工艺史等，蔚为大观，重要者如《摹印学》《刻印概论》《中国绘画变迁史纲》《中国绘画理论》《中国美术史（上古至六朝）》《中国美术年表》《大涤子题画诗跋校补》《石涛上人年谱》《中国古代山水画史的研究》《中华民族美术自发时代：殷周以前之美术》《中国的人物画和山水画》《中国的绘画（上辑）》《文天祥年述》《山水人物技法》等，另外还翻译或编译了《南宗画祖王摩诘》《唐宋之绘画》《明末民族艺人传》《基本图案学》《基本工艺图案法》《写山要法》《木刻的技法》等。这些著作基本以美术史研究为主，也包括了一些美术技法类和历史人物年谱，足见傅抱石著述之勤、钻研之深。从美术史研究的广度、深度和力度上衡量，这些文字在现代中国美术史学史上皆是不多见的。仅就美术史而言，傅抱石著述体例有通史、断代史、美术年表、专门史、个案研究等，内容十分丰硕，都是20世纪中国美术史学史上重要的文献。这里有青年时略带偏激稚嫩的热情之作，更有作为一位成熟学者的传世之作，如《石涛上人年谱》《中国古代山水画史的研究》等，无不是深思熟虑、用心考订的结果，自然成为傅抱石学术研究的支柱，奠定了他在中国现代美术史学史上的地位。

此外，傅抱石撰有大量的论文，生前发表于各类主流报刊杂志，在美术界产生了广泛而持续的影响。除正式发表的著述文字外，他还留下了若干以手稿形式存在的未定稿和提纲，如《关于石涛研究提要》《中国古代建筑年表》《唐宋的绘画》《唐山胜景图稿——金山寺及有关资料》等，生前未能最终整理完成，其中不免细节的疏漏和一些方面的粗疏。尽管这些不是傅抱石自己所理想的研究成果，却是他研究范围、学术思想的有机组成部分，与成稿共同组成了傅抱石宏博深厚的学术世界。概括地说，傅抱石的美术史研究是博与深的结合、选点研究与一般研究的结合，而且充分注意了点与线、线与面的结合。人们可以从中借鉴其宝贵的学术创见，尤其是感受、把握他全面完整的学术思想和文化理想。

傅抱石生活在一个社会大变革的时代，经历了两次重大的社会转型。社会政治、文化观念、意识形态的转变，引起人们对中国美术的历史和未来、继承与发展等诸多问题的深度思考，这些都深刻地体现在傅抱石的学术和创作之中。1950年以后，随着社会政治的变化，他基本将工作中心转向绘画创作，尤其是调任江苏省国画院院长后，很少从事纯粹的古代美术史专题研究，著书撰文几乎以绘画本体研究或美术观念的阐释为主。当时，他尝试以马克思主义理论重新检视、解释中国美术发展的进程，少量的成果反映了其研究方法和视角的变化，见证了20世纪中期中国美术史学在意识形态主导下的历史情境。从中国现代美术史学发展的谱系上说，傅抱石可称得上是一位在20世纪中期以丰硕的研究业绩承上启下而具有相当影响的学者。

1982年，叶宗镐先生殚精竭虑，拜访京、沪、宁各大图书馆，搜寻傅抱石遗稿，两易寒暑，整理完成《傅抱石美术文集》。四年后，《傅抱石美术文集》由江苏文艺出版社出版，成为研究傅抱石人生、思想、绘画、学术等必备的资料书，对后来的傅抱石研究产生了积极作用。截

傅抱石美术文集续编

叶宗镐 编

上海书画出版社

叶宗镐编《傅抱石美术文集续编》上海书画出版社 2014年6月

至1994年，各地举办的数次傅抱石纪念活动、艺术研讨会几乎都离不开这部文集。同时，他撰写《概述傅抱石先生的美术论著》《中国美术史研究的先驱——傅抱石先生在美术史研究方面的贡献》，对傅抱石美术史论著和学术活动多有介绍或论述，成为最早关注傅抱石美术史论研究的研究者之一。

此后的十几年间，叶宗镐先生一直没有停止过相关工作，多方搜寻，先后觅得傅抱石著述三十多篇，对旧版文集全面修订勘误，交由上海古籍出版社于2003年9月重新出版《傅抱石美术文集》。几乎同时，他倾廿五年之功编撰完成《傅抱石年谱》，并由上海古籍出版社出版，着实让傅抱石研究者们为之鼓舞。《傅抱石年谱》内容宏富，考订精严，详细记载了傅抱石的身世、生活、工作、经历，还收录了大量的作品、信件和著述，为研究者了解傅氏艺术经历提供了珍贵的第一手资料。在《傅抱石美术文集》增订本、《傅抱石年谱》出版后的十年间，包括笔者在内的许多研究者无不得益于此。

2014年6月，叶宗镐先生凭着坚持不懈的努力，也得益于相对便利的网络资讯平台，收集了若干傅抱石散佚文献和未刊手稿，又编成《傅抱石美术文集续编》并由上海书画出版社出版，成为《傅抱石美术文集》的有益补充。与《傅抱石美术文集》一样，《傅抱石美术文集续编》内容丰富，涉及美术史、绘画理论、金石篆刻、工艺美术、创作经验等方面，是全面了解、研究傅抱石美术史学思想、美术理论观念的重要资料，为认识傅抱石的文化业绩、学术思想、精神世界、人格特质等提供了一个真实而全面的文本。可以说，《傅抱石美术文集》《傅抱石美术文集续编》堪称傅抱石美术文献之"双璧"。

作为基础性文献资料，《傅抱石美术文集续编》为傅抱石研究的不断深化提供了基础和保障。笔者有理由相信，《傅抱石美术文集续编》的出版，必然会促进傅抱石研究向纵深发展。人们可以充分利用其披露的新材料，重新考察傅抱石的人生与艺术，探寻更多值得深入研究的新课题。

2014年9月稿

《美术报》2014年10月11日第18版

用情书写

——读傅益璇《傅家记事》有感

今年夏天，即傅抱石先生诞辰110周年前夕，傅益璇老师新著《傅家记事》由生活·读书·新知三联书店出版了，此书绝对是一个女儿对于父亲最好的纪念了，诚如她在自序中所言："我通过文字的书写，使自己对父亲的怀念得到了很大的满足，这无疑是情感上的一次盛宴。"随着新书的发行、流传，《傅家记事》在专业圈内引起了不小的反响。

《傅家记事》是一本有生命温度的书，它分为上、中、下三篇，以

1964年春节，傅抱石全家摄于傅厚岗6号寓所

"无情最是台城柳，依旧烟笼十里堤""此情可待成追忆，只是当时已惘然""人生几回伤往事，山形依旧枕寒流"为题，将儿时印象、金陵风物、父母生活细节和家人在"文革"前后的境遇娓娓道来。傅益璇以女儿的视角，饱含深情地回忆了父母、奶妈和兄弟姊妹们早年的生活点滴，细腻描绘了她眼中傅家众人的身影。她把人物安置在回忆里的特定时期，从"我"出发，将所有的家庭成员串联成一个轴心圆，在"我"所见所感范围内记录一系列事件的发生和发展——精妙的剪裁使得人物形象、人物性格，还有那浓厚的历史氛围真实而生动。

着力描摹细节，叙述颇具生活化的场景，处处见真情，是傅益璇书写的一大特色。在文学中，描写人物最关键的是要写好细节。所谓细节，是指那些表现人物的看得见、摸得着的具体情节，贵在传神。所谓"细微处见精神"，若要让读者理解人物，就必须通过一个个细节将其性格特点、精神风貌具体形象地展现出来。傅益璇从日常生活入手，将傅抱石置于家庭生活的场域，刻画了他为人夫、为人父的形象，生动披露了他的生活、创作细节和一些鲜为人知的趣闻逸事，正如她在接受《深圳晚报》记者采访时所说："我并没有刻意想要呈现一个特定形象的傅抱石""因为时间久远的关系，写作时就像是远距离的长镜头，将记忆中的浮光掠影呈现出来……有细节但不琐碎"。

在《傅家记事》中，傅益璇善于刻画细节，以点关照面，细腻表达真实的心理和期待，文字处处溢满真情实感，道出了她对父母无尽的思念和兄弟姊妹之间的情感。书中几乎多是些生活小事，一些平日交往、一些人情世故，诸如父亲的嗜酒成癖、母亲的拿手菜等等，朴素而自然。她将一点一滴的个人情感体验，完全落实在一件件具体而微的小事上，情感真切诚挚，闪烁着无限的光彩。通篇文字并不是华丽的风格，有的只是平平淡淡，但这些朴实的文字给人带来无限的温馨，同时又让人感到丝丝的忧伤，洋溢着一种世俗的关怀和脉脉的温情。从大时代的角度来说，傅益璇描述了一个文化家庭在政治漩涡中的悲情岁月，真实地呈现了大时代里文化人的无力命运，令人扼腕叹息。

得益于近水楼台之便利，笔者考察傅抱石其人其艺几近十年，稍有心得。窃以为，从"生活细节""情感结构"的方向入手，跳出脸谱化的思维定势呈现画家，将之视为由各种各样因素构成的复杂体系，以便读者看到一个画家真实的生命个体，是当前个案研究的一个切入点。为

傅益璇《傅家记事》生活·读书·新知三联书店 2014年7月

此，我曾做过相应的尝试，撰写《应酬与自娱——傅抱石后期绘画创作的另一个面向》，分析了傅抱石在个人空间内的创作状态，力图展现其作为一个"人"在一元的政治情势下多元化的创作心理和复杂的情感世界。在生活中，我喜欢写人写事的文字，诸如父亲教女儿写字、母亲给儿子包书等等，这些朴素的生活场景可以令人体味到世间的脉脉温情。

从某种程度上讲，写些平凡的小事总能让人感觉温暖。无疑，《傅家记事》让我们看到了一个鲜活灵动的人物形象，细微地还原出傅抱石的血、肉、音、容、笑、泪，让他在这些绵密的历史记忆里复活。在这种境界中，日常生活成为历史真意的最佳载体。阅读时，读者无时无刻不在感受那些由文字构建起来的动人画面。

就文学性而言，《傅家记事》近乎白描式的写作，轻松拈来，内容细腻且富有生活气息，语言优雅而不失凝重，文字简朴而不失润泽，可以让读者在温婉、亲切的散文里获得美的启迪、情感的熏陶和精神的升华！傅益璇书写傅家记忆，没有繁花似锦，也没有浮躁和抱怨，更没有哗众取宠，仅以平铺直叙之法舒缓地写出细腻的内心感受。因此，《傅家记事》里绝无任何概念化的东西，全是浓郁的生活场景，不仅有形、有景，更有情、有势。所有的文字干净纯粹，叙述模式也具有相当的文学性。这里没有纠缠于历史的方法，不要分析，而要体会；不要概念，而要境界；不要结构分明，而要不着痕迹，真可谓"一言一语有生命，一笔一墨总关情"。透过文字，读者可以感受到她内心涌动的情感波澜！

傅益璇正是通过这种朴素的叙述策略，让人心动不已。在阅读的过程中，读者甚至会发现自己居然变成她叙事中的一人，一个旁观者或参与者，这是一种微妙的情感体验。《傅家记事》出版后，在业界不断地被人传诵着。近一段时间，笔者在微信朋友圈里看到许多友人为之唏嘘感叹，都被文字中流露的挚情所折服。这种真挚的情感和自然的文学表达令人感动，会让人心暖，会让人有流泪的冲动。数日前，笔者因事拜访了傅益璇的小妹傅益玉老师，暇间谈及《傅家记事》，作为当事人的傅益玉老师无意间透露了她一口气读完此书后的感受。面对这些涉及自己父母、兄弟姊妹的文字，她曾满眼婆娑，连续数日为之感怀动容。这就是文字的魅力吧！当然，这也是用"情"书写的力量。

2014年11月8日稿

《美术报》2015年2月14日第16版

关于傅抱石若干问题的通信

按：2009年4月25日，中国美术馆、南京艺术学院为了纪念俞剑华先生逝世30周年，在北京共同主办"俞剑华学术国际研讨会"，三十多位学者参加会议，从研究与方法、学派、人格魅力等方面探讨了俞剑华的成就和影响。笔者也北上赴会，会前撰写《中国画文献学视野下的俞剑华之考察》一文，收录于由南京艺术学院组织编辑、东南大学出版社出版的《俞剑华学术研讨论文集》。会余，笔者与澳门陈继春先生就岭南画坛、南京画坛的交流与互动初步做了交流。当时，笔者对傅抱石其人其艺多有考察，发表了一系列相关论文，结集拟交江西美术出版社出版。因此，我们事后多次电邮往来，讨论了傅抱石以及岭南画家、日本绘画等问题。本节就是有关电子邮件之内容，经征得陈先生同意，择要以通信的形式整理，刊布集子，以求同好指正。丙申六月初八记于金陵。

新华兄：

您好！北京一别又已历半月了，不知您是否在南京，好吗？

日间一直看您的书，有关南朝陵墓这篇文章最见功力，有关陈少梅的也十分精到，据说其能摹画的夫人近年已逝了，我过去看过启功笔下的陈少梅。以学术性来看，您的文章已是独到。恭喜。

我仍在做岭南派。日前在王府井大饭店，您说傅抱石对容大块的评论，我回家一直找不到相关的文献，您是否手上有此材料？又或新华兄赐教该文所刊的地方，我极欲看到，以广见闻，不知方便与否？

祝工作顺利，并请万兄多指教。

继春拜呈

5月10日

继春兄：

真不好意思，弟在家不上网，所以将您托付的事情耽误了，希望不会拖了您的后腿。

今将傅抱石关于岭南画派的文章扫描传给您，评容大块在第3页，原文刊发于《逸经》第34期（上海，1937年7月），收录于叶宗镐编《傅抱石美术文集》（上海，上海古籍出版社，2003年9月）中，页码扫描件上有。

另附上新搜集的他写于抗战时期的《国画古今观》（上海，《文潮月刊》第2卷第3期，1947年，页595—597），由于时代、技术原因，文集没有收，其中有涉及到岭南画派（如果判断没有失误的话）的一些文字（用红字标出），其前后对比颇为有趣。故一并传上，供您参考！

弟新华拜上

5月12日

新华兄：

您好！非常感谢，还是您想得周到！

其实，傅抱石关于岭南画派的文章，评方人定、容大块的，原文刊发于《逸经》且收录于叶宗镐书的，我已看到多时，只是您所说的他写于抗战时期的《国画古今观》从未寓目，谢谢让我开眼界了。

让我好好学习一下，再向您请教！

继春拜呈

5月12日

新华兄：

您好，顷接您给我寄来的东西，颇为感动。由于我住在澳门，内地的东西，除了于台湾寻觅之外，民国的东西没有留下多少，奈何！就我几年来于台湾查阅资料的情况来看，台湾所注重的是1949年以后本土的东西，民国美术如何，又或是它在中国美术史中所扮演的角色如何，南京的史料就显得重要了！望吾兄能稍为在研究宋元乃至明清的美术的同时，也关注一下民国的东西。正因为第二历史档案馆在南博之旁，吾兄定能有一番作为也，然则中国美术史学史幸甚！

近日，我一直看傅抱石的文集和您给我的东西。实际上，高剑父

1914年于其国画创作中画有飞机，而1938年方人定又画出有关战地的国画。抗战如何表达？我总是有一个感觉，当世界于19世纪初发明了摄影以后，绘画中的记录功能已失，而绘画，又或是以绘画去反映现实的作品，无疑已处于后进的位置了。那么，张彦远当年所认为的绘画可以"成教化，助人伦"的功能，在速度上已输给了摄影。正因为时代的转变，傅抱石的文字中对过去的看法有改动就不言而喻了。

值得研究一下傅氏的转变，这一点与中国现代美术史学史有关，余以此而又寄望于吾兄也！

望吾兄有以教我！

继春饶舌

5月15日

继春兄：

您好！

您的来信，已经收到。谢谢！

傅抱石的《国画古今观》，其实是一篇可有趣的文章，不仅涉及到傅氏本人前后的绘画观念的问题，也揭示了抗战后期陪都重庆的一个美术生态之现象。近四年来，弟从事傅抱石艺术的细微考察，搜集了包括《国画古今观》在内的傅氏散佚文章约10万字（叶宗镐《傅抱石美术文集》未收

傅抱石　仿桥本关雪笔意图　轴　纸本　设色
110 cm×34.5 cm　1936年7月

者），本想编一本《傅抱石美术文集补编》以方便研究者，借此发挥其应有的价值——毕竟，放在我一个人的书斋中，作用微乎其微——可惜，这种书籍因无利可图而无人问津，所以暂时作罢等待机会。

同时，弟也算手勤，断断续续写了近25万的文字，年前交付江西美术出版社于6月出版（见附件目录）。原本准备可暂告一段落，而今又掌握了一些新材料，有所心得，在撰写一篇名为《在政治与艺术的夹缝中——傅抱石晚年心路历程试探》的文章，似乎又可以继续下去。在收集的傅氏散佚文章中，有的真可以好好探讨一番的。正如《国画古今观》一篇，就涉及到当年画坛的一个现象，在抗战的艰苦阶段，这种似乎与抗战无关的国画展却十分多，在当时人眼里应该去批判的。其实，傅抱石面对生存压力也举办过几个个展，这在他所撰写的《忆陈之佛同志》中有所提示：

> 1939—1941年前后，国统区的"教授"已普遍称为"教瘦"，一般要自己设法弄饱肚皮，然后再去上课。世界上最反动的政府，也没有国民党政府这样，大学教授要靠美国救济过日子的。我们都背着一大家老小在四川，不得已，陈老便重新画起花鸟画来了。1942年2月，陈老在重庆举行第一次个人画展，作品定购一空。于是我也"急起直追"，拼命地画，问陈老借本钱来装裱。同年10月，我也搞了一次个人画展，也换到不少的"法币"，渡过了生活的难关。

这是一个很有趣的现象。那么，这种展览为何受到诸如傅氏所说的责难，包括他自己可能也受到过类似的批评，其原因是可以深究的，由此可探及当时的国画生态。这是其一。

其二，关于他对那些"战地国画"的看法。尽管他早年曾热情地赞颂过以高剑父、陈树人为代表的岭南派，甚至认为"中国画的希望在珠江流域"。那他为何在抗战时期对这类绘画表示质疑？兄所提示的议题，极具启发性。在抗战民族形式大讨论的背景下，傅抱石一直以最博雅的方式表达他对抗战的焦虑，诸如《文天祥像》《苏武牧羊》以及若干高人逸士等题材，都或多或少看到他对抗战的诠释。关于这一点，拙文《中国绘画在大时代——抗战时期傅抱石历史人物画之民族意象研究》有所讨论。只不过，他与当时比较通俗的做法不同罢了。当然，这

傅抱石 屈原像 轴 纸本 设色 58.2 cm×83.7 cm 1942年 南京博物院藏

横山大观 屈原图 屏风 纸本 设色 132.7 cm×289.7 cm 1898年 日本严岛神社藏

里面已经涉及到个人理念和立场的问题了，可进一步考察包括傅抱石在内的一代人的不同绘画思想和思想方式。

　　但是，有的时候，说说容易，做起来难，这的确是一种苦恼。正如胡适所言："提倡有心，创造无力。"难免，自己也会落入这个状态。奈何！

纯就这篇文章，我隐隐觉得，傅抱石似乎有些前言不搭后语，尤其看到最后，更是觉得"丈二摸不着头脑"，前后思维不连贯，跳跃得有点快，使我一头雾水，几乎难以琢磨他究竟要表达什么意思？也望在方便的时候加以点拨。

在其他一些文章中，有他对建国后中小学美术教育状况的反思、古画文物的保护等内容，都很有趣，待以后有机会慢慢去探究了。

呈给您批评的集子，是参加工作以来断断续续所写的东西。由于年轻，难免有些盲目，更谈不上研究和见地了，有的简直十分肤浅，所以称不上对"宋元明清绘画的关注"。已经无法避免弄出的一些笑话，还请兄见谅了。搞这么一个集子，纯粹自己"好大喜功""充当交游名片"。见笑！见笑！

倒是近年来，弟还算有多专攻（自我吹嘘），关注傅抱石及其时代。弟当努力勤勉，不负兄之所望也！

原本在暂时放下"傅抱石专题"后，拟将从事"20世纪中国绘画史学史纲要"的议题。这是弟几年前有感于"文学史学史""历史学史"出版较多而无"绘画史学史"的发现，几年来搜集若干的材料和许多参考书，只是又回到了上面所说的"提倡有心，创造无力"。为了突破，弟当加倍努力，也望兄指教，并督促！！

夏祺！

弟新华顿首
5月16日

新华兄：

您好，收到了您的来函，深为您的勤奋所感动。我原不知您近来在傅抱石的研究中做出了这样了不起的成绩，实是可喜可贺。我离开了澳门几天，今日才见到您信，迟复了，望兄见谅。

有关傅抱石，我记起去年12月我于国家行政学院上课时，在北京和业师刘骁、陈传席老师的会面，我们一直聊了一个下午。谈到傅抱石时，俱认为他是20世纪中国画家中的首三名最有成就的画家。而您做有关他的研究，果然独具慧眼。

其实，我看了一下您快要出的有关傅氏的书，就我而言，冒昧地说，由于傅氏早年以篆刻及美术史为努力的对象，我宁愿将第二篇搬到

傅抱石 琵琶行 镜心 纸本 设色 113 cm×66 cm 1945年

前面来，下半部才谈傅氏的绘画。不过目前也好，用倒叙的方法可能有一个不同的效果。

关于傅抱石，我一直在思考他所蒙受的日本绘画，又或是日本美术中研究方法的影响有多少，而正是因为他有留学的背景，抗日战争时心态如何？是否仅限于其文集内所述？同样，几乎20世纪中有名的中国画家俱有留日的经验，如高剑父、高奇峰、陈树人、张大千、徐悲鸿等，对中国美术的观感，又或是于抗日时期，对于日本美术的看法是否与当年有转变？这是多么诱人的题目。

有空时望吾兄多来信，多指教。

继春拜呈

5月19日

新华兄：

您好，我终于读完了您的傅抱石研究，甚是佩服，望吾兄再接再厉，勇往直前!

上星期五，陈履生和梁江来了澳门，我们大伙食了一顿饭，又想起我们已有半年没有见面了，日子过得快。

在您的书的影响下，我对傅抱石在日本的情况甚是着迷，可否请教一下:

桥本关雪 琵琶行 屏风 绢本 设色 150 cm×334 cm 1910年 日本川村纪念美术馆藏

傅先生说最尊重竹内栖凤和桥本关雪，是否有迹象表明1933年傅先生在日本时和他们有交往？

真是迷人的题目。

继春求教
11月11日

继春兄：

来函收悉，谢谢您的鼓励。

对于您提出的问题，小弟仔细查证了一下，好像没有与竹内栖凤和桥本关雪直接交往的记录，但是通过各类展览和书籍接触他们的绘画是存在的。按照傅抱石早年的习惯，如果能结交这样的异国画坛前辈，他一般都会以其擅长的篆刻相送，但目前由其女婿叶宗镐先生收集的傅抱石印谱中没有相关的痕迹。还有，他的种种自述也没有类似的记载。但他学习两人的绘画是真实而明显的。

先前，曾在江苏省档案馆查阅傅抱石的材料，获得了一些新资料，撰写了两篇新文章，呈上，敬请指正、批评。

弟新华上
11月18日

傅抱石 湘夫人图 轴 纸本 设色 91 cm×61 cm 1944年7月

新华兄:

　　您好,我让我弟去日本时去了一次桥本关雪的家,给我搜集一点资料。十天前才回来,看来我会短期之内去一次的,他对岭南派有甚大的影响。

　　正如您在书中所指明的一样,傅先生早年已收集石涛的资料,而在三十年代中期写出《石涛丛考》,已是20世纪的伟大贡献了。对于桥本,他成了傅先生写石涛时的参考,应是可以接受的。

　　我很同意您的看法,因为傅先生就有正木直彦、山口蓬春、河井仙郎的印,就是没有见过桥本关雪和竹内栖凤的印。我想,这可能与傅先生在东京,而竹内及桥本在京都有关。但见过他们的作品是毫无疑问的。

　　其实,我是追寻京都派对岭南画派的影响和看您的书时才偶发此兴的,而看到您有关傅先生与中国美术史学这部分时十分兴奋,希望您继续,因为今天,您的傅先生研究,我认为已是全国的第一流水平。

　　邮件中不见附件,让我看一下。

　　另外,我每星期在澳门理工学院艺术高等学校兼本科四年级的艺术欣赏课,我曾向学生推荐您的新著。是书是否在内地已公开发售,因为澳门还没有看到。

刚上班,继春匆匆
11月18日

葛饰北斋 持扇美人图 轴 纸本 设色
97.8cm×27.8cm 19世纪初 日本太田纪念美术馆藏

继春兄：

真不好意思，刚才匆匆忙忙，附件忘了传上，见笑！见笑！

拙著已由出版社公开发行，只是面好像不太大，澳门市面应该暂时不会有，如有，真是弟之幸事了。

按古历，昨天应是入冬的第一天，南京下了场雪，虽有点不符眼前大树还很浓郁的景象，但绿树白雪，倒也漂亮极了。俗语云："瑞雪兆丰年"。托这句吉言，祝愿我们来年都有好收成。

弟新华再拜

11月18日

继春兄：

您好！您的提问，引出了一个有趣的话题。在许多叙述中，傅抱石与酒一直是个画坛逸事。但在弟看来，酒究竟在傅抱石创作中占多大作用是值得怀疑的。其实，这应该只是一个人们演绎的、动听的故事。再加上他早年的一方"往往醉后"的印章，也给人们留下了许多美好的遐想。诚然，傅抱石擅长喝酒，尤其在各种交际场合，其豪爽的性格决定了他的行为。这是一种礼节，现在的人们也是如此。但是，他并不嗜酒，所以酒在其创作中，尤其是在他晚年创作中的刺激作用是无从谈起的。它更多的是一个趣闻逸事。而现在，有些评论者过分强调这一点是站不住的。

从创作的角度而言，酒精的作用能有多大？尤其对于一些理性的、严谨型的画家来说，仍值得探讨。纯从风格而言，傅抱石给人的印象绝对是个感性主义者，但综合来判断，作为美术史家的傅抱石在创作中理性的成分一直占上风。当然，傅抱石金刚坡时期的山水可能有这么一点酒精刺激的意味，但他"大胆落墨、小心收拾"的大格局决定了其作用是十分有限的。从他的各种自述中，不管是早期，还是晚期，他的创作无一不是经过深思熟虑的。在晚年，政治上的创作要求更使他的创作趋向严谨。

至今，仍为人们津津乐道的傅抱石在人民大会堂创作《江山如此多娇》时与周恩来总理关于酒的互动之故事，也至多是个趣事而已，是人们从事各类传记文学写作增加可读性而演绎的话题，就像人们解说他与徐悲鸿早年故事一样。其实，创作《江山如此多娇》大画，极其消耗体力，这里的喝酒应该只是提提神、解解乏而已。傅抱石生前留下的照片数据显示，尤其是他拿着大斗笔在梯子上悬腕作画的情形，给人的印象极其深刻。对于55岁、体态显胖又患有高血压的傅抱石来说，这种创作状态是十分累人的。但是，《江山如此多娇》的主题创作，绝不是酒精作用下的产物。

所以，人们强调酒精作用，对傅抱石研究者来说，不足用来论证。您来信所引用的那段傅抱石的话："昔陈老莲、高凤翰、许友介……诸大师，均毁于酒；而我过去最敬佩的日本近代画家幸梅岭、桥本关雪……也毁于酒。"根据弟所收集的材料，傅抱石自述未有类似的话。昨晚，弟也向叶宗镐老师咨询，他也说，傅抱石没有相关的论述，或许出自一些后人漫说式的回忆。但其材料的真实性，尚待证实。

至于所说的内容，他对酒的认识倒是能说明酒在他创作中所处的地位。显然，他是极为理性的，酒不足以

傅抱石 关山月 藤荫鸡雏图 轴 纸本 墨笔
110.5 cm×44.5 cm 1960年代

傅抱石 仿桥本关雪石勒问道图 轴 纸本 设色 92.2 cm×61 cm 1945年 南京博物院藏

占重要作用由此可见。

再回到这方"往往醉后"印章，出自清代石涛诗句"每于醉后见天真"，追求的是"天真"一词。"天真"乃中国画品评的最高境界，傅抱石在印章中没有直说，而像藏头诗将其隐在其中，表达的就是这种美学趣味。

而一些评说者，诸如"酒是傅老艺术生涯中的灵魂，没有了酒，很难说艺术之树还能长青""嗜酒而深知酒之害，戒酒又难以断酒"等等，都只能阅读而已，在弟看来，多是些浪漫的散文笔调。所以，从创作心理和创作实践的角度而言，酒在傅抱石创作中的作用是值得进一步探讨的。

以上愚见，不知妥否？望兄赐教。

弟新华顿首

11月26日

新华兄：

您好，同意您的看法，其实酒与茶一样，在我而言是画家作画小憩时的饮品而已，并不是主要的因素。我也画画，但都知道如酒喝多了，手是会抖的，于画画没有裨益。再说傅抱石，其有《仿桥本关雪访隐图》，但在题识时却写"傅抱石东川写"（见《傅抱石画选》，北京，朝华出版社，图版1），没有在画中说明。虽然，我们都知道此幅《问道图》与上文的《仿桥本关雪访隐图》是同一本，我一直在想，何人先指出这种对应关系？

这是好奇而已，一哂。

继春拜呈

11月27日

继春兄：

您所说的《仿桥本关雪访隐图》，现在应该称为《仿桥本关雪石勒问道图》，是个典故，藏于敝院。2006年12月，《傅抱石家属捐、南京博物院藏傅抱石中国画》出版时，采用了如今的画名。当年朝华出版时只是采用了一个模糊的画题。至于何人提出？弟在与叶宗镐老师交流中，他曾谈起过这幅画，包括仿横山大观的那几张作品。从他的话中判断，叶老师像是见过那几件祖本的印刷物。所以，他对弟特意表明了这件《仿桥本关雪石勒问道图》。《傅抱石画选》编辑时，叶老师可能也是参与者，但弟并没有向他证实过。特此告知。

弟新华拜
11月27日

新华兄：

您好，接到您的来信已有两天了，由于我实在很晚才回家，而且日内增课，故不可能立即定下心来回复，望吾兄见谅为盼。

接您的提示，上星期天去了一次广州，买下了傅氏家族捐南博的画集，原来的《问道图》已经改为仅署"石勒问道图"了。实际上，我真是很佩服将之改为《仿桥本关雪石勒问道图》的学者。我于日本订了桥本的画集，现正在到澳门的路上，我将细心看一下原作的图片，有看法时再向吾兄请益。

在澳门没有人去研究傅先生，真可惜。现在我只有找您请教了，望指正为盼。

另外，叶宗镐先生云傅先生另一张1936年7月成图的《游赤壁图》，桥本关雪所作《赤壁前游图》卷是横幅的手卷式。根据我资料，桥本只有《后赤壁游图》卷，是否如此？因为您是傅先生的研究专家，只有请教您了，谢谢。

继春求教
11月27日

继春兄：

您所提到的傅抱石1936年7月所作《游赤壁图》轴，题款为"丙子六月抱石写关雪意"，现为台湾林百里收藏，图版见于香港《名家翰墨》第19期"两岸珍藏傅抱石精品特集"第113页（最近广西美术出版社出版的《傅抱石全集》也收入了），当时定名为《舟行吹箫图》。从画面风格来说，是确定为学桥本关雪的，日本作风很明显，再加上题款是确定无误的。至于与桥本关雪《赤壁前游图》卷有何联系，因弟没有看到桥本氏原作，不好断定。但从图像看，好像不是传统"赤壁"图像。至于现名，则由叶宗镐先生在《傅抱石年谱》（第34页）中所云，

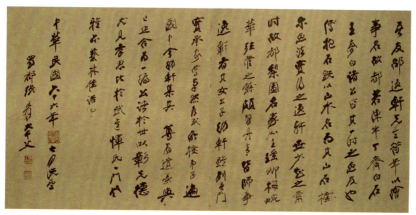

张大千序《邵逸轩邵幼轩父女画集》 台北 黎明文化事业股份有限公司 1977年10月

从按语来判断，他见过桥本氏原作。所幸，您已购得桥本画册，比较后即能见分晓。如果两者图像上无甚联系，弟倒觉得定为《仿桥本关雪笔意图》更好些，有时模糊显得更为合适。不知您觉得如何？

您考察傅抱石与日本绘画的关系，是有启发性的。然而，弟最近得一美国友人的提示，获一资料，为张大千于1977年为《邵逸轩邵幼轩父女画集》（台北，黎明文化事业股份有限公司）的序言，提及："吾友邵逸轩先生，昔年以绘事名故都。……傅抱石既以山水名，而其山石树木画法，实得之逸轩，世少知之尔，"这真是一条值得关注的信息。邵逸轩（1886—1954）是北平名家，以花鸟见长，亦作山水，但近50年来大陆似乎对其淡忘，作品少见流传。而其女邵幼轩（1918—2009）知名台湾艺林，为张大千入室弟子。几十年以来，傅抱石的研究者对其1940年代初期山水画的突然崛起似乎一直没有找到答案，仅以"巴山蜀水和日本绘画的影响"笼统概之，未能清楚说明傅抱石金刚坡山水的渊源问题。因此，弟最近一直在收集邵逸轩资料，还委托台北友人帮忙收集，但现在还未得回馈。尽管如此，但据邵逸轩晚年绘画来看，两人似乎未有明显的渊源关系。目前的资料仅为邵氏花鸟画和1920年代、1940年代末期的一些山水画作品，而傅抱石在1942—1943年间以鲜明的个人风格渐显，从时间上来说，不能贸然说明。邵逸轩是前辈，张大千信笔一题，故有待继续深入探讨。为此，弟拟想撰写一篇傅抱石早期山水的风格转变的文章，现在努力收集资料，也请兄在方便的时候提供相关信息。

大安！

弟新华顿首
12月5日晨

新华兄：

您好，昨天台湾的欧豪年先生来了，陪了一整天，回来时很晚了，今早才看到您的电邮，您提示甚多，谢谢您的指教。

我买的桥本的书到了，只有《访隐图》，日内发给您看。由此，我还要订有《赤壁前游图》卷，到了再寄。傅抱石1936年7月所作《游赤壁图》轴，题款为"丙子六月抱石写关雪意"，您手上可有此图的图片，如有可能，可赐拍一张给我先作研究，看一下？因为我查了澳门的图书馆，没有此两本书，否则我要去香港查了。

关于傅抱石的早期山水画风，的确是一个好题目。在我看来，四川是好，但一位画家的画风出现跳跃，纯粹地理问题是解说不了的。此外，傅先生译过一本日本人的书，是以地质学的角度去研究中国绘画的皴法的，记得孔夫子网上有，可查一下。有关傅先生早期之画的研究，我甚是寄望兄完成之，以教正人们翘首而望的知识，将其研究再推前一步。

我一会将见到欧豪年先生，我会问一下邵逸轩的东西，他和邵幼轩同在台北，而且和张大千先生熟。至于有关邵逸轩的画集，我想办法找，由于年代久，可能旧书店也不会有。如果台北"国家图书馆"有的话，我可让人去复印的。有消息将尽快告之。

继春拜呈
12月7日

新华兄：

您好，刚与欧豪年先生午饭，问及邵幼轩的事，他说："我与邵女士熟，至于傅先生的早期绘画是否受邵逸轩先生影响，其实，张大千先生这样说，后辈唯有如此听。然而，主要的是需要在两者的画作之中去寻找，画作当可说明。"

至于邵幼轩女士的画，虽然她师承张大千先生，可是从她的画中看来，她一出手就甚像张书旂，论者不提及张书旂，不能不说是一种遗憾！

继春谨呈

12月7日

继春兄：

您好！感谢您关于邵逸轩的回复，本来想及时感谢的，只因最近一直忙于一篇《建国十七年江苏中国画中的建设主题》的约稿写作，回信给忘了，还望吾兄原谅也。倒是您又打来电话，更让小弟感到惭愧。然因在挤公交车，没有完全听到您的提问，您说发电邮的。小弟收集有大多数的傅抱石画集或文字，如您有何需要，请吩咐便是。与兄切磋，是件可快乐的事情！也长了不少见识。

安！

弟新华顿首

12月14日

新华兄：

您好，不好意思，这几天我有课，故今天才给您回话，请见谅。

其实，在考虑桥本关雪对傅先生的影响的课题时，我还有一个想法的，他有《丽人行》，而桥本也有，看来与大正年间日本美术在题材上喜爱中国古典文学作品有关。当然，去日本留学不学日本的东西，难道学其他？这很正常。

我想把您的文章推荐给澳门的报纸，不知是否恰当，如可行，建议有空时可整理一下，每篇千字，一文一画，好乎？

我将于21日至24日期间以澳门美术界代表团成员的身份访问上海，到时如您在上海就好了，如不在，我再给您打电话向您请教。

祝安康！

继春拜呈

12月17日

后记

与傅抱石结缘纯系偶然，不知不觉中有着"剪不断"的情缘，忽忽已逾十载，竟成了自己生命中的一部分。今日回首，不禁慨然。

傅抱石具有独特的魔力。他的文字充盈着激情，他的绘画散发着迷人的芬芳，启人心智，令人神往。十余年间，他不断令我激动，也给我带来许多快乐……

我为之着迷，陆续写出一系列并不十分成熟的文字，也有缘印行了两三本略嫌粗糙的小书，企图尽可能走近那个"往往醉后"的傅抱石。

正因如此，若干友朋或多或少地将我与傅抱石联系在一起，而我一直戏谑自己只是向他"讨生活"而已。

近年来，由于或这或那的一些原因，我写了不少鉴赏性质的小篇目。去岁暮春，某个百无聊赖之际，我噼里啪啦地统计了一番，居然能累出一个十数则的规模，瞬间闪现出整个小专集的念想，如此可以再添一些乐子。

于是，我开始整理，将相关文字分上、中、下三辑。上辑两篇为总论性的文字，介绍傅氏生平及其思想；中辑为作品分析，基本以创作时间为序，并趁机加紧完成了几年前因懒惰而搁浅的关于《画云台山记图》《雨花台图》的文章，以为扩容；下辑则是与傅氏有关的其他短篇，或综述、或书评，组成如今之《阅读傅抱石》，亦算是一目了然。

新近一段时间，我与好友小聚时小心翼翼地谈及出版一事，得到他们的不少鼓舞。时下，专业书籍的出版真是令人头疼。但幸运的是，我总能得到一些朋友的无私帮助，让从打印稿到印刷件的过程变得并不十分困难。感谢一竹女史的付出，感谢小珮学妹、俊峰小姐、梅冰先生、杜耕先生、林海方家、建南方家、文魁方家的支持，也感谢郭渊兄和建军君的努力，没有他们的帮助，那些拙劣文字的结集面世将无从谈起，我惟有铭感于内……

阅读傅抱石，是一件快乐的事情。但愿这些微不足道的文字，亦能为阅读的人们带来些许快乐。

万新华

丙申小春于金陵澹庐

丁酉嘉平校于钟山南麓